为了中华 为了世界——许嘉璐论文化 中

许嘉璐 著

中国社会科学出版社

文化与哲学

儒家思想与世界道德[※]

"新人文主义"是相对于传统的"人文主义"而提出的。从14世纪到16世纪，在中世纪神权统治的核心地带意大利的土壤里孕育着人性的呼唤、价值重建的胚胎。在这胚胎里隐藏着柏拉图、亚里士多德思想的基因。大约15—16世纪，西方一些学者开始知道了东方，知道了中国。于是，孔夫子的思想也加入到培育胚胎的营养液中。但是，当时的中国却对欧洲一无所知。

由于东西方的智慧相映相补，于是"人文主义"这株新的思想之树冒出地面，先后在德意志和法兰西成长起来。可惜的是，当时欧洲的启蒙思想家们不可能深入地把握孔夫子思想的精髓，亦即其深刻的哲学内涵。给他们带来局限的，主要有两件事：一是记录孔夫子思想言论的书籍，例如《论语》，是由粗通或不通汉语的传教士翻译成拉丁文的，他们对中国文化的了解也停留于表面；同时，他们是以基督教、天主教的观念来理解和翻译中国文献的，这必然影响并妨碍了欧洲思想家们对孔夫子的理解；二是中国当时是宋

[※] 2012年4月16日在"巴黎尼山论坛"上的讲演。

代、明代理学盛行的时代，朝廷以宋代儒家大师朱熹编定并注释的《四书》（《大学》《中庸》《论语》《孟子》）为科举的指定教科书，对儒家其他原典已经相当疏远，而对原典的理解在一定程度上也教条化了。当时的学者没有关注中国境外之事，更不会关心孔夫子的书如何翻译和理解。这也必然影响了传教士对原典的认识，进而影响了西方思想家。

其实，孔夫子思想（我在这里宁肯用"思想"一词而不愿意用"学说"）的核心是对"人"的关怀和尊重。这体现为他主张施政者要让人民正常生活、繁衍，继而走向富足，进而实行教化，提高人民的道德水准；更体现为对人的"终极关怀"，他的"终极关怀"完全是儒家化的、伦理化的，即充分认识到人在道德领域的无限潜力。这种潜力在经过了教化的过程后，可以无止境地提高。他还明确地主张人的道德纯化过程是从幼小时开始的，是从对最亲近的父母敬重、热爱和顺从开始的；由对父母的爱，扩展到对兄弟的爱、对朋友的爱，再扩展到对天下所有人的爱。他在这方面的全部思想主张，概言之就是"仁"。为了规范并指导人们成为完整的人、真正意义上的人，也就是具有仁爱之德的"人"，他力主恢复已经遭到严重破坏的周代的"礼"。他说自己是"述而不作"，其实是寓"作"（创造）于"述"——即根据当下时代特色，凭借着他对未来的睿智预测，而推行"礼""乐"之教。过去一个相当普遍的看法是：孔夫子所提倡和强调的"礼"是对个体自主性及其发展的束缚。但是如果深入地、多角度地分析，就会发现事实并非如此。社会生活需要一定的规范，"礼"作为这种规范的总称，不仅不会束缚个性，反而为个性的发展进行引导，创造适宜的环境和空间。这从《论语》中他和人们的对话，特别是和自己学生的问答与讨论中，就可以得到有力的证明。总而言之，在贯穿于人类全部历史中的对物质的追求和对精神的追求二者之间，孔夫子首先选择了后者，即"人"在解决了生存所需要的物质条件之后，就要着力于不断提升爱人之德——"仁"的水平。他认为只有这样对待社会上的种种关系，才有和谐、和平可言。可以说，他一生所做的一切，都是围绕着大写的"人"进行的。

中国在近100多年来，由于接受了工业化文明的洗礼，原有的文化传统，尤其是儒家关于"仁"和"礼"的学说，彻底地被颠覆了，社会失去了道德准则。这是农耕文明在工业文明冲击下必然出现的现象，非人力所能左右。在这一民族文化的灾难中，许多急于为民族寻找出路的先行者，率先否定自己以孔夫子为代表的文化传统。这不但加重了文化灾难，而且从他们对民族文化的"自我批判"中可以看出：他们对所继承的前此几百年的学者们对儒家原典、对潜在于"仁""礼"等思想内部的普适性元素，的确缺乏更深入的开掘。这也是在强势文明猛然冲击下的必然现象：弱势文明来不及从容地、深入地在学习并吸收异质文化的同时进行宁静地反思、细致地分析、扎实地重建。

在新的千年即将到来之际，中国人越来越强烈地感觉到：自己在财富渐渐增加的同时，精神家园也在以同样的速度毁坏着，在原有已经破败不堪的基础上进一步毁坏着。人们也曾热衷于从来源于西方文化的

"人文主义"中汲取营养或依据。但是不久发现，自由、平等、博爱等美好的理想，直至今天也没有实现，甚至和人们的企盼相反：不自由、不平等、不博爱的现象似乎更为严重了，只不过其表现形式已经发生了很大变化；而有些自我标榜为最自由、最平等的国家，自己的麻烦更是层出不穷。于是，中国人又很合乎逻辑地开始普遍地反思自身的传统，寻觅民族应该具有的、也是适合未来的精神道路。但是人们——特别是中国的学术界——也认识到，生活在当下的人们不可能按照古代的样子生活。而孔夫子及其历代传承者的言行都是由于他们所在的"当下"的刺激、为了他们所面对的问题和危机而发、而为的；因而生活在今天的人不应该也不可能"克隆"几千年前语境中"仁""礼"等一系列伦理概念的全部内涵和外延，只能并必须在充分深入把握传统伦理的核心和精髓，做出面对现在和未来的新的阐释和发挥，创新也就在其中了。换言之，充满人文精神的、以孔夫子为旗帜的中华传统文化，现在必须解决以下严峻课题：拂去千百年来蒙于其上的灰尘，尽量恢复其本来的光辉，在它的基础上重建中华民族的价值体系，照亮已经在民族面前展开的精神道路。

　　文艺复兴时代所形成并得到广泛传播的"人文主义"思想，是对中世纪极端神权统治的反抗；我们姑且抛开这种人文思想自身所遇到的蜕变和扭曲问题，单是今天的世界情况也早已非昔日可比，也需要重新审视、阐释和发挥。我想，"新人文主义"命题的提出，就是因为这些复杂的原因。这样看来，无论是西方的"人文主义"，还是中国的"人文主义"，都是今天之所需。而二者之间在尊重"人"这一方面，有着许多相通之处；同时，二者的命运也很相近，都亟须突破历史的"声障"，重新走上珍惜地球上的每一个生灵，把对于"他者"的爱，化为包容、尊重之路。在极其复杂的社会关系中，赋予自由、平等、博爱以及权利、义务的原本意义，构建起适合人类幸福、和平的生活与持续发展的新伦理。这就是我心中的、也是我们今天在这里讨论的"新人文主义"，也可以说，这就是21世纪所形成的"世界道德"。

中华传统文化的复兴与西方对"人文主义"的反思在世纪之交出现了重合，这不是偶然的——虽然历史事件常常是偶然的——而是时代使然。这也意味着，东西方文明正在一起勇敢地承担起思考、探究和引导人类未来的重任。我的结论是：人类——特别是各个国家和民族的智者——要珍惜过去，起于现在，为了未来！

探究"王道"原旨，关怀世界当下※

当今的世界，真是乱糟糟。冷战之后的种种战争和动乱，以及恐怖主义行径、人居环境恶化、收入差距拉大（包括南北、行业、阶层间的差距）、各国社会动荡等问题威胁着人类的生存，已经成为全球关注的焦点。至今还看不到结束之期的由美国次贷引发的金融危机、北非中东的混乱局势、科特迪瓦的内战，也无不在影响着人类的正常发展。寻究起来，这些都与流行于全球的"霸道"有着直接或间接的关系，就连日本"3·11"的三灾并至，也不能说全是天灾，与"霸道"无关。

面对世界上种种威胁人类的事件和事故，各国的智者几十年来都在认真思考、分析，为时代把脉，为未来探寻出路。从斯宾格勒到汤恩比，从福柯到哈贝马斯，都曾经用不同的方法、从不同的视角，指出了人类文化、思维和社会面临的危机，不同程度地揭示了西方文化的致命弱点，他们的论证有许多和中华古老的文化有某种程度的暗合，无意间或有意地引导人们向东看，到中国的文化里觅寻智慧。

※ 2011年4月22日在海峡两岸"弘扬中华文化，探讨'王道'理念，构建和谐世界——'王道'思想的当代意义"研讨会上的讲演。

的确，在中国传统文化里积累了成系统的、经历了五千年磨砺检验的、至今仍然沉淀在中国人生活中的经验与理论。只不过近一百多年来，在有意强化的西方文化的聚光灯下，中国人质朴智慧的光芒显得暗淡了。在中华文化的智慧宝库中，"王道"思想就是一件值得世界各国参考的宝物。

　　众所周知，"王道"一词始见于《尚书·洪范》："无偏无陂，遵王之义；无有作好，遵王之道；无有作恶，遵王之路。无偏无党，王道荡荡；无党无偏，王道平平；无反无侧，王道正直。"这是从殷纣王的囚室里刚刚被解放出来的箕子在回答周武王向他咨询循天理以治天下的道理时说的话，是他所理想的由一个君王统领众多诸侯国的原则和方针。可能这时王道两字还没有形成为一个固定的词语，所以汉唐经学家解之为"先王之道路"或"先王所立之道"（见郑玄注及孔颖达疏）。所谓"先王"一般是指夏、商、周。到孟子说"养生丧死无憾，王道之始也"时，"王道"已经有了特定时代的特定内涵，即指往古王者以仁义统领诸国之道。三代是一统的，王是最高统帅。孟子的时代周王早已被边缘化，天下群雄并争，人民颠沛离散，饿殍塞路，孟子认为亟须一个能够"朝诸侯，有天下"的王者出现，以恢复三代一统而安定的局面。而达到"王"的途径，就是"王道"，也就是对内实行仁政，悦近而来远。通观他游说诸侯时所有宣传"王道"的论述，最为典型的是对齐宣王所说的"仲尼之徒，无道桓文之事者；……无以，则王乎？"和"谨庠序之教，申之以孝悌之义，颁白者不负戴于道路矣。老者衣帛食肉，黎民不饥不寒，然而不王者，未之有也。"（均见于《孟子·梁惠王上》）这和他所说的"养生丧死无憾，王道之始也"是同样的意思。在孟子那里，第一次把"王"和"霸"相对而提，例如他说"以力假仁者霸，霸必有大国；以德行仁者王，王不待大"（《公孙丑上》）。延至荀子，不但有"王夺之人，霸夺之与，强夺之地"（《荀子·王制》）、"隆礼尊贤而王，重法爱民而霸"（《天论》）等关于"王者"之法的论述，而且其书有《王霸》一篇，专论"义立而王，信立而霸，权谋立而亡"的道理，目的也是希望在诸侯中能够出现"一天下"的王者。

其实，孔子的仁政理想和伦理学说，在"郁郁乎文哉，吾从周"的思想中，最终也是指向处理好国与国的关系，实现天下一统。所以司马迁在《史记·十二诸侯年表》里说鉴于"政由五伯（霸），诸侯恣行，淫侈不轨"，于是孔子"明王道，干七十余君，莫能用"。

迨及汉世，天下早已统一，"王道"所指有了很大变化，所以当汉元帝（时为太子）向其父亲宣帝提出应启用儒家时，得到的却是"汉家自有制度，本以霸王道杂之"的斥责，甚至差点因此而丢掉继承皇位的资格（《汉书·元帝纪》）。不管是宣帝还是元帝，他们所说的霸、王之道，已经与战国时指国与国关系不同，纯然是指在一个大一统帝国内的施政问题了。借用"王道"概念以表达对朝廷施行仁政的期望，恐怕已经是当时的惯例。例如刘向在《新序·善谋》中就说："王道如砥，本乎人情，出乎礼义。"

此后，魏晋南北朝、隋唐，或因天下动乱，或由国祚短暂，或以其时儒学不兴，关于王霸之说不彰。直到南宋朱熹与陈亮就王霸、义利问题进行持久（二人书信往还近十一年）而激烈的争论，王霸问题才尖锐地提到士人面前。这就是陈亮所说的"自孟、荀论义利、王霸，汉唐诸儒未能深明其说；本朝伊洛诸公辨析天理人欲，而王霸、义利之说于是大明。"（《陈亮集》，《甲辰复朱元晦书》）他在这里所说的"大明"，应该是指经程、朱辨析，王霸与义利相对应的关系明确了。

陈亮门人芦偘的一段话似乎可以概括朱、陈之争的实质："当乾道、淳熙间，朱、张、吕、陆四君子皆谈性命而辟功利，学者各守其师说，截然不可犯。陈同甫（亮）崛起其旁，独不以为然。且谓'性命之微，子贡不得而闻'，吾夫子（案，指孔子）所罕言，后生小子与之谈之不置，殆多乎哉。禹无功，何以成六府（案，指'五行'和'谷'）？《乾》无利，何以具四德（案，指元、亨、利、贞）？如之何其可废也。于是推孔孟之志、《六经》之旨、诸子百家分析聚散之故，然后知圣贤经理世故与三才并立而不废者，皆皇帝王霸之大略。明白简大，坦然易行。"（《宋元学案·龙川学案》）

陈亮认为程门谓"三代以道治天下，汉、唐以智力把持天下"已经不能使人心服；后之学者（实指朱熹）进而谓"三代专以天理行，汉、唐专以人欲行"，更与历史事实不符。他批评："诸儒自处者曰义曰王，汉、唐做得成者曰利曰霸。一头自如此说，另一头自如彼做；说得虽甚好，做得亦不恶，如此却是义利双行，王霸并用。如亮之说，却是直上直下，只有一个头颅做得成耳。"（《甲辰复朱元晦书》）"为士者，耻言文章行义，而曰'尽心知性'；居官者，耻言政事书判，而曰'学道爱人'。相蒙相欺，以尽废天下之实，终于百事不理而已。"（《送吴允成序》）朱熹则批评他说:"同父(亮)在利欲胶漆盆中。""江西之学只是禅,浙学却专是功利。禅学后来学者摸索一上,无可摸索,自会转去;若功利,则学者习之,便可见效,此意甚可忧。"(《朱子语类》卷123)陈亮之所以据史实而言义利双行、王霸并用,是鉴于当时国力衰弱,北国南逼,认为空谈性理误国,应该提倡"以经制言事功"(黄宗羲语,见《龙川学案》序录)。因此其所言王霸是与义和利、理和欲、道和器,乃至内圣和外王相对应的概念;而其所谓"利"并非一己过分之利欲,而主要是指"无一念不在斯民"(《策·萧、曹、丙、魏、房、杜、姚、宋何以独名于汉唐》)之利,他的学说在程朱之学被视为正统之时,"遂为世所忌"(《龙川学案》黄百家按语),"无不大声排之"(全祖望《陈同甫论》,转引自《龙川学案》附录),但是对后世却影响至巨。不但在当时培养了一批重事功的学者,影响了浙东等地区的世风,即使明末清初"实学派"中执牛耳者如黄宗羲、顾炎武、王夫之等人其实也是远绍了龙川的精神和学说。如果我们把浙东一带现今民营企业格外发达的情况放到历史的背景中考察,恐怕也和永康、永嘉学说的影响有着不可分割的关系。这从一个侧面证明朱、陈之所谓"王"与"霸",实已离其原旨益远。而若"王""霸"离开了孟荀原意,和义利、理欲以及道器结合起来,其实从来就不是截然二分互不关涉的。

粗略总括自战国至南宋关于王霸思想的运用和阐发,是否可以得出以下四点,以供思考"王道"思想的当代意义作为参考。

1. 孟子同孔子一样,树起传说中的"三代盛世"为标杆,以恢复天下一统为目的。所不同的是,孔子希望诸侯施仁爱、崇礼乐、弃霸业、尊周室；孟子则面对几个争雄的超级大国，希望有一个诸侯国能够实行"王道"以统一天下。换言之，"王道"在孔孟那里是处理国与国关系、寻求一统的利器，"内圣外王"的思想在他们的学说中已经成熟了。

2. 刘汉既已经过提倡黄老思想休养生息，又经文景之治以及武帝固边拓疆，中央集权得到空前加强，政权主要是处理内部问题，自然要"以霸王道杂之"，亦即恩威并用、儒法兼行。实则这时的"王""霸"含义已经有别于孔、孟、荀，转指内政了。

3. 宋儒先是惩于五代时期道德沦丧，世风朽败，释氏流行，古学凋零，于是以道统自任，倡孔孟，探理、性，颂王道，正人心；继而陈亮一脉以国弱民贫、御侮无力为忧，故兴不弃利、欲、霸、器之说。其实两派不过各执一端，所以黄宗羲谓"二家之说，皆未得当"，但其实他是有些偏袒陈亮的，所以又说"朱子以事功卑龙川，龙川正不讳言事功，所以终不能服龙川之心。"（均见《龙川学案》按语）

4. 今之世界犹如中国战国时期之纷纷，与古不尽同者，霸权国家不仅凭借武力大倡"人权先于主权""反恐无国界"以及"单边主义"，以强推自己的价值观为旗帜，任意征伐弱小，而且极力推销现代功利主义、物质至上、工具理性，影响所及，促成了新兴国家在提高了物质生活水平的同时，却受到前所未有的文化侵蚀，加剧了文化断裂、社会撕裂、人心分裂。现在弘扬"王道"原旨，岂非恰逢其时！

其实近百年来，中华民族的伟人们先后都有过体现"王道"思想的宣示。

例如，孙中山先生在90年前就说过："中国人说，王道是顺乎自然。换一句话说，自然力便是王道"，"武力便是霸道"（《国父全集》第一册，台湾近代中国出版社1989年版，第4页）；"这种专用武力压迫人民的文化，用我们中国的古话说就是'行霸道'。""讲王道是主张仁义道德，讲霸道是主张功利强权。"（《国父全集》第三册，第538—540页）"现在世界列强所走的路是灭人国家的；如果中国强盛起来，也要灭人国家，也去学列强的帝国主义，走相同的路，便是蹈他们的覆辙。所以我们要先决定一个政策，要济弱扶倾，才是尽我们民族的天职。我们对于弱小民族要扶持他，对于世界列强要抵抗他，如果全国人民都立定这个志愿，这个民族才可以发达。"（《国父全集》第一册，第53页）他的理想是："用固有的道德和平作基础，去统一世界，成一个大同之治，这便是我们四万万人的大责任。"（《国父全集》第一册，第54页）

孙中山先生在这方面的种种论述都是本着中华文化历久弥新的思想。唯其如此，所以一脉相承至今。例如在孙中山先生身后约三十年，毛泽东主席就曾在多个场合一再强调，中国将来强大起来也不会侵略别人，但是对人民反抗侵略的革命战争还是要支持的（《毛泽东文集》第八卷，人民出版社1999年版）。又过了二十几年，邓小平先生也说："中国永远不会称霸，永远不会欺负别人。"（《邓小平文选》第三卷，人民出版社1993年版）因为三位伟人都是基于对中华文化的信心，所以能以中华民族的智慧，预见到中国一定会挣脱帝国主义的枷锁，走上富强之路。现在两岸一起来进一步探讨"王道"的内涵和当代意义，显然也是对孙中山先生思想的继承、延伸和弘扬。

如果说，孙中山先生1924年讲上述那番话时，中国正处于积贫积弱、努力挣脱帝国主义"次殖民"（孙中山语）统治的阶段，此时就说"济弱扶倾"以尽自己的天职，可能被讥为"言之无根"；毛泽东主席在中国大陆正处经济困难时讲强大起来也不会侵略别人，也可被视为"浪漫"；邓小平先生在大陆实行改革开放初期就说永远不称霸，或可被扭曲为"宣传姿态"；那么，在大陆靠13亿人民的努力开始强大、两岸关系由于彼此的善意而处于最好阶段、大陆几十年来在国际事务中的实践已经让许多国家了解了中国人对待"天下"的态度的这个时期，我们再次以鲜明的语言向世界介绍中国人民会和世界人民同舟共济的"王道"思想，肯定会有更大的说服力。

"王道"思想，是中华文化的核心价值理念投射到处理"天下"事务方面的结晶。三代时的"天下"，不过相当于现在的中原地区；汉代时的"天下"也没有超出现在中国的版图范围。在地球变成一个村庄的今天，我们中国人心中的"天下"已经扩展到了整个地球以至宇宙。这就是说，随着天文地理等知识的不断拓展，"以天下为己任"的责任感和"推己及人"的大爱胸怀也相应地不断扩大。爱屋及乌，由对各国人民的关切友好，自然更增强了对自然环境、社会产业、经济发展等方面的关怀。再者，孔孟提倡"王道"，最终是要一统天下，今天我们挖掘"王道"的丰富内涵，意在多元世界的和谐和平——今人早已超越了古之圣贤。王道思想包括了对人与人、人与天、身与心、现实与未来的深刻观察和思考，我们的探讨自然也必将涉及世界所需要的人文与物质危机的种种方面。我相信，我们的研讨会一定能够在很多议题上取得丰硕的成果。

再谈"王道"思想与中国企业管理[※]

在明天的大会上,我将就"现代化""全球化"和中华文化的关系谈谈我的浅见,提出中国企业的管理如何与中华文化有机结合起来的话题。现在,我就集中而简要地谈谈我对"王道"思想与企业管理的关系的看法,以向大家请教。因为我在施振荣先生办的"王道与企业管理研讨班"上海阶段讲过"王道"问题,所以今天是"再谈",内容基本上和上次所讲不重复。

"王道"是传统文化中很耀眼的一个理念,是儒家提出的处理国与国关系的准则。这样一个古老的思想能不能作为我们研究中国企业管理的参考?用学术的话说就是,"王道"在今天,特别是作为中国企业管理的借鉴,有没有"合法性"?因此,我认为应该首先客观地评价中华传统文化,清除掉长期以来认为儒家"重义轻利""保守""反对新事物""反对开放",等等认识误区。

我们先来看事实。孔子一生履行着"有教无类"的教育民主原则。这在当时是极其进步的主张,是对

[※] 2011年10月19日在"中国管理全球论坛静思会"上的演讲。

以往只有王室贵胄和贵族子弟才有资格接受教育的颠覆。他亲自开办私学，让所有能够交上几根干肉（"束脩"）的人都能到他那里学习。有人为此而批评他没有举办免费教育，眼里只有有钱的人，我认为这种批评是不公平的。要知道，孔子办的是"成人教育"。从《史记·孔子世家》看，到他那里读书的，最小也要15岁以上。如果能够交出"束脩"，说明他生活基本上过得去，可以专心学习，"孺子"才"可教"。

在孔子的学生里有一位著名的大儒子贡，是位商人，经营有道，家累千金，孔子说他"货殖焉，亿则屡中"（《论语·先进》）。《论语》里记录了他不少言谈，用孔子的思想衡量，他的确造诣很高；他先后当过鲁、卫的相，多次出使各国，受到诸侯们的尊重。孔子评论他是"瑚琏"之器，也就是宗庙里主要的祭祀之器，意思是治理国家的干才。据此，不能说孔子排斥经商，反而能说明他主张"君子爱财，取之有道"。

在比较原始的农耕社会，粮食等农作物是社会第一需求，当商业活动以及由商业带动起来的手工业威胁了农业生产时，统治者就要抑末（商）兴本（农），贬斥"淫巧"。在整个帝王时代，社会一直在平衡农—商—工三者的关系。后来这被认为是儒家阻碍工商业的发展，其实也是误会了。

儒家不但不守旧，相反，是讲究与时俱进的。儒家学说自身两千多年来的演变发展，对佛、道的包容并从中汲取营养，以致到宋代完成了中国哲学体系的建构和完善，达到了当时世界的哲学最高峰。这条逐步改进发展的道路可以简约如下：孔子—孟子—荀子—董仲舒—汉儒（马融、郑玄等）—唐儒（孔颖达、颜师古、韩愈等）—宋儒（张载、周敦颐、二程、朱熹等）。可以说，儒学在每个时代都有自己的特色和成就，都明确显示了儒学结合时代特征的创新。

在过去对儒学的批判中还有一点需要澄清，这就是，按照儒学内在元素，包括它的发展动力（学者的思考、研究），是否能引领中国走向工业化/现代化？一些人认为，这是绝对不可能的，因此必须欧洲人用坚船利炮给我们送来，即所谓"西学东渐"，而理由就是我在上面所谈的对儒学的几点误解。说从儒学，或扩而言之从中华文化成长不出工业化/现代化，这是一个没有经过认真论证就得出的并不客观的结论。事实上，到了明代，中国的手工业已经相当发达，虽没有以蒸汽机为动力的现代机器，但工具的进步已经达到农耕时代最先进的水平；民间金融开始出现；南北航运快捷方便。在理论建树上，直接继承宋代以来儒学的一支"永嘉学派"为代表的"义利双行"学说，又有了发展，主张"利生""事功"，所谓"功到成处，便是有德；事到济处，便是有理"。当然，要想纠正人们对儒家根深蒂固的误解，还需要做深入的研究；但是我坚信，世界上不同民族在不同时期进步的速度是有差异的，并不都是线性的；凭着中国人的智慧，凭着儒学的博大兼容，中华民族不可能必须等着欧洲人给我们带来现代机器和商业。两三百年来我们落后挨打，不是因为中华文化的宿命，而在于制度的腐败和由此而造成的封闭，中华文化发展的内动力渐渐趋于枯竭，又没有了与异质文化冲撞的外动力。

再从"王道"的内涵检验它的"合法性"。

大家都知道，中华文化的主干是儒家思想。中华文化绵延数千载，与此有着极其密切的关系。儒家学说概括地说，在伦理方面主张仁、义、礼、智（还可以加上"信"）；在世界观方面则认为"天人合一"，即人与客观是一个整体，人又是万物中最有灵性、最宝贵的。为达到上述理想的境界，就要求人们格物—致知—诚意—正心，要"慎独"；处理个人和群体（"他者"）的关系时，主张修身—齐家—治国—平天下。如何"平天下"呢？用"王道"。

"王道"，简而言之，就是以先进的文化和高尚的道德吸引、感化他人、他国，善待他人、他国。虽然那时的所谓"国"还只是诸侯，但是诸侯间的关系和现在的国际关系实质上是一样的。从古代到现在，中国人心目中的"天下"逐渐扩大了，所以应该也适用于今天的国际关系。这就是孔子所说的"远人不服，则修文德以来之"。"王道"思想能不能用到一个单位（例如一个企业）、一个地区呢？我看是可以的，这只不过是"王道"所用的范围缩小了，而人与人、国与国的关系本质上是一样的。

到了宋儒那里，他们运用"天人合一"的哲学，格物、致知的认识事物的方法，体验到宇宙间感性上觉得毫无关系的事物间，其实都有着密切的关系，例如非洲的一个部落和中国在珠三角打工的农民之间潜藏着关联，只不过不显著，不到一定时机不为人所知。古代贤哲真了不起，宋儒真了不起，他们所揭示的道理，在当时和以后很长时间里能够理解的人很少，现在技术发达了，信息传输、交通往来便捷了，人们才越来越广泛地认识了这个道理；但是一般人的认识基本上还停留在物质和环境范围内，例如"非典""禽流感"在一国发生，能够迅速传遍世界。其实这种世界范围内的传染病跨境传播恐怕古代就有，有证据的，例如西班牙人把感冒和梅毒带到北美，造成印第安人的许多部落灭绝。古代交通和信息传输不发达，事例少，即使有，知道的人也少，因而也就没有记录下来。现在不一样了。近期的，如日本福岛的核事故，其周边的中、韩等国就不能不警戒；美国和欧洲的经济衰退，要影响不知道多少国家，"占领华尔街"引得全世界关注，让人联想到所谓"阿拉伯之春"。其实，所谓"蝴蝶效应"所依据的也就是天下一体的道理。

顺便说一说，汉语中的"同胞"一词，原意是一母所生的兄弟姐妹，但是近代扩展为指同一国的所有人（主要是中国有此观念）。这是因为在我们看来，中国人都是同一父母即同一天地所生，彼此应该视同骨肉手足，谁也离不开谁。这种思维恐怕来源于对事物生长过程的细密观察。《周易》上就说过："乾，天也，故称为父；坤，地也，故称为母。"把大地称为母亲，许多民族都是如此，但是把天下之人当作同胞，唯有中国。宋儒不过是把这种感性与理性的认识哲学化了罢了。

我们应该注意的是，这反映了这样一个道理：儒家学说实际是概括了中华大地上人们的生活经验和对从伦理道德到对宇宙的认识；也反映了儒家博大的胸怀，虽然以个人修身为起点，但是放至极致，可以大到整个宇宙。因此，"远人不服，则修文德以来之"不是广告词，而是基于体验和思辨得出的信念。

现在我们进一步探讨儒学与商业的关系，其中自然就包括了企业管理问题。

先从历史上看。在《二十四史》中有14部"史"都列有有关商业流通的专传和论述。例如《史记》就有《平准书》，《汉书》有《食货志》。在这些"书"

"志"中叙述了古代和当代农业等生产和货币间的均衡和失衡关系以及朝廷所采取的措施,因为正如司马迁所说,"农工商交易之路通而龟贝金钱刀布之币兴焉"。因而必须高度重视。汉代还在朝廷的主持下为盐铁是专卖还是由民间经营进行过一场大辩论,其成果就是著名的、历代不断征引的《盐铁论》。

此后,历代(主要是时间较长的朝代)朝野就利和义(实际上也是王与霸)的辩论时时出现。尤可称道的,是宋代儒学中出现了浙东的"永嘉学派"。永嘉学派的重要人物陈亮就是主张事功,即注意经济的,认为商借农而立,农赖商而行;求以相补而非求以相病。他曾经和朱熹就义利、王霸问题往复辩论,长达11年。其后,永嘉学派的代表人物叶适一脉,主张"四民交致其用而后治化兴,抑末厚本,非正论也。使其果出于厚本而抑末,虽偏,尚有义;若后世但夺之以自利,则何名为抑?"甚至明确提出"士农工商皆百姓之本业"。概而言之,他们根据已经发展了的农业生产力(生产工具、方式和效率)以及手工业、商业的发达,提出了四业平等的思想,显然,在这思想中蕴含着"义利并举"的理念。这是儒家学说与时俱进的又一例证。值得注意的是,永嘉学说在当时的影响就很大,更重要的是对后世的影响十分长远。从其临近处说,启发了元明学者,以至于后来形成了中国自己的"启蒙"思潮;从离其较远处说,当代浙江,特别是浙东的商业、加工业异常发达,而且从业者讲究诚信,不能不说有其民风的根源,而这种不轻农而重工商的民风,是永嘉学派的思想深入人心的结果。由此也可见,儒学并非少数学者的事,只要结合时代认真研究并且进行普及,对于一个地区乃至一个国家的经济和社会建设发展，会起到一般人意想不到的巨大效应。

在儒家内部讨论、争辩的问题归结起来，其核心就是利与义、法与德、竞争与共赢、主仆与兄弟等几对矛盾。前两条，是思想理论上的；后两条是实践上的。我们透过对这几组对立概念的考察，大体可以了解"王道"思想是否可以和如何作为我们企业管理的参考。

义与利是所有问题的核心。"义"，古人解释为"宜也"，亦即为社会、为他人做与自己的身份、力量适合的事。社会从来是有层级的，人分男女老幼，身体素质、所受教养各自不同，只要尽了自己的心力，尽职尽责，就谓之"义"；违背了或达不到这一点，就谓之"不义"。"利"并不是坏东西，关键是"取之有道""用之得法"。合乎此即为"义"，无道、不得法，即为"不义"。例如华尔街及其背后的资本大鳄追求无限扩张的超额利润，设计了奥巴马所说的谁也弄不明白的金融衍生品，就是取之无道。义利之辨，自古就有，著名的，例如《孟子》所说的"王何必曰利？亦有仁义而已矣"。这常被从正反两面用来证明儒家不赞成求利。其实孟子并不排斥利，他这段话是针对梁惠王和他一见面就问"叟不远千里而来，亦将有以利吾国乎"，不讲他作为国君应该尽的职责而说的。我想，今天的企业家，只要摆好了利和义的位置，内部的管理、外部的关系就"事功"过半了。

与此相关的是法与德的关系问题。人类既构成了社会，就不能没有法；特别是社会发展了，人口众多了，事务复杂了，社会没有秩序的准绳来制约，就会变得无序，受害的最终是社会上的所有成员。但是法只能是秩序的底线，触及这底线，不是错误的，就是犯罪的，社会就要用法进行纠正或处罚。法是他律，是人们被动接受的。在这底线之上还必须有德的约束。德的高度是无止境的，在中国文化中，最高的是"圣"，其次是"贤"，再次是"君子"，最后是"小人"。儒家的最高追求是圣，永远达不到，永远追求，认为如果这样的人多了，社会的道德就不断提升了，犯法的人就少了，社会就安定了。联系到办企业，约束我们的有许多法律、法规、章程，以及标准、协议，等等。这固然是企业管理不可少的。如果我们的企业在讲法的同时，也提倡"德"的修养，全企业上下成为文化道德的自觉者，我想企业的管理又过半之半了。

　　竞争与共赢的关系很微妙。我对下面这个说法始终有所保留，这就是市场就靠竞争，竞争是人类社会前进最重要的动力。在我看来，竞争是客观存在，合作也是客观存在，二者并非必然矛盾，并非非此即彼。除了竞争，人类还有更为崇高的动力，这就是中华文化中的对小康社会和大同世界的向往。要达到这一有益于全人类的目标，经济上不可能只靠少数垄断企业；合作，未必不能达到相关的个人和企业共同发达，亦即共赢的目标。现在在中国，一个"快"字（快增长、快发财），另一个"争"字（竞争、争夺），把许多事情搞乱了，把人心搞乱了。企业都有个持续发展的问题。快赚，只知竞争而不知合作，也许能达到赚的目的，但未必能够持久。原因很简单，只竞争不合作，违背了社会发展的总规律，违背了人们心里隐藏着的最底层的良知。"无欲速，无见小利。欲速则不达，见小利则大事不成。"这才是规律，才是人心。要做到既讲竞争，又讲合作共赢，需要通过学习和实践领悟社会发展规律，领悟谁也离不开谁的大道理，也要深察人心的善良品质。

关于兄弟和主仆的关系，是就企业内部企业家和职工的关系而言的，在这里似乎不必多说了，只要在最主要、起到决定性作用的"义、利双收"和"同胞物与（即万物皆是我友）"问题上有了深刻体会，当付诸实践时自然会得到很好的解决。

我从来没有企业管理的经验，以上所说，纯为书生之见。在各位成功的企业家面前谈今天的题目，不过是把许多已经这样做了的企业家的经验提到理论上来说说而已。书生所探究的是事物之理，得出的意见有对有错，只能作为大家的参考，或许有点用处，即所谓"择其善者而从之，其不善者而改之"。

谢谢大家！

一个中国人心目中的孔子[※]

我选的题目是"一个中国人心目中的孔子"。大家作为孔子学院的院长、老师,应该对孔子有个大体的了解和认识,这样对组织孔子学院的活动与教学,将产生积极的意义。谈谈我心目中的孔子,作为一种交流,希望对大家能有所启发。

孔子生活的时代,周天子的地位已经衰落,出现了"礼崩乐坏"的局面。这种情况下,孔子整合夏商周三代文化,并针对当时情况提出自己的思想。他的思想博大精深,我选取其中几点与大家交流。

一 "礼乐"思想

孔子的礼乐思想主要继承于西周。"礼"是家庭和社会生活规范,最早描述礼的经典是《仪礼》,这本书虽然已经不完备了,但仍看得出是家庭和社会的规范。这种规范是无形的,体现出来就是礼仪,比如说臣见君怎么办,知识分子互相见面什么礼仪,家里有丧事什么礼仪……这些礼仪所承载的是人们对规范的遵守。

[※] 2009年12月1日在"第四届孔子学院大会孔子学院院长研修班"上的讲话。

"乐",作用于人的心灵,是和"礼"密切结合的,凡举行"礼"的时候都有"乐"。中国的乐早在3000多年前就出现了。当然,今天西方交响乐经过几百年的演变和发展,也已经出神入化。交响乐也是不同乐器,不同声部合奏起来,在指挥的调理下出现和谐的音律,不和谐就成了噪音。所以,中国人很早就懂得"乐"是求"和"的。

"礼",则恰好相反。不同的阶层有不同的"礼",也就是说"礼"是把人分开的。比如,一个孩子对父亲有一定的礼,父亲对儿子有一定的礼,这个礼就体现出一个是在上的父亲,一个是在成长的孩子,君和臣也是如此。"乐"求"和","礼"讲"分",这是恰到好处。礼乐并提就是在有和有分的情况下求得平衡,这是一个非常辩证、高妙的思想。

二 "仁"的思想

孔子说"爱人","仁"就是"爱人"。那个时候贵族和非贵族,官员和平民,君和臣的界限是很严格的,但是他统用一个"仁"字就消除了这些界限。不管是哪个阶层的人,都要爱他人。

现在被很多外国朋友奉为中国伟大思想的"己所不欲,勿施于人",可以说是"仁"在行动上的体现。但在我看来,"己所不欲,勿施于人"是孔子偏于消极的思想,全面的理解应当是"己欲立而立人,己欲达而达人",这样更能体现孔子的"仁"。

"己欲立而立人,己欲达而达人"的一个表现是,"抑为之不厌,诲人不倦",就是说,在不断提高自己,锤炼自己的同时,让更多的人和我一起走,这样才能做到"仁"。

"己所不欲，勿施于人"现在常被中国的报刊文章引用，但只引这八个字并不全面，应该把后面的八个字也加上，"在邦无怨，在家无怨。"也就是，一个邦里从高官到百姓没有怨恨，一个家族中没有人表示怨恨。有这八个字的补充，"己所不欲，勿施于人"才全面，才是真正的"己欲立而立人，己欲达而达人"。

怎么能做到"仁"？一是要做到对任何事情，任何人都很恭敬；二是对人宽厚、宽容；三是说话算数，讲诚信；四是对任何外界的事物很敏锐；五是在解决问题思考问题的时候很聪慧，有这五者就是仁了。我认为这五点当中，"恭、宽、信"三点又是最重要的。

孔子还有一句非常著名的话，"克己复礼为仁"。孔子注意到，人是有七情六欲的。对物质的需求是人之本性。如果由着自己去发展，人的动物性超过了人应该具备的人性，就是过于自私，不顾忌他人，会导致天下大乱。因而，孔子要求克制自己，克服自己的分外之想。"克服"以什么为标准呢？那就是恢复到"礼"。"礼"是讲层次，讲身份的，按照我的身份努力去做，也不能超出自己的层次，这叫作"义"。古人说，"义者宜也"，就是要合适，你所做的、你所想的和你的身份合适。不断地加强修养，"克己复礼"，人人这样做，人人就是"仁"。

孔子认为，"仁"是一个无止境的高尚目标，没有最好，只有更好。"君子以文会友，以友辅仁"，孔子认为，要求得"仁"，光靠自己苦心修炼还不行，还要"会友"，"友"的前提是以"文"来会的，也就是朋友之间要认真切磋。

"仁"的本质是什么？就是"人""我"和谐。这是人的本性。人的本性可能有自私的一面，但作为人的本能是希望和谐的，谁也不希望整天生活在争吵和不和谐中，但是只有朴素的本性也不行，还需要学习。学习以后就提升了人的本性，"克己"了，学到东西了，本性就提升了。同时，人各有特点，人和人之间是有差异的。"和"的前提是有差异，没有差异就是相同了。所以中国"和而不同"的思想是以承认差异为前提的。无论是国与国之间，民族与民族之间，还是人与人之间，都不要求把差异去掉。

三 "学"的思想

怎么学习？孔子说"三人行必有我师焉，择其善者而从之，其不善者而改之"。为什么不是"二人行"？"二人行必有我师焉"其中一个是我自己，那就是说任何人都是我的老师，这不是孔子的本意。三人行就必然有一个或者有我可学的，或者有我可以吸取教训的，三人的概率就高了。

不但要学，还要思。向书本学，向人学，向大自然学，向实践学。只学而不想就罔然，读上千本书，朦朦胧胧一大片，形不成思想。特别是学的目的是求"仁"，那么只"学而不思"对于自己做一个仁者就没有用；反过来说，只"思而不学"，整天就那么想，不去向他人学习，不向书本学习，想来想去想不通，也是无益的。所以，学必须和思结合起来。

"敏于事"，对于家事和国事都反应快，马上去做。"慎于言"，说话的时候要敬，这个"慎"不是谨慎，古人的"慎"含有敬的意思，是对我所说的内容要敬，因而就会斟酌。"就有道而正焉"，"就"的本意是

"走向"。"就有道"对于有道之人要走向他，以他为榜样来纠正自己，这就是好学了。

有两句话我想特别强调一下，"古之学者为己，今之学者为人"。我认为这句话反映了不同的人生观、价值观。"古之学者为己"，这里的"为己"和今天一些人追名逐利是有很大区别的，古人学习是为了修身，修身是为了家庭和睦，家庭和睦是为了治理好诸侯国，治理好诸侯国是为了天下能够太平，因而"古之学者为己"是为了大"我"。虽然我们今天的社会生活要保证基本的住房饮食，但是要把握好度。过去提倡"仁"，有一个永远的目标追着走，现在没有这个目标，这是社会的危机，也是世界的危机。

四　结论

孔子最大的贡献，是提出了人的价值在于"德"。"德"最重要的内容是"仁"，要做到"仁"就要学习，从书中学，在实践中学，向他人学。"仁"要从自身修养开始，顾及家庭，扩及国家，影响天下。在不同阶层的人身上，"仁"的表现不同，但是核心都离不开"爱人"和"尊礼"。这就是我心目中的孔子，可能有不妥之处，欢迎院长们批评指正。

突出核心，"落叶归根"※

一

现在就着"儒学的理论与应用"问题进行思考、研讨并付诸行动，不但适得其时，而且已经十分紧迫①。因为中华民族和全世界，都已经走到一个十字路口：如果依然按照人类已经习惯的方向走下去，人类必然急速地加重危机，走向毁灭；我们必须寻找相对于现实而言的另一条道路。这条道路或许就是近几十年许多中外学者所一再指出的东方的道路，中华民族的道路，儒学的道路。

十年之中，世界爆发了两次金融危机，至今尚未完全摆脱；环境恶化、贫富差距扩大、社会分裂、伦理混乱等显然不适合人类生存的现象，越来越严重。经济危机的背后实际上是文化的危机、价值的危机、

※ 2013年10月28日在台北"孔德成先生逝世五周年纪念会暨儒学的理论与应用国际学术研讨会"上的主旨讲演。

① 愚以为，言"儒学"之"应用"，未必恰当。"儒学"既为支撑中华民族精神之主干，即不可以为"工具"，否则亦将陷于"工具理性"之窠臼，仍当以"弘扬""传播"等语表述之。然主人已定此为题，遂不得不于文首言及之。

心灵的危机。从长远或根本上看，心病还需由心治，文化的问题要用文化来解决。

我在第二届世界佛教论坛上曾经讲，当今世界的种种问题，寻其根源，不外人心之贪嗔痴。而中华文化，儒家的"克己复礼"，正是最好的解药。这和道家的"清心寡欲"，佛家的"无执无我"，出发点有异，宗旨则一，都是希望人们内求诸己，淡于物欲，推己及人。近两年的事实越发坚定了我的想法。

儒家思想之所以可以挽回世界和中华民族的颓势，使人类走上永续发展之途，首先是中华民族的兴衰史证明了它的有效性。

儒学是中华民族生生不息的思想和伦理的源泉，历经2500多年，一直支撑着民族的发展壮大，战胜艰难险阻，维系民族的团结。中华民族的历史和文化之延绵5000年而未断，成为人类历史上仅有的奇特现象，就是最有力的证明。

儒学，在其自身2000多年传承过程中，屡受挑战，而在应对过程中，它包容他者，学习他者，丰富完善自身，从而不但没有消沉、泯灭，反而越来越精致而深刻，越来越博大而多彩，成为中华文化的主干。它与佛、道以及各个少数民族文化共同构成伟大的中华文化，直至今日依然生机勃勃，仍然是中华民族继续创造辉煌的巨大资源和动力。究其原因，是因为儒学的主张，最适合人类在华夏这块土地上生存、发展。应该说，其他的一些学说和主张，中华民族的祖先前前后后都试验过了，无论是把最高权威归之于神灵，以来世为归宿，还是一切以自我为中心，以排他为当然，都没能获得历代社会的普遍认可。回顾世界往昔，一些没有形成系统伦理与哲学的族群，在还没有见到茫茫黑暗中的曙光时，文化即已中断；或者在吸收了外部的哲学和神学之后形成了与中华民族所丢弃的学说类似的信仰和理念，并逐渐系统化、精密化，这些"晚熟"的文化的二元对立思维和方法，非此即彼、非友即敌、唯我独尊、身心分离，演变成今日的危机接踵，战乱不断。正因为中华文化相比之下有如此显著的优势，所以在近多半个世纪中，西方学者从汤恩比到郝大维，从牟复礼到狄百瑞，都重新提出了或者可以说是深化了笛卡儿、莱布尼茨等思想家的评价，认为西方和整个世界需要中华文化。因此可以说，儒学本来就不应该仅仅属于中华民族，而是具有无可争议的世界意义。

二

儒学，已经沉淀在中华儿女的血液里，成了一般不会被察觉的文化基因。我们的行为举止、历史上的璀璨和不足，以及曾经遇到过的高峰与低谷、顺利与挫折，几乎无不与儒学的内在有关。但是儒学博大精深，如何汲取其精髓，使之永续地存活于亿万人心之中，是历史和生活提到今日中华学人面前的现实课题，也是世界儒学乃至更广阔领域中学者的共同责任。

说到汲取精华，则对于何为精华，今之分析与论断是否会因当今时代与儒学发生和成长的环境不同而使现代人与历代哲人的结论截然不同？甚至可以进一步简约化这一质疑，即农耕时代的思想学说，在工业化、后工业化时代是否还有其巨大价值？这是存在于许多人，特别是年轻一代人心中的问题。对此，学者们不能不给以认真的回答。

其实，儒学恰恰因为是在农耕时代孕育、成长、定型的，是对此前无数年代经验的总结和升华，所以才具有跨越时空的生命力。因为在人类进化史中，在这一时代，人类之间、人类与自然之间的关系最为紧密而亲切；人对自身、对他人，以及对自然的感知、体验和观察，最为细致而深刻；对过去、现在、未来的思考最为长久、现实而深入。这是游牧时代、工业化时代不可与其比肩的，更不是人与人日益疏离的所谓信息时代所能仿效的。在农耕时代所形成的种种关系、获得的体验和所做的思考基础上形成的思想理论和方法，自然更为符合人类之所需、所盼，符合大自然的规律。

具有博大系统的儒学，论其精华，恐怕还是孟子所归纳的四端：仁、义、礼、智，而四者的核心则是"仁"；作为其外在形式则是"礼"与"乐"。"礼""乐"，既是"仁"的外现，又是对社会成员的引导和约束。

其实，扩大来看，在中华民族历史上所有起过较大作用的各种学说，例如墨家、名家、兵家、农家、法家、阴阳家，无不是农耕时代的产物，同样的直到今天还有其主要的价值。因为一切科学探索最终都是要寻觅真理、价值，了解"存在"的奥妙，而这些学说莫不是走在探索路上的同路人，儒学不过因其更为符合个人和社会生活，而且具有最大的包容胸怀，吸收了同行者的优点而能够走到终点罢了。

学界内外至今还在提出种种质疑，往往是着眼于儒学是在被历代帝王援以为皇权合理的证明，作为强化巩固威权的工具而注入的添加剂。同时因帝王时代对儒学的不准确理解而在民间出现了一些实际有悖于儒学本意的现象。当然也有由于西学观念已长久深入生活、学术、技术方方面面所促发的种种自然反应。

不应小觑了这种质疑,它将扭曲儒学的本质,扰乱人的去取,给以一己为中心、以物"欲"为价值目标的文化以理论的借口,开辟流行的通道。

三

孔夫子及其后学,包括当代的中外学者对"仁"做了无数的解说,给出了许多界定,这是学理的需要。如果只求直白地表达,"仁"的实质就是爱,是依据家庭与社会的天然情感("性")而形成的具有等差的爱。这是区别于墨子的"兼爱"和西方的"博爱"的一种同样可以覆盖所有人,甚至连及宇宙万物的爱。"仁者人也,亲亲为大""亲亲之杀,尊贤之等,礼所生也""亲亲,尊尊,长长""亲亲而仁民,仁民而爱物",都是围绕着这种民族特有的爱而展开的。亲也,尊也,长也,都是"爱"亦即"仁"在不同对象身上的具体体现,不同的名称不过是分殊后的"假名"。

突出孔子"仁"的理念是极为必要的。这不仅是因为当下太需要仁者之心了,而且因为儒家所提出的其他种种伦理和形上观念,莫不是围绕着"仁"而生成,而展开的。如前所述,孟子所说之义、礼、智,莫不以仁为基础,为发动、衍生的根源;宋明两朝的哲人高明地提出或强调了"理""性""心"和"气"的概念,以为形上的本体,犹如佛、道两家的"真如"和"道"或"太一",但"仁"始终处于儒学关怀人世层面的中心和基础的位置。

现在,我们身处把彼此防范、猜疑、攻讦、伤害视为平常的时代，尤其需要回顾孔夫子关于"仁"的教诲，重温历代贤哲对"仁"的精辟诠释和发明，作为探索民族和人类未来的立足根基。在人们感叹人心不古、世风日下的当口，其实由于儒学自古点点滴滴渗入街坊村寨家庭，因而至今人心其实并未泯灭，只是被如佛家所说的"五蕴"遮蔽住了，陷入了"无明"。"礼失而求诸野"，今天儒学家的职责就是唤醒掩埋在广大民间心底的爱的本性，使之明其所以然，亦即提高到"理性"的高度，自觉的境界。回顾历史，其实孔孟、程朱一生所为，何尝不是在做"叫醒"的工作？他们在礼崩乐坏、世无义战和承接五代、面对外部强敌的时代，孜孜于述古，寓作于述，在诠释历史中创新，殷勤讲学，刻苦传人，岂不都是为了唤醒世人？

　　孔子用以教人救世之思想，后世形成为儒学，其特征是履践的。时至今日，需要我们不把儒学，特别是"仁"的理念仅仅作为自己研究的"对象"，当然尤不能只当作谋生求利的工具；儒学将成为我们的信仰，从而把下学而上达作为最重要的使命，讲求宋儒所提倡的"工夫"，从文献走出，进入到体验，身体力行，为人表率，使得文章可得而闻，甚至不可得而闻的"性与天道"，人们也可得而见，得而验。现实生活中正反两面的事例数不胜数，少一些淡漠而无济于事的叹息，多一些发自内心"敬"与"诚"的鞭辟入里的剖析，正是有待我们去履践的事业。

四

　　我们高兴地看到，海峡两岸都越来越重视儒学在社会传播和教育系统中的地位和作用,都在不断关注儒学在促进、维护和推进海峡两岸和谐关系中的伟大力量,以及在中华文化走向世界过程中的重要性;我相信,只要我们真诚地秉承孔夫子的为人准则,加强交流合作,联合更多的各国学人,坚持不懈地研究与传播,古老而永远年轻的儒学在中华民族和世界的包容共赢中一定会发挥越来越大的作用。

就此,我认为有以下几点是应该加强的。

1. 重视"礼""乐"的教化作用。"礼,履也。""乐者,通伦理者也。"如果把中华文化中的"礼"的原旨混淆于或误认为历代王朝与民间存在过的束缚人的枷锁,据此而否定儒学价值,那真是儒学的悲哀。历代的"礼"主要的源头都是此前与当代民间礼仪之"俗"的归纳提升,本是适合调节人际关系的规范。生活之川永不停滞,"礼"也因时而异。当代固然不能再行古礼,时礼也不能由谁强行制定推行,但有意强调各行各业、家庭社会、不同场合应该各有一定的礼仪,还是极为必要的。

时至今日,竟又有把"乐"扭曲为单纯的娱乐工具的现象和舆论,淡化乃至消除了它的教化功能,这是应该引起高度注意的。音乐作为审美对象,有其陶冶性情、培养由审美而想象而创造的作用,但是,"礼以道其志,乐以和其声""礼、乐、刑、政,其极一也,所以同民心而出治道也"的道理并未失效,只不过应该顺应时代探索现在的人们欣赏水平和习惯的路子,并且善于运用信息时代的传媒而已。

2. 文化的力量主要存在于民间。原因很简单,文化原本是人们生活的方式,人人隶属于某种文化;传播的主力是民间,接受的主体也是民间,文化是人与人之间的主要纽带。因此，礼、乐的兴盛也需吸引民间的广泛参与和喜爱。在这方面，非物质文化遗产，不管已经进入名录的还是没有进入的，都是巨大的潜在力量。

所谓民间，大体由学校、小区（含企业）和宗教囊括。学校，包括课外学校，可以给学生以较规范的、系统的传授；小区，往往各自的特色甚为显著，是人们在工作之余充分发挥才艺、抒发内心的地方；宗教，其礼、乐都被赋予了宗教教义，参与者常常怀着某种信仰而来，虔诚而笃定，效果或许更为明显。宋明之后的佛、道二教，已在教理和弘法中与儒家明显结合，在民间传播儒学，与宗教合作当有意想不到的效果。

3. 两岸联手共同振兴儒学。儒学既然是中华民族祖先留给全体儿女的遗产，近二十年来海峡两岸在儒学研究和传播方面已经开展了多种形式和层次的交流合作，成绩喜人，所积累的经验十分丰富，现在是进一步加强深化的时候了。两岸合作密切，可以加强东亚在儒学领域的合作，以促进亚洲的和平。

我想到至少在以下几个方面可以促进两岸学者、业者和民众的合作：

1. 深化儒学研究的合作。超越相互访问、开会讨论、偶尔讲学的现状，逐步进行合作培养研究生、举办普及儒学的书院书塾或学堂之类机构、一起研究某些课题，等等。

2. 推进两岸教育合作协议的研讨、起草和签署，把儒学以及相关领域的事项纳入其中。我的一个理想是，有朝一日两岸学者合力举办一所儒学院或孔子大学，如果顺利的话，经过一段时间它应该成为世界儒学研究中心。我们这个时代似乎是不出大师的时代，但是儒学需要大师，需要新的历史阶段的张载、周敦颐、二程、朱熹、王阳明、王夫之。今人应该为未来的大家和大师提供远离浮躁、肤浅的环境和条件，使之能自主地潜心地读书、研究，为中华民族的未来提供在前哲基础上再次升华的思想滋养。

3. 促进孔子学院和台湾书院的合作。现在，孔子学院和孔子课堂已遍布五大洲，117个国家和地区；台湾书院也已开始在欧美开办，并且建立了数量可观的联络点。二者都是展示、介绍中华文化的极好的平台。我想如果二者合作，既连手又各有特色优长，可以更好地向世界提供伟大的中华文化。

4. 共同开展儒学研究的广泛国际合作。儒学既然是世界的，就可以预见在某一时候儒学将成为世界的显学，从现在起就应该为那一天预做准备。儒学是一个独立的系统，但是任何事物从不会完全孤立于世；从学理上说，研究一个系统必须参照别的系统，不仅从参照中更清晰地显见自身的特色和价值，还可以多一些与己不同的视角，发自身所未发，有助于深化。

5. 儒学要走向世界，有一个存在了几个世纪至今没有解决的问题，即在人文社会科学领域里的翻译需要深入研究。儒学经典进入欧洲已逾四百年，过去的误译、一直以来由于思维惯性和出于不得已以西方文化体系惯用语汇翻译（"虚伪的形态"），已经为儒学走出家门造成了困难。与此同时，儒学自身的一些关键性语汇的内涵也需进一步探讨。在这方面两岸各有优势，理应一起把这一课题放到国际学术界里去解决。

五

时代早已向中华民族发出了这样的呼唤：你该崛

起了，你积累了千万年的杰出智慧应该展现于全体人类面前了。同时，这样的声音也越来越大：中国这只睡狮醒来后并不会让世界颤抖，而是让整个人类社会欣赏到从未欣赏过的美妙的狮舞。

中华儿女，尤其是学界中人，任重道远。曾子的话多么精彩："仁以为己任，不亦重乎？""仁"，在这里完全可以视为儒学最简要的代名词。先哲已把孔夫子的"仁"形上化，并扩展到上达于天，而今天却还需要让它落回人间，此我之所谓"叶落归根"也。

过去的百年，儒学被弃如敝屣，不少国人也自惭形秽。世道沧桑，欧洲中心论渐渐式微，人类又陷入了迷茫。儒学终于开始为世界所尊重，甚至被认为是今日救世之明灯。这是孔夫子当年所想象不到的，但是一句"四海之内皆兄弟也"，似乎他已经预示或预感到了在其身后总有那么一天，他的主张，他的思想，他的伟大人格，会为四海五洋之人所知。生于今日之"君子儒"，能不奋起乎？

2013 年 10 月 4 日夜
于日读一卷书屋

释"修齐治平"※

这些年，我跨行业、跨学科地关注中华民族的振兴和走向富强。在我的思想里，我认为"富"是容易的，"强"是难的。口袋里有钱未必就强，强的关键在文化，如果我们人均收入超过一万元，而文化仍然是目前的状况，我们只能说我们开始富了，不能说我们强了。例如现在唯一的超级大国美国，如果它仅仅是人均月收入2500美元，GDP是我们的4倍，而没有基督教的新教文化，没有一种能够化解、包容不同文明在美国本土上的分歧的文化，它仍然是不堪一击的国家。

最近都在纪念"9·11"。"9·11"的一个效果是激发了美国人的爱国主义，他的爱国主义追根寻底还是宗教。因为在《旧约》上多次谈到，犹太人是上帝的选民，所谓上帝的选民就是上帝所选择的人民，不是给上帝投票的人。第二次世界大战以后美国兴起一个观念，认为美利坚人是上帝的选民，美利坚的国土就是《圣经》上所说的流着蜜和奶的土地——本来它指的是迦南。所以这个国家和民族很自然地产生一种

※ 2011年9月13日在山东大学儒学高等研究院上的演讲，原题为"细查深思——漫谈对经典词语的关注"，本文脚注为整理者所加。

意识——我们要领导全世界，既然我们是上帝的选民，我们就有责任把福音播撒到全世界每个角落。至于政客们的鼓吹，不过是这种宗教理念的政治化演绎而已。所以在评价美国仍然是最强大的国家的时候，人们一般都从它先进的科技和军事去考虑，往往忽略了美国的文化。

与之相类似，在总结中国短命的秦王朝覆灭的时候，史学家常常把原因归结为秦朝施行暴政和六国贵族的反抗，也就是说，秦朝改变了旧制度，把贵族制度改成客卿制度、郡县制度，结果遭到反弹，还有就是秦朝过度地消耗国力等。其实，从文化的视角去看，还有一个原因，秦王朝以法家起家，在建立王朝之后它没有注意建立自己的文化体系。所以历史的教训和现实的启示都让我思考并认识到，中国真正要强大起来需要建设文化，建设文化不能从空中去建设，需要有它的地基，这个地基就是中华传统文化。

事实上，无论是民主革命的先驱孙中山先生还是我们第一代的革命领导人，无论是旧民主主义革命还是新民主主义革命，还是后来的社会主义建设，直到社会主义的改革开放。如果细想想，里面都贯穿着中华传统文化的一些优良传统。

毋庸讳言，我们经历了"文化大革命"之前对传统文化的阉割以及"文化大革命"对文化的摧残，以至于现在连继承它都有困难，因为传承中断了。例如，且不追寻到解放前，就是20世纪50年代、60年代我们一大批著名的师辈，在那几十年里耗费了很多的光阴和生命，乃至季羡林先生到晚年时说，他的写作高峰是从80年代初开始的。

我对于儒学，对于哲学都是外行，只算是一个学习者和跟随者，那为什么这么不自量力，要为整个文化呼吁奔走呢？是因为我看到中国所处的国际环境和想到未来中国光辉灿烂前景的缘故。一个民族如果没有对自己传统文化的清醒认识，没有对文化建设规律的初步把握，没有据此制定出文化发展的战略，那么这个民族就没有文化自觉。而一个民族文化的振兴和发展必须建立在文化自觉的基础上。

那么，我就想用我的一支笔、一张嘴，我仅有的资源，来促进我们民族的文化自觉，这种初衷和多年的实践让我产生了一种文化的自信。几千年的文化沉淀尽管经历了挫折——过去几十年我们所经历的文化挫折并不是历史上的第一次，但是由于中国文化的博大精深，它的修复能力、它的自生能力都十分强大。我亲眼看到这二十年来，中华大地上勃兴的文化的气息和广大人民特别是青年人对文化的饥渴，这些都是文化复兴的前兆，或者说是土壤。只有文化自觉了，又对自己有自信了，我们才能自强。

我这里特别要强调三个"自"字。农业落后，我们可以请日本的农业专家、德国的农业专家来帮我们；制造业落后，我们可以引进外资，引进外部的管理人员；航空落后，可以买飞机，可以把飞行员送到国外培训，如果进一步开放，我们的空管可以请外国人，但是唯独文化建设只能依靠"自"。因为文化是一个民族的生活方式，包括理念、追求以及衣食住行，其核心是人的身心之间的关系，人和人的关系——包括个体和群体、群体和群体之间的关系，人和大自然的关系，以及这个民族对今天与明天关系的思考，它们根植于每个人的生活习惯里和头脑里、血液里，是任何的外部力量都不能帮助的。

开个玩笑说，如果我们开放的程度达到唐朝那个时代，甚至国务院副部长都可以请外国裔的人来做——当然前提是加入中国国籍，但是文化部的部长们必须是中国本土人，不是因为我们封闭，而是因为其他人没办法做好，所以我说，通过这些年我有了自信，因为中国的文化人在逐渐增强自信，这是建立在自觉的基础上的自信，能有这种自信则必能自强。我今天讲演的内容是关于儒学的，题目上还挂了个小学的名字，我想用"细查深思"这四个字作为今天的主题。我的恩师是慈溪陆宗达颖明先生，但是我愧对了恩师的教诲，尽管我也努力了，但是由于先天不足，后天失调，没有达到先生所期望的那个境界。

　　何谓先天不足？我们的老一辈一般四岁入私塾，到十几岁早已经通经，即使之后又进了洋学堂，那时候洋学堂的语文课、历史课、公民课也仍然是传统的，甚至以文言为主的。而我不是，我来到这世界上，一睁开眼已经是30年代了，等上小学已经1942年了；11岁北京解放，转过年来课本已经变革了，以现代文为主，而且课程很多，根本没有时间在国学方面打下更好的基础。何谓后天失调？1954年入北京师范大学，1955年反胡风运动，1956年好不容易读了一年书，1957年反右，乘势进行大跃进。

　　我成为一个夜猫子是从1958年开始的，那时候两三点钟起来接班大炼钢铁，1958年过了，1959年反右倾，然后困难就来了，没得吃，没得喝。终于中国人民顽强的生命力和斗志战胜了天灾和人祸，1963年开始恢复，1964年"四清"，我又带着学生下乡，刚回来，上面说那个"四清"是假的，于是1965年又"四清"，又带学生下乡。正当我们在和山西的老乡一条炕上睡觉，一个锅里吃饭的时候，传来了"文化大革命"的声音，于是一封电报打来，我带着学生回学校。一进校门，学校里无数个批判站点就开始疯狂的运动了，几乎一秒钟没停过。本来先天不足，后天应该调养调养，结果不是，这是客观原因。

我自认为在主观上我还是勤奋的，但是由于先天不足，在领悟先圣先哲遗产的时候总是受到局限。人的天分固然有遗传基因的作用，但更重要的是需要一个良好的环境让天分成长。相比之下，我更缺乏后者。我愧对恩师，没有达到自己和老师期望的高度，但是为什么要在这里给大家讲这个题目呢？

今天我们国学的研究，具体而言比如儒释道的研究，它们的制高点都不在中国，这是让我们焦急的地方，也是激发我们斗志的地方。但是我看到一点，外国人对中国的语言文字，对中国经典的理解总隔着一层，其中一个原因就是他们的小学功底不行，而这正是中国人的特长。即使你古文底子差，也很容易开窍，因为今天的语言是对过去语言的继承和发展。

我在"细查深思"这个主标题下列出一个副标题："漫谈对经典词语的关注"。研究经典自然要读懂它，要想在经典中生发出自己的诠释，那就尤其要关注，我称之为"关键词语"。[①] 例如仁义礼智，何谓"仁"，何谓"义"，何谓"礼"，何谓"智"？率先给予这类"关键词语"特别关注的是外国学者，他们是在翻译和对比当中发现了"关键词语"的重要性。

比如很多外文书用 goodness 来翻译"善"，其实不对。又例如在我们的《尚书》《诗经》里就出现了上

---

① 外国学者如夏威夷大学的安乐哲等人称之为"特殊词语"。

帝，早期的译本就用 God 来翻译，后来也发现不对。那怎么办呢？就深入研究，比如研究"仁"的全部含义，于是提倡，仁就翻译成 Ren，不标声调，"道"就是 Dao，不再用 the way，王道就是 Wang Dao，不再是用 the way of king。这一点中国要接过来。我们语言学界的前辈吕叔湘先生主张做学问要"大题小作"以及"小题大作"，对词语的追寻就是小题大作，但如果这个问题解决了，将影响至巨。

当然，除了应该关注关键词语，对于普通词语也应该细查深思。例如大家所熟悉的"修身、齐家、治国、平天下"的"修""齐""治""平"。"修齐治平"在我们的报刊和学术刊物上每天都讲，正是因为看多了，反而引起了我的思考："修"能不能换别的词？为什么治国、平天下而不能颠倒呢？今天我们有治家这种说法，古人为什么不说治家？由此引起我的兴趣，我想深究一下。想用这个例子说明，同学们研究经典的时候也切莫放过普通的词语。

先谈修。

请注意，下面我所引用的证据基本上来自《说文解字》。① 为什么只用《说文》，明明有的字已经在甲骨文出现了？因为形成"修、齐、治、平"思想的时代已经不是甲骨的时代，字形发生了变化，语境也不同了，而《说文》产生于公元 1 世纪的东汉，它总结了从战国到东汉人们对这几个字在经典里的理解。而中国汉文化的原典差不多也都是在这个时期成型的，所以《说文》的解释会与这些元典的意思切合。

《说文》说"修，饰也"，这个饰与擦拭的"拭"

---

① 以下简称《说文》。

音同义通。根据它的解释，修身就是装饰自己，一般人们读到这里就这么过去了。今天我换一个方法，考察在许慎的《说文》中什么地方用了"饰"字。修饰这两个字在训诂学上称为直训又称为互训，[①] 现在的年轻人很容易拿今天的"修饰"来解解古语。现在我们看《说文》上有多少次用"饰"作为解释别的词语的字，这就能看出，在许慎的语言习惯中，在当时社会的语言行为中，"饰"包含的内容到底是什么了。

《说文》里用"饰"字做说解字的至少有 13 处。我选几个有代表性的讲。一个是"纚"，《说文》的解释是"带结饰也。"段玉裁认为这句话有讹夺，应该是"纚，纚带，结头饰也。"段玉裁的意思是说纚带是一种东西。古人留全发，身体发肤受之父母，不能随便丢弃，实际原因可能是理发工具不发达，所以都留发，头发要打结，结起来叫髻，再插根筷子一类的东西。髻上面的装饰谓之"纚"，什么装饰呢？就是用纱巾或布条把髻一盖。为什么说是包着这块布呢？因为按照训诂学上声训的解释，"莫"就是密也，也就是覆盖的意思。跟它有关的一些字也有这种意思，比如开幕的幕字是莫底下多一个巾，幕就是用来遮盖的；又比如黄昏称之为暮，莫字底下一个日，那就表明黑暗把太阳盖住了。

彡，《说文》"毛饰画文也。"毛就是毛刷子，用它来扫东西那就是笤帚、掸子，拿到魏晋名士手里就是麈（拂尘），小点的蘸着墨写字的就是笔。"毛饰画文"就是用毛把东西拭干净，在上面画上文（纹），文的本义就是文身，所以金文里的"文"字是个人形，胸前

---

① 详见许嘉璐《说"互训"》，《文史知识》2011 年第 9 期。

画了个东西（如右图）。

"顯（显），头明饰也。"顯的右边是个"頁"，"頁"的本义是脑袋。"头明饰也"，就是头上戴的闪亮的装饰。

"贝贝，颈饰也。"颈饰，就是脖子上的装饰。两个"贝"一左一右并排着成双成对的，谓之"贝贝"，把它拉长了就是项链。

"工，巧饰也，象人有规矩也。与巫同意。"规是画圆的工具，矩是画直线的工具。巫就是跳大神的巫人。徐锴说："为巧必遵规矩、法度，然后为工。"意思是做一件事情需要按照标准去做，再加上精心细致，才称为"工"。比如今天我们还说，这字写得不工整，就是这个字遗留的用法。什么叫"与巫同意"呢？它和"工"什么关系？那又要跟踪追及。

巫，《说文》解释为"祝也，女能事无形，以舞降神者也。"今天的人看到"祝"字，通常会理解成祝贺，这就不确切了，"祝贺"的"祝"与"念咒"的"咒"同源。"咒"字原来写成"呪"，后来把口挪上去，就成了"咒"字。今天祝、呪两个字语音不同，但是在古代同音。

"女能事无形，以舞降神者也"，说明巫是女人去扮的，能降神，就是巫婆啊。直到今天，中国乃至亚非的某些偏僻地方仍然有这种现象，人病了，因为医疗条件差或者不相信现代医学，就请一个巫来，巫的头上戴着羽毛，手里拿着扇子，摇着铃，嘴里念什么呢？咒，祝也。"能事无形"，鬼神是无形的，所以她能事，你事不了。巫婆是能降神者也，降到哪儿了？降到她身上，于是她倒地口吐白沫，一会儿醒来，说"我是某某神也，你们孩子撞了西南的什么神了，你们拿着纸朝西南走一百步，烧了之后，嘴着喊声什么，孩子就好了"。这叫能降神者也。这种文化现象从原始社会演变到汉代，又从汉代延续到现在，而且不断再加上其他的元素。在宗教学里它被归为萨满教，萨满是一个外语。上面说的是"巫"的字义，说完字义要讲字形。许慎接着解释："像人两袖舞形"，指的是"巫"字里的两个人是两只袖子舞形。然后许慎又说："与工同意"，"工"字下许慎说过："与巫同意"，这"同意"是什么呢？就是"工"字所代表的意思在这两个字构形中都带着同一种意。"工"是什么？是一种木匠的工具，就是规矩的矩。这和前面有照应，相互印证。

现在科技发达了，科技的巨大影响之一就是消灭了很多人类文化。我在1964年、1965年下乡的时候，帮助农村丈量土地，用什么丈量呢？竹子之类做的三角形的架子。其实严格说那种东西叫"工"，但是现在河北、山西一带把它叫"弓"，也有一定的文化关联，从前游牧时期的领地是靠射箭划定的，比如射三箭，第一箭射到那儿了，就地捡了箭再射……然后这一片土地就是我的。

最后再举一个例子。"悈，饰也"，与它有关的一个字在言部，"諽，饰也，一曰更也，读若戒"。"更"就是变更。"读若戒"则说明"諽"和"戒"的意思是相同的。这就把"諽"和"悈"联系起来了，两个字都有"戒"的意思，所不同的是，"悈"是心里的戒；言字边的"諽"则是语言的戒，就是嘴要戒，不该说的话不说。

我想，把上面这些字的解释中的"饰"串起来，结合着它们所在的语境，是不是可以归纳以下几条。

第一，从"饰"字的意思可以知道"修"包括洁饰其身——比如洗澡，纹饰其身，装饰其身——装饰头，装饰脖子等。因此，特别请女同学注意，戒指这个词，用了个"戒"字，说明它也是一种"饰也"，如果将来你们编工具书，戒指不妨解释成：饰也，手指饰也，手指明饰也。饰是去污，去掉沾上非己所有的和己所不当有的东西，饰则增美。

第二，不管是纹饰还是洁饰都是就着本体而加上去的。这个本体是借用哲学上的语言，因为我找不到别的词。本来想用主体，但是后来还是改用本体，因为在儒家看来人的本体不是我的肉身，而是人之性也，儒家讲人之性本善，那就是说人本来是善的，但是在社会生活当中，由于诱惑太多、污浊太多的缘故，沾染上一些与善相悖的东西，用佛家的话说就是在受想行识之中被五蕴所蔽，应该去掉蔽，而用儒家讲就是去掉不洁，同时要在本性的善上再增益，再提高，再丰富。

第三，饰要合规矩，这个规矩也就是儒家提倡的礼。孔子说："七十从心所欲，不逾矩。""不逾矩"就是不逾规矩。他这句话是从"十五而志于学"那儿说起的，每十年是一个阶段，不断地修饰自己，等到70岁的时候，即使不经过深入地思考，对任何事情的反应也都很本能地合乎礼，也就是活到老，学到老，提高到老。

第四，修里面还暗含着自我警戒、戒严和自我约束的意思。

这四条也许归纳得还不够，但是"修"字的这些含义说明修身的时候依靠的是真正的自觉，不然仍然带着他律的影子，就好比是在老师的要求，或家长的要求下做的，而不是自我的要求。由这里说穿了，我用的是语境确定意义的方法。

第一，语言学上有所谓概括义和具体义，概括义又叫储备义，它是人们在编工具书的时候要通观某个字的各种用法，提取它的意义的公约数，在我们现代人的辞典里就是义项1、义项2、义项3……在许慎那里是用"某，某也"的格式表述的，这些释义被概括出来就被储存在工具书里，随时被人拿去用，但是用的时候必须结合具体语境，它们才能活起来。打个比方说，冷冻室里放的鱼是储备鱼，到了下厨的时候得先把它化冻，然后才可以红烧、干炸，等等，并且还要加佐料。相对于概括义，这些佐料就是具体义，也叫使用义，它指的是某个字进到语言生活中的时候，由上下文等语境所带出的意思。所以，读书时切忌，读不懂了就打开字典，把字典里的释义直接套上去。这种方法不可取，因为这样读书，书只读了三分深。而结合语境可以达到八分、九分、十分。

第二，广义的语境早已流失，就如《论语》里的"子在川上曰：逝者如斯夫"，一去不回头。比方说，许慎穿什么衣裳？不知道。在今天的漯河市许家庄，当年许慎的房子什么样子？不知道。许慎平常跟人怎么说话？也不知道……所以严格地说，语境不能复原，但应该尽力去复原，而复原许慎时代的语境的首要原料就在他的《说文解字》里。

例如，《论语》里的"仁"究竟是什么含义？有人可能会用《孟子》里的话解释："仁者爱人。"那么，现在男孩子、女孩子互相求爱，说"我爱你"，那是仁吗？什么才是孔子讲的"仁"呢？这就需要从《论语》里找原料复原语境。首先从《论语》把所有的"仁"

字找出来，看它用在哪些地方，"仁"的意思就理解得大体不差了。再对比在《礼记》等其他文献中所引的"子曰"，那些"子曰"有真有假，需要辨别，同时还要结合着孔子行为，比如孔子非常关心残疾人，他见到来了盲人，就搀着他，到了台阶前，就对他说："阶也"，帮人家上了台阶进了厅堂，就说："席也"，也就是告诉盲人该在这里坐下了，又说"某在斯，某在斯"，也就是谁谁坐在你的什么方向，谁谁又坐在哪儿。① 这里没有提到"仁"字，但这就是仁。孔子坐车出去，遇丧者必拭，手把着车扶手低下头。② 把以上这些都串联起来，仁就在其中了。

那怎么用语言表达呢？言不及意；或者说词不达意；或者说"不可言说，不可思议"；或者"道可道，非常道，名可名，非常名"。也就是说，当用一个词去解释的时候，被解释出来的东西已经不是原来那个东西了，所以重要的是意会，心领神会。作为传达，固然不得不借假名命名，那是借用的，③ 姑且这么说，然而上升到个人修身的时候，需要接受者心领神会，这就是儒家的特点。

其实佛家也相似。佛家讲声闻缘觉，声闻是最初级的，没真正独觉（缘觉），独觉（缘觉）也不过是高一点的层次，顶多得到罗汉果，再修行，到了菩萨果位，也没达到最后。最后到了不可言说，不可思议了，才悟了何为法。行了，成佛了。所以最高境界的事物都是不可言传的，但是必须从初节修起，那就还得用言说，但要知道这不过是个假名。

---

① 见《论语·卫灵公》。
② 见《论语·乡党》。
③ "假"在古汉语里是借的意思。

我用复原语境的办法来找"修"字的含义。许慎说："修，饰也。"我就去考察"饰"在《说文》里是什么意思，许慎在哪里用了饰字，我就从那里像抽丝一样"抽"出来。虽不能至亦庶几也。当然这里体现了一个原则，就是我所用的例证要和我所考察的文献时代要相近，不要用其他时代的意思解释某时代的语义。因为时代是变化的。假如用唐宋甚至今天对于"修"的理解，来解释先秦文献中的"修"，那就不行了。不过有时候古今的继承会是一致的，比如到理发店说："给我修修头。"这个"修"还是保留着古代的意思——修头至少洗头，去污，去长，最后给你吹吹，抹点油，增饰也。

第三，发挥联想与思辨的作用。所谓联想就是联想到其他的文献，所以记诵之功还是必要的，如果没记诵之功就没法联想——没背过《诗经》，你怎么知道《诗经》有这个字呢？但今天的知识门类多，不可能也不需要都记诵，但基本的还是要记诵。另外，词语之间的关系既有纵向的———一个词的古今演变，也有横向的，就是近义词、同义词之间的关系。在这联想当中已经包含着思辨的元素了，所谓思辨就是超越具体的语言现象，从语言的理解上——我们姑且借用宋明理学的"理"字——去思辨。这个等我下面在谈到致知格物的"格"时再联系。

第二个字是"齐"。

修身、齐家，何谓齐家？我为此曾经看过很多书，但是它们都不谈这"齐"字，好似谁都明白，不必解释了，在古人可能确是如此，因为在古人的语境里他们可以理解，所以就不用注了，但是隔了千年之后，今天的我们不懂了，就应该解释解释。"齐家"一般是理解成把家治理好，表现了大男子主义，之前的"修身"说的是男人作为户主，自己要修身修得好好的，做家人们的榜样，大家再都跟着他学，大体都是这么理解的。确实是如此吗？作为研究者就要深究了。还是用《说文》。《说文》的说解是"禾麦吐穗上平也"。禾就是稻谷长的苗。有过农村生活经验的人大体都会有这种经验，地被耕过、耙过以后，乍一看是很平的平地了，仔细看其实还有坑洼，然后麦子播种下去以后，肥和水也不可能在每一株苗上分得完全平均——只能尽可能平均，因此有时候出苗出得不齐，有的先发，有的后发，有的是丛，有的是单棵，有的高，有的矮，麦子或者稻谷等都是这样，但是到了吐穗的时候，一定是上平的，也就是齐的，现在农村的老百姓还说："麦子长得真齐啊。"所以许慎字不虚设，他说的是禾麦吐穗的时候上平，而不是出芽或拔节的时候上平，因为出芽的时候上平不了，拔节的时候也不可能。平是个结果，在宏观上是大致差不多，但走进麦田你一看，每一棵麦子之间，有籽粒多的有籽粒少的，有的有仰着头，有的垂下穗儿，这个高，那个矮，个体之间是不同的。但宏观上可以略去不计，整片是齐的，这就是"齐"的含义。我就不在这儿占时间展开讲了。10月份将出版《中国训诂学报》第二期，收了我的一篇小文《释"和"——附释"齐"》，同学有兴趣可找来看。

第三个字是治国的治。

"治，治水，出东莱曲城阳丘山。"[1] 就是现在胶东地区的沽河，[2] 一条不大的河，南流入海。这个字的本

---

[1] 此依段玉裁《说文解字注》文。
[2] 小沽河全段及与大沽河合流后的部分。

义是个水名，和"治国"对不上。那好，我们就看看《说文》用"治"字做说解字的情况，我也选了几个：

"繇，乱也，一曰治也。"治是把乱的搞成不乱。"繇"字，许慎一面说乱也，一面又说不乱，这个在训诂学上叫正反同词，是常有的现象。比方说，接受的"受"，有人给我他最心爱的一件东西，我接过来，谓之"受"。这个字既表示我接受，又可以表示他给我，后来常混了，就加个"扌"分成两个字，有"扌"的授是他给我，没"扌"的受叫接受，这就叫正反同词。再比如，我跟××讨债说："你借了我1000元。"他说："没有这事儿。"因为借既可以表示他借给我，也可以表示我借给他，我是说，前天我借给你1000元，他理解成了他借给我了。又比如买和卖现在是两个字，在上古其实是一个字。这些例子说明在表示双方行为的时候，古人常用同一个字，当然还有其他的类型。这叫正反同词。

"𤔲，治也，幺子相争，受治之也。""𤔲"字其实就是"亂"字，简化以后写成"乱"。"相争"二字是段玉裁改的，本来是"相乱"。大家有的可能看到过，纺织的时候，纺成线以后缠在一个东西上，然后上织布机，经过织布机一织，线就从一边出来了。线乱了，用手把它整理，这谓之"𤔲"，谓之治。"受"就是《诗经》"摽有梅"的"摽"，一方把东西抛出，另一方接住谓之受，所以"摽有梅"就是一个人从树上往下扔梅子，另一个人接住，是人与物的合一。

"劑，楚人谓治鱼也。"许慎不说楚人煎鱼，楚人烹鱼，而用了治字。这个字的形象就是一把刀、一条鱼。"治鱼"是指把鱼刮鳞剖肚，去掉不必要的东西，这叫作治。

"曑，治稼曑曑进也。""曑曑进也"是一种状态，什么状态呢？《诗经·周颂·良耜》"曑曑良耜"。良，好也；耜，是古代耕地用的一种笨重的农具，耕地的时候，要两个人踩着它，在地里挖一块，挑了，再向前挖一块，再挑了……很有节奏地逐渐前进，这谓之曑。

"弄，治也。"这个字下面的"井"其实是刑法的"刑"的左边。刑就是法，所以段玉裁《说文解字注》说这里的治就是"法也"，法律的法。

乂，《说文》的解释也是"治也。"这个字念 yì，这个字的声和义是从它下面的"乂"字来的，"乂"也念 yì。这个"乂"字后来加了竖刀，就是"刈草"的"刈"，如果上面加草字头，就是"艾"，艾也念 yì，这些字在古代读音都一样。"艾"的本义就是锄草。

还有一个字很有意思，"尹，治天下者也。"看到"尹"字我们容易联想到商朝的贤相伊尹，其实伊尹并不是他的名字，伊尹不是人名，伊是发语词，就像阿姨的阿，尹是治理得好，于是就叫他伊尹，若是换了今天的上海人会叫成阿尹。"伊尹"的意思也就是平治天下的人。

还有拨乱反正的"拨"，《说文》中也是"治也"为什么会是治呢？它源自这个字上半部的"癶"字，"癶"这个字小篆写成"癶"，字形上看，是右边一个"止"，左边一个反写的"止"，止就是脚的象形，所以癶就是两脚平摆着。《说文》说："癶，足剌癶也。"什么意思呢？古人在耘地的时候，把类似镰刀的锄草器绑在脚上，走的时候右边一划，左边一划，把地里的恶草除掉，或者整平一块儿地，让庄稼长起来。这样走路的动作是交替着画 60°的圆，画出的形象是喇叭口，因此喇叭的"叭"就这么来的，而这种划拉着脚走路的样子，在有的方言里叫"列巴"。"喇叭"、"列巴"就是"剌癶"，全是一个"癶"字的衍生。所以在《公羊传》上说"拨其乱，反其正"，要像铲草一样把乱拨掉，回到正路上来。我们"文化大革命"之后也叫拨乱反正。类似的例子现在还有，比如一片水面，长了一些水草，要游泳，先把这些草拨拉开，拉是个语尾，就是拨开；甚至于吃稀饭，上面结了一层，吃的时候把它拨开，这些都保留着古意。

由上面的例证是不是可以得出以下结论。

1. 治是解纠纷，去杂物，也就是祛邪扶正，循规渐进，以达到平、均衡。由乱（不治）而达到治。这一点和修不一样，修是本性善，重在增益，有时候需要拂拭一下，先拂拭后增美。治则不是，有除的一面，有进的一面。

2. 治是一个过程。修、齐和后面讲的平都有一个过程，西方哲学家说，中国是一种过程哲学，在哲学中特别重视过程，我想这一点也可以给他们一个旁证。

最后简单地讲讲"平"。

平，《说文》列的本义是"语平舒也"。说话的时候出的气很平，很舒放。说明它不是聂语（咬耳朵），只有周围的人听见了，别人都听不见。下面还是看"平"字在《说文》中用做说解字的例子，一共18见。

举一个大家熟悉的，"等"，《说文》说："齐简也。"简主要是用竹字做的，所以"等"是竹字头，那干吗底下用个"寺"呢？许慎接着说，"寺"是"官曹之等平也"。按段玉裁的说法，最高级别的官员，在法度的掌握上是平的，也就是国家管理权力的分工方面，权力彼此是一样的，只不过是分工不同而已，其下一级别的司长们也是这样分配权力的，再下面也一样，而合起来也是平的。那么我们再返回头看"等，齐简也"。简是先一条条写好字，然后串起来成为简册，有的时候用丝绳，有的时候用皮绳——用皮绳比较讲究，是精装版的，所以孔老夫子韦编三绝，他看的书是用皮子连的精装书。简写完凑到一起是齐简，就好比把一把筷子拢起来顿一顿，使之齐，这谓之"等"。

"兩，平也。"它的意义来源于下面的"丙"。"丙"的意思是"再也"，后来写成"两"，这是近义词的解释，"两"和"再"都有两个的意思——所以一辆车的"辆"是因为古代的车是两个轮子。两个，或者再一次（前一次、后一次），它们并列的两者之间应该是平的。

"订，平议也。"现在我们常常把写的文章等给审稿人编辑、订正，从前是平议也，要跟对方商量，最后议而决之谓之订，所以"订"字从言。

"畖，平田也。"田地不平，把它平了。

"䀇，下平缶也。"缶是古代用的罐子之类的容器，"䀇"这种缶的底儿是平的，所以叫"下平缶"。段玉裁老先生喜欢改书，他说"下平缶"不对，应该是"不平缶"，因为缶的底儿都是平的，所以䀇应该是不平的。他的理由是什么呢？乏，《说文》曰："反正为乏。"这句话是许慎引用《左传》的原话，意思是"正"字反过来就是"乏"，段玉裁认为从"乏"取义的根据中就有不平的因素了。我怀疑段老先生没看过太多的出土文物，古代的缶很多底儿是不平的，所以才会给下平缶单取一个名字。"㧉，平也。"这叫什么平？原来这个字同"概"，一种木制的工具，升、斗装上粮食后用它一刮就平了。从前收租子都是用它，农民来交，往斗里哗一倒，堆出尖来，再用枆（概）一刮，平了，这就是一斗。

还有一个字很有意思，"兀，高而上平也。"，其实兀（yuè）和高原的"原"同源，"原"字在《说文》里写作"邍"，训曰"高平之野"。将来同学如果游学去大西北、黄土高坡，到那里看一看，才读得懂毛主席词里的"原驰蜡象"——一个深沟，然后突然就起来，一边可能有几平方公里，另一边就是悬崖，到那边又没了，又有，然后又起来了，这每一块谓之一原，现在一般加个土旁，写成"塬"。原（塬）是高而上平的，平到什么程度呢？这就需要联想了。另外还有一个字，就是"嵬"，《说文》上曰："高而不平也。"许老先生怕我们不懂，又多说了一句，"山石崔嵬，高而不平也"。原来高而上平的平是相对于崔嵬的"嵬"，山石崔嵬的样子是高而不平，相对嵬，那么原（邍、塬）的上面就算平的了。

例子不用多举，我想是否据此可以得出这样的结论：

第一，平是从宏观而言，指大体平而已。

第二，平是以某一点为参照点，其余的向它取齐，也就是平等之意。比如枆（概）字所谓的平是以斗或升的边缘为标准，原（邍、塬）的"高而上平"相对照的是"山石崔嵬，高而不平"，相比较而言，它们算是平的。

第三，和"齐"这个字一样，取齐的一个特点是大体而平，不妨参差，参差是微观的，也就是不平之平，平之不平，平中有不平，而不平又平，当中有这么一层辩证的关系。从中可以看出，所谓"平天下"是指大体均衡，而包容并承认个性和特点。

现在我们回过头来看，"修身"是在自己原本善良的基础上再提高，对时时染上的社会的污秽，要时时揩拭之，就像毛主席说要天天照镜子，看脸上有没有尘土。以此为基点，以自己道德的修养为基点，作为参照物来"齐家"。一个家庭当中，性别不同，辈分不同，年龄不同，个性不同，怎么齐啊？唯一可齐的就是道德。要成为道德之家，大家的道德水准都差不多，这就是"齐家"。

"治国"要从不治到治，一国大治不等于没有毛病，没有麻烦。治国最重要的是在何为"德"上形成共识。这个共识是一致的，但是允许不同的人有不同的道德层次，有的非常高尚，有的比较高尚，有的不太高尚，乃至低下，这样人人修身，人人齐家，就大体治了。再扩展到整个天下，"平天下"也并不等于用炮舰让其他国家都驯服，而是用文德使之都差不多，那样自然是一个和谐世界。

时间关系，我不再展开，是不是这样细查深究一下，我们对"修、齐、治、平"有了更深一点的理解？

最后我再说说"格"。这个"格"字就不能用上述方法细查深究。在《二程遗书》卷二里"格"的训释是"至也。"在卷六又训成"止也"。而朱熹在《四书集注·大学章句》中直接训为"至"，到了王阳明的《传习录》里训为"正"。表面看起来"至也"、"止也"、"正也"彼此不同，为什么同一个字会有不同的训释呢？是不是哪位老先生的训释太任意了？不，这三个训释都有古训的依据，见于《经典释文》所引的《尚书》郑玄注和《礼记·大学》的郑玄注，东汉郑玄就已经在不同的地方有这些不同的训释了。还有一个更深层的因素，程朱把"格"训为"至"和王阳明训为"正"是出于他们思想理论上的分歧，王阳明主张

"心性"理论和程朱主张"理",他们的训释都是为自己的哲学理论服务的。"格"字在古代还有被训释成"来"的,朱熹继承程颐,取"至"不取"来",也同样是为他的物之理,也就是天之理,也就是心之理服务的。

讲到这里,我请同学们注意,将来如果哪位有空钻研这个"格"字,希望你先不要判断二程和朱熹、王阳明他们的训释谁是谁非。朱熹他们自己也都说得很清楚,朱熹所谓的"至物"不是到了某个东西那里,而是"穷至事物之理",王阳明的"正物"是使物正的意思,也就是物本来不正,我使它正,"我使它正"并不是说这个物本来摆歪了我让它正过来,他的意思也是直指物之理。但他的"物之理"是什么呢?就是良知。我觉得这其中是有文章可做的,现在研究宋明理学的教授们写了很多好书、好文章,他们对"格物致知"都有了很深和自己的理解,但是如果哪位同学对经典细查深究的话,把一个"格"字说清楚,它有哪些不同的性质,对它的不同解释如何体现解释者们不同的哲学体系,这是一个很好的角度,可以帮助大家更深地理解。你的文章可以不判断是王阳明还是朱熹对,还是古训对,可以不评价,只说来龙去脉,供大家参考就行,那会是一篇很好的文章。

现在我梳理一下,给同学们一个提示,"格"在《说文》里解释为"木长貌",就是树长得很高的样子,因此除了个别的树种以外,高木的树枝也长,所以"格"会引申为树枝。树枝最大的用处是做架子。例如,房椽房檩本身就是木架子,所以楼阁的"阁"就源于"格",阁楼就是架子。再比如,冷兵器时代打仗,障碍物很重要,于是就用树枝等做鹿砦,就是栅栏之类的，这种御敌的栅栏谓之格，是静态的，如果是动态的，那就是格斗的"格"，所以词义的引申很有意思。既然是鹿砦，就有一个到此止步的含义，所以是"止也"。如同接受的受，借钱的借一样，止也是正反同词。从出发地出发，止于某处，也就是来某处，至某处。

既然有所止，那么以止为标准，这就是"正"。"正"这个字很有意思，"正"和"定"是同源的，"定"的下半部一写平了就是"正"，因此在旧社会的军队或学校里，长官或老师喊号的时候，都喊"立定"——我小时候上学时就这样，现在都喊"立正"了。古音"定""正"同音。既然以"格"为正，以"格"为止，为标记，于是"格"就又有法的意思，又有度的意思。所以考试及格了，就是达到标准了，达到度量了。如果有同学要写这方面的文章，要把宋明理学家们和王阳明的不同训释放到这个字的引申过程当中来把握。

我说来说去就四个字——细查深思。凡学者要遍览天下书，但是我希望同学们读书不要贪快，要把书分成几类来读，一类是精读，治经典尤其要如此，字斟句酌地去读，为了弄清楚一句话可能折腾一晚上都睡不着，另一类的是粗读，再一类的是浏览，最后一类的是翻翻。我想如果这样分类别读书的话，同学们会读得更深，思考得更透，研究得更好。

小学与儒学※

今天的这个报告的侧重点或曰实质是学术与人生的关系。中国传统的人文学问，不论是儒学、佛学还是道学，它们共同的特点是不仅限于做从文献到文献的纸面文章，而是强调知行合一。这种学术传统的最优秀代表就是孔子，他怎么说就怎么做。《论语》这部书迄今为止已经被翻译成了几十种文字（最早的翻译距今已有三百多年），而且仍然在继续增加新的译本。孔子让外国学者所钦佩的一个地方就是《论语》不是一部说教的书。《论语》记录了很多孔子日常生活的言行，甚至连孔子怎样站立、行走都有描述。当把这些只言片语的描述综合起来时，我们就可以想象出生活在2500年前的孔子是如何生活和做人的。不仅孔子，他之后的儒学大家几乎都是这样。公元的上一个千年，绝大多数宋明理学家也都是先有切身体验，然后才笔之于书的。其他如佛家、道家也是这样。《说文·示部》："礼，履也。"这是声训，许慎这里强调"礼"的特征就在于"履行"、在于实践。正是本着这种教训，在学习儒学、佛学和道学的时候，我也重视体验，

※ 2010年5月13日在北京师范大学的演讲。本题目曾于4月21日在山东大学儒学高等研究院成立大会之后的学术报告会上作过简要的演讲。

不仅是面对着书本去体验，更重要的是，学到了东西我就要去努力实践，哪怕做得不够好，但还是要尽力去做。也是出于自己这样的体验，反观小学、儒学的研究历程、发展状况，我觉得有很多东西值得我们去反思。今天所讲的就是我个人反思的结果。

一 何谓"小学"？

关于"小学"，我曾经在汉语文化学院的课堂上多次讲过。今天讲的和以前略有不同：以前举例都是一个词、一句话，但今天用的是一段完整的小文章。这里我有意回避了儒学的一些关键性概念，比如"仁""义""礼""智""信"。对于这些概念，中外学者存有很多不同的理解。讲，容易引起争议。避开这些概念来讲儒家经典，既可以避免争论，又可能发他人所未发，更容易有说服力。

"小学"，简单地说就是文字、音韵、训诂之学。黄季刚先生云："小学者，中国语言文字之学也。"（黄侃讲，黄焯记《训诂学笔记》）虽然时间已经过去了七十年，但是黄侃先生的这一论断却显得越来越有意义。黄先生这里除了说"小学"是语言文字之学，还强调了"中国"两个字，这就和西方的语言学不同了。在我所访问过的台湾地区的大学里，几乎没有"语言学概论"这门课，一般只有不定期的学术报告来向大家介绍西方语言学研究的最新进展，但是文字音韵训诂却是必修课，而且是中文系、历史系、哲学系都要开课。我觉得台湾的做法可能和黄侃先生的理想更为接近。"小学"，在周代是贵族子弟童蒙所学，是相对"大学"而言的，所以被称为"小学"。在自然科学还不发达的古代，所谓"大学"就是"在明明德，在亲民，在止于至善"的学问，自然科学技术则包括在孔子所传的"六艺"里，即所谓"礼、乐、射、御、书、数"。比如"御"，其实就相当于今天的开私家车。关于"御"的具体描绘，见于《左传》，那是非常不易掌握的技术。"小学"呢？说白了就是识字。识字不能死记硬背，要讲字音、字形、字义。这在当时是妇孺皆知的基本常识，但是现在连顶尖级的学者也不完全明白了。其实，类似的情况在顾炎武的《日知录》里就已经提到过了。粗浅的天文学常识，比如辨认星宿、日月运行的规律，当时连老婆婆都知道，现在要想知道得上天文系，而且还得学中国天文学史才能知道。可见，人类在不断前进的过程中某些方面是会倒退的。

因此，就小学的工具性而言，训诂是小学的核心和最终的归宿。黄侃先生说："训诂学为小学之终结。文字、声韵为训诂之资粮，训诂为文字、声韵之蕲向。"（黄侃讲，黄焯记《训诂学笔记》）所谓"资粮"，如同今天我们所说的资源、材料或工具。"蕲"，求也；"蕲向"所要求的方向。也就是说，文字、音韵要为训诂服务，最后的归宿或者落脚点是训诂，是对古代文献的解读与诠释。

下面我们通过分析大家所熟悉的《孟子·离娄下》"齐人有一妻一妾"章来具体说明何为"小学"。这一章的全文如下（黑体字是要重点解释的内容）：

齐人有一妻一妾而处室者。其良人出，则必**餍**酒食而后反。其妻问所与饮食者，则尽富贵也。其妻告其妾曰："良人出则必**餍**酒肉而后反，问其与饮食者，尽富贵也，而未尝有显者来。吾将**瞯**

良人之所之也。"蚤起，**施**从良人之所之，徧国中无与立谈者。卒之东郭墦间，之祭者，乞其余；不足，又顾而之他——此其为餍足之道也。其妻归，告其妾曰："良人者，所仰望而终身也，今若此！"与其妾讪其良人，而相泣于中庭。而良人未知之也，**施施**从外来，骄其妻妾。由君子观之，则人之所以求富贵利达者，其妻妾不羞也而不相泣者，几希矣。

先串讲一遍。古代齐国有一家人，妻妾同室，"处室"强调的就是这一点。"良"就是后代的"郎"，所谓"良人"相当于后世常说的"郎君"。女子称自己的对象或者丈夫为"良人"是出于对他的尊敬和爱戴。这位良人每次出门一定是吃肉喝酒饱饱地才回来。"餍"的原义是吃饱或者满足。两者之间是有关系的。吃饱了或者看多了，也就满足了，今天"厌烦"的"厌"就是这样引申发展来的。妻子问他都与什么人一起吃饭，良人回答说全是有钱有势的人。为什么是"妻"问而不是"妾"问？因为在家里"妻"的地位高于"妾"。妻子这时候告诉妾，她要"瞷"她们的丈夫所去的地方。究竟怎么个"瞷"，以后再说。这里用了一个上对下的"告"，而不是"语"，同样凸显了妻和妾的不同地位。为什么要去"瞷"自己的"良人"呢？因为虽然丈夫是这么回答的，但是从来就没有一个有地位的人到访，于是妻子就怀疑了。

跳蚤的"蚤"，放回到它自己的语族、词族里联系不起来，在具体的上下文中讲不通，也没有书证。这种条件下，我们就可以判断"蚤"在这儿可能是假借。在这里，"蚤"假借为早晨的"早"。"施从良人之所之"的"施"读若"逶迤"之"迤"。第二天早晨，妻子就跟着丈夫去了。跟着的样子是"施"，究竟是怎么跟着，下文再谈。从城市的这头走到那头，但是整个城市里就没有一个人站着跟那位齐人说话的。"国"不是现在说的"中国""美国"的"国"，指的是城市。"卒"，最后；"郭"，城墙外再建一圈城墙，是谓之"郭"；"墦"，坟头。这里又涉及到训诂问题了。"郭"是外层的城墙，文物出土的那个"椁"是在外层的棺材；"郭"大于在内的"城"，所以"廓"也是"大"。坟头是平整的土地上向外突出来一个土包，所以"墦"的特点也是从一个中心点向外扩散，"蕃"是向外滋长。这些都是音义相通的现象。最后，妻子跟着丈夫走到东城外了，这位丈夫到祭祀的人那里去乞讨，乞讨祭祀剩下来的酒肉，不够，再到另一位祭祀者那里去要。"之"，去；"他"，别的、别人。为什么是"乞其余"？按照古代的礼，祭祀是祭鬼而人吃，为的是分享祖先赐予的福分。比如，周天子祭祀祖庙，祭祀完撤下来的肉称为"胙"。天子用快马把"胙"分送给诸侯，这是一种很重要的礼遇。祭祀的物品一般都比较多，分不完，这位齐人就去讨要人家剩下的东西——原来他吃饱喝足的办法就是这个。妻子知道了真相，回来就告诉妾说，郎君是我们敬畏并且一辈子指靠的人，现在却是这个样子！妻、妾两个人就在院子里说丈夫的不好，为自己的不幸面对面地抹眼泪。"庭"是院子，"中庭"就是院子里。"讪"字也是下面再讲。注意，孟子这里说妻妾"相泣于中庭"，为什么不是"室"内或者"堂"上。古人的房子，"室"前有"堂"，"堂"前有"阶"，最外边是"门"，中间是"庭"。大家设想一下当时的情景。妻子是在丈夫不知情的情况下跟踪丈夫的，发现丈夫就是靠乞讨吃饱喝足，其实毫无本事、可怜兮兮，妻子是什么心情？失望、怨恨、痛苦，等等，恐怕都有。于是，急急忙忙往回跑，进门就喊妾，妾赶快跑出来，看是怎么回事。两个人应该是在院子里碰上，然后哭诉自己的不幸。用了"中庭"，显得很生动，而且也和下面"良人"回来的情景结合得更紧密了。那位齐人是随后进门的。他并不知道自己的妻妾已经知道了真相，还是"迤迤"地从外面进来，在她们面前吹牛耍威风。究竟是怎样的"迤迤"，也是下面再讲。大家可以想象，当时的场面会是多么尴尬！"以君子观之"以下是孟子所要说的意思。"所以"，用来干什么的工具、手段；"富"，有钱；"贵"，有地位；"达"，前程坦荡；"几希"，少。孟子是说现在人们用来求富贵利达的那些手段方法，不让他们自己的妻妾不害羞不相泣的，实在太少了。这是孟子讲这段故事的立意之所在，他要抨击战国时代大多数求官、求富贵的人用的都是那些不正当手段、不能登大雅之堂的办法。这个立意就是义理，就是儒学了，刚才那些字词考证都是小学。

现在按照顺序重点讲加黑的字词。

"瞷"[①]，东汉赵岐《孟子章句》："妻疑其诈，故欲视其所之。"他是用"视"注"瞷"。阮元《孟子注疏校勘记》："宋九经本、岳本、咸淳衢州本、韩本、考文古本同。监、毛二本'瞷'作'瞯'。……盖此正与《滕文公》篇'阳货瞷孔子'同。字音勘，讹为瞯……非也。"阮元这里说"瞯"字不对，应该做"瞷"，其实"瞷""瞯"古音可以相通，韵相同，纽

---

① 也作"瞯"，为瞷之俗写。

都是舌根音。

"瞯"字在《孟子·离娄下》还出现过：

储子曰："王使人瞯/瞯夫子，果有以异于人乎？"孟子曰："何以异于人哉？尧舜与人同耳。"

赵岐《孟子章句》："瞯，视也。"和"吾将瞯良人之所之也"的注释相同。朱熹《孟子集注》："瞯，窃视也"，就是偷着看，加一个"窃"字，比赵岐注的情态更具体一些了。但"瞯"究竟是怎样的"窃视"，我们还不清楚。

《说文·目部》："瞯，戴目也。从目，閒声。江淮之间谓眄曰瞯。"
《说文·目部》："眄，目偏合也。从目，丏声。一曰，邪视也。秦语。"
又《尔雅·释畜》："马一目白，瞯。"

所谓"秦语"，指的是甘陕一带的方言。这里可以知道，在汉代，语言的差别已经产生，江淮和甘陕就已经分化明显了。

现在我们回来看《孟子》原文，究竟什么是"吾将瞯良人之所之"。在孟子的时代，男女的社会地位和现在不一样，女孩子也没现在这么有豪气。那位齐人的妻子并不是明目张胆地跟着自己的丈夫，而是和妾小声咬耳朵，说明天她要偷偷跟着丈夫去考察一下。偷着看是什么样子呢？大概有两种。一种是门开着，有缝隙，偷看时得眯起眼睛来，这样才能看清楚。另外一种是斜着眼睛，用余光瞟着看。所谓"戴目"，我

444

的理解就是垂下眼睑眯起眼睛来看，属于第一种看。"马一目白"，其实就是马一只眼有白内障或者是雀蒙眼。这样的马要看前方，就必须侧着头斜看。这是第二种看。"瞯"的这种情态在字形上也有体现。所谓"閒"，是两扇门，门缝里能透过月光来，因此有缝隙、间隔、间谍的意思，而且还引申出了量词的用法。"瞯"从"閒"派生出来，就是偷看别人的漏洞，具体情态要把上面说的那些情态串联起来看才能确定。大家试着想象一下，"良人"走在大街上，妻子要跟踪他，就不可能大摇大摆地在后边跟着走，她得躲在墙或者树之类的障碍物后面偷偷地观察。这时候她是不是得眯起眼来看？或者是用墙挡住自己的身体露出半边脸用一只眼睛看？这就是"瞯"或"眄"的具体情态。

"施从良人之所之"，赵岐《孟子章句》："施者，邪施而行，不欲使良人觉也。"又于"施施从外来"下注云："施施，犹扁扁，喜悦之貌。"

朱熹《集注》于"施从良人之所之"下无注，于"施施从外来"下注云："施，音迤，又音易。……施施，喜悦自得之貌。"

和赵岐注比，朱熹只不过多加了"自得"两个字，但是加得极好。"喜悦"的高兴是外在的，一看便知，但是"自得"则是内在的，只有"良人"自己才知道。朱熹的注释恰恰是把良人的内心世界挖掘出来了。但是关键问题依然没有解决：为什么"施施"是"喜悦自得之貌"？焦循《孟子正义》疏云："按《毛诗·王风·丘中有麻》传云：'施施，难进之意。'笺云：'施施，舒行伺间，独来见己之貌。'"我们看一下《毛诗》的原文：

丘中有麻，彼留子嗟。彼留子嗟，将其来施施。（留，氏。子嗟，字）

丘中有麦，彼留子国。彼留子国，将其来食。（子国，子嗟之父）

丘中有李，彼留之子。彼留之子，贻我佩玖。

"小序"云："《丘中有麻》，思贤也。庄王不明，贤人放逐，国人思之而作是诗也。""小序"不可信，但是从中可以知道是盼着某个人来，"施施"是一种美好的形象。

又《召南·葛覃》："葛之覃兮，施于中谷，维叶萋萋。"《毛传》云："施，移也。"这个"移"不是移动，而是指蔓生的形象。

以上这些解释还是没有说明为什么"施"是斜着走，也没有解释"施施"是一种怎样的"喜悦自得之貌"。再看《说文》。

《说文·㫃部》："施，旗旖施也。从㫃，也声。晋栾施字子旗。知'施'者旗也。"①

所谓"㫃"，《说文》云："旌旗之游，㫃蹇之貌。……古人名㫃，字子游。"

古人的名和字是相对应的，因此许慎可以根据古人的名、字来证明"施"的意思跟旗帜有关、"㫃"是"旌旗之游"。

古代的旗子是竖长的，为的是减少风的阻力。为了让旗子显得明显，就给它加上飘带。这种飘带谓之

---

① 此依段玉裁《说文解字注》，大徐本《说文》文字稍异。

"游"。旗子和飘带在风中怎么飘动呢？是不是曲曲弯弯的，很像蛇爬行时的状态？这种弯曲的样子就是所谓的"旗旖施"，就是"施"。

所谓"施从良人之所之"，就是当妻子跟踪"良人"的时候，为了不被他发现，妻子需要"斜行"。这种"斜行"并不是一直斜着走，而是走在路上不断地移动躲闪。比如，这边有棵树，赶快躲在后边，然后过一会儿，又急忙跑着躲到一个墙角后面去。整个行动的路径是弯弯曲曲的，就像在风中飘动的旌旗一样。而"施施从外来"的"施施"怎么又是"喜悦自得之貌"呢？难道"良人"是跟蛇一样弯弯曲曲地走回来的？当然不是。大家知道，古代上层人穿的衣服都是宽袍大袖，不是普通劳动者穿的那种短衣服。既然这位齐人打着经常和上层人物在一起的牌子，他就得把自己打扮得像个上等人。衣服的底襟很大，袖子很宽，走起路来，衣服的形象是飘飘摇摇的，是"旗旖施"的形象。大家可以想象一下京戏舞台上的二花脸。他洋洋自得的时候并不是像正经人那样规规矩矩地走，他的衣服袖子是甩来甩去的，是"旖施"的，腰也是摇摇摆摆的。以前文学作品形容女孩子体态婀娜灵活，用"水蛇腰"这样一个词。二花脸高兴的时候也是"水蛇腰"的样子。这在女孩子可能是漂亮，要是男人就不好看了。孟子只用了一个"施施"，就把"良人"那种洋洋自得、恬不知耻的丑态给鲜活地勾勒出来了，很妙，很辛辣。

现在"施"和"施施"的具体情态弄清楚了，但是为什么它们会有这样的意义呢？因为它们的音和义都来源于"也"。

《说文·乁部》："也，女阴也"。有的甲骨文家否定这种说法，认为"也"应该是"匜"的初文，是一种"浇水洗手的器皿"。其实《说文》并没错，"匜"之名字就是根据女阴取的，因为它的功能和形状跟女阴一样。后来，字形分化了，加上"匚"变成了"匜"。从"也"字的本义出发，以它为声旁的字，或者字形不同但仍然是从它这里衍生出来的字，一般都含有一个共同的意义特征。这个特征就是细流状的、弯弯曲曲的形象。看几个例子：

"池"。现代人对"池"的第一感觉可能是长方形的游泳池，但是"池"的本义是"护城河"。所谓"城门失火，殃及池鱼"，"池鱼"就是护城河里的鱼。护城河又是什么形状呢？城墙并不一定十分规则，所以护城河也是弯弯曲曲的，形状就像蛇的爬行一样。

"地"。大地是上下起伏的。

"袘"（袘）。衣缘，衣服的边儿。不论是古人的宽衣博带，还是今人穿的西装，它们的边儿都是弯曲的。

"弛"。所谓"文武之道，一张一弛"，其中"张"是把弓弦绷紧，"弛"则是把弦松下来。松下来的弓弦也是一条弯曲的线的形状。

"驰"。如果没有缰绳的控制，马恐怕也不会按着直线跑，尤其是受惊的马群，它是一会儿向那边一会儿向这边，还是个弯弯曲曲的形象。

"蛇"。"蛇"的声符"它"是个象形字，画的就是一条蛇的形象。"它"、"也"古同音，在上古，韵部均属歌部，纽都是舌头音。"蛇"之所以叫"蛇"，也是因为它爬行时是弯弯曲曲的。

最后看"讪其良人"的"讪"。

《说文·言部》：

讪，谤也。
诽，谤也。
谤，毁也。

这是"递训"，可以改成一个"同训"形式：讪、诽、谤，毁也。这三个词到底有没有区别？如果有，是什么样的区别？《说文》没给我们解决。不是《说文》不细腻、不完善，而是在许慎的时代，这样解释就足以让人明白了。

段玉裁《说文解字注·言部》："谤之言旁也。旁，溥也，大言之过其实。""谤"从"旁"声，"旁"从"方"得声。"方"，《说文》训"并船也"。古代的船是齐头的，两船相并近乎正方形，面积很大。因此，从"方"派生的词语有两个意义系列："并"和"大"。"旁"就是"大"。从声音的角度出发，"甫"的意思是大，男子以高大为美。"甫"又通"父"，是尊称。"浦"，是岸边半水半陆地方，可以看作河道的扩大。末代皇帝溥仪的"溥"也是"大"的意思。"普"的原义是阳光所照。但是字词的意义引申越远，原来的意义特征会越弱，甚至消失。这时候，人们往往就察觉不到它的存在了，小学家、训诂学家的任务就是要把这种被人们遗忘的意义特征开掘出来。按段玉裁的意思，所谓"谤"就是大言之过其实。

朱骏声《说文通训定声》："大言曰谤；微言曰诽，曰讥。""几"不是茶几的"几"，而是"幾微"的"幾"，就是事物发生的最早的征兆。"幾"很微小，极不容易察觉。"诽"也是微小的，"诽""微"声音相通。

《汉书·外戚传》载有汉武帝做的诗："是邪？非

邪？立而望之，偏何姗姗其来迟？"颜师古注："姗姗，行貌。"又《汉书·诸侯王表》："（秦）因矜其所习，自任私知，讪笑三代，荡灭古法……"颜师古注："讪，古讪字也。讪，谤也。"是讪、姗互通之证。武帝这首诗写的是他热切地盼着自己死去的李夫人到来，可是幻象中李夫人走得很慢，所以武帝很着急，"偏何姗姗其来迟？"根据这个语境，我们可以知道"姗姗"是一种缓慢低速行走的样子。既然讪、姗互通，我们就可以推论，"讪"是一种低速地或者低声的批评。

通过分析，我们可以知道"讪"近于"诽"而远于"谤"。放到具体语境里，"讪其良人"就不是妻和妾激烈地批评、甚至诅咒自己的丈夫，而是小声地，甚至是无奈地述说"良人"的不是。这切合战国时代已经趋于男尊女卑的社会实际。只有这样，孟子写的故事才会被时人相信；也只有这样，故事所蕴含的思想才能得以传播。

现在我把上面的内容归结为如下几点：

1. 训诂明，"经"义乃明。这里的"经"实指全部文献，不仅仅指儒家经典，所以加了引号。这个"经"义，还需要读者自己去体会。孟子讲这个故事有他的目的，他是批判战国时代那些求富贵利达者的丑态。这是"经"义，它直指当时的世道人心！如果读了《孟子》这章之后，只是知道"施从良人之所之"是齐人的妻子斜行尾随着她丈夫，"施施从外来"是那个齐人很得意地回来，当然也算能够理解。但是当我们运用了训诂的方法追其源、得其所以然之后，再去读这一章，那当时的场景就全活了。这时候一转，再拿它来说社会现象，我们对社会上一些人的精神状态会认识得更深刻一些。虽然孟子说的是战国时代，但他所批评的现象，在全世界各个时代的各个国家，从来就没有绝种过！比如，某贪官被揭出来之后，大家才知道他究竟是个什么样子。他可能先是偷偷地在哪儿集资20万，给什么人送去，然后再求谁给他弄辆车，又给什么人送去，于是他从副职提到正职了。回到家，跟自己的老婆孩子说：告诉你们好消息，组织上下文儿了，我已经是正职了。噢！全家都高兴，都用崇拜的眼光看他。有这种事情吧？但是我描写得远没有孟子生动，就是一个"施从良人之所之"、一个"施施从外来"，就把这种人的心理面貌勾勒得这么生动！我们怎么知道这些？因为我们用了训诂的工具和方法，所以训诂学重要啊！当然，要学好训诂学、掌握训诂学，需要下苦功，不是听一两堂课就可以解决的。

2. 古人思想之细微处，俱隐含于情貌之中。妻妾、良人的内心世界是通过他们具体的动作、表情、声调表现出来的。前人近古、习古，容易得古语的情貌，而今天的人则需要仔细探究才能得到。因此，对于古人的研究成果，我们要给以充分的尊重。

3. 训诂需要以文字、音韵为其羽翼。

4. 语言有它自己的生命，需要究其语境。这种生命就活在当时说话人、写作人的语境当中。因此，要体会语言的生命，把语言活鲜鲜的那一面开掘出来，我们就需要适当地、尽力地恢复当时的语境。我们要设身处地地设想自己是在和文献中所写的人物或者作者对话。这里有一个困难，就是语境一经消失，就不可能完全恢复，而且在尽力恢复语境时，不同的读者又会带有自己的主观。因此对古代文献（就是这里所说的"经"）的诠释，就是在这样一种条件下向前发展的。

5. 训诂明，也需要"经"义明。"经"义是训诂所需语境的一部分，二者是相互依赖、相互促进的关系。"经"义如何能明？一定要熟读、细读文献。我个人认为，读书可以分为三个档次：浏览、一般阅读和精读。如果不是这样，大概会有两种结果：只能读那么几本书或者读书虽多却不得要领。"经"义明了之后，反过来，再用文字、音韵、训诂的工具去解剖文献、挖掘情貌，就会更加深刻地理解古人的思想。

二 "小学"与典籍传承共生共长

应该说，"小学"（或称文献阐释之学）和典籍的传承在汉、唐、宋是一脉相承的，二者密切结合、不可分割。

在汉代，突出的现象是今、古文之争。尽管今、古文家对于"五经"的解释有巨大的差异，但是他们的目标或者打的旗号都是要把"五经"的含义阐释清楚，只不过这两派对"经"义的理解不同、运用的方法不同而已。

唐代集南北经学之大成，其代表是《五经正义》。唐朝的经学阐释没有丢掉今、古文经学所追求的经义，所谓"义疏之学"仍然是要阐明义理的。在这里需要注意一个问题。当时的科举考试关注的是如何造就人才、选拔人才，但是社会上更多的是关注儒学的"道统"问题。韩愈就坚持说他自己继承了孔孟的道统，但是由于当时唐代社会的基本面更注重文学、艺术，对于哲学等注意不够，韩愈自己也偏重文学，所以他的成就和影响都不大。

宋儒以阐发圣人之旨为己任，突出的是"四书"，离"五经"远了，对"经"义的阐发开始占主导地位，而儒家一向重视的"礼""乐"和历史则被忽略了。应该说，称宋明理学为"新儒学"不存在重大问题，但是说它全面继承、发展了儒家学说，则是不适当的。这里必须提醒大家注意的是，早期理学家和他们所作的经注，比如像二程和朱熹，对《周易》和《诗经》等的注释，包括他们的语录，都是非常重视训诂的。为了说明这个问题，我们看一些实例。如《诗经·郑风·狡童》：

彼狡童兮，不与我言兮。维子之故，使我不能餐兮。

彼狡童兮，不与我食兮。维子之故，使我不能息兮。

"小序"：《狡童》，"刺忽也。不能与贤人图事，权臣擅命也。"郑玄《笺》："权臣擅命，祭仲专也。"朱熹《诗经集传》："此亦淫女见绝而戏人之辞。言悦己者众，子虽见绝，未至于使我不能餐也。"

郑公子忽与突争国和祭仲专权事俱见于《左传》，《毛传》的"小序"和郑笺都认为《狡童》写的是郑国公室权力斗争的史事，但是朱熹却认为说的是男女之间的爱情。考之本文，朱传得其情实。

又《诗经·郑风·将仲子》：

将仲子兮，无逾我里，无折我树杞。岂敢爱之，畏我父母。仲可怀也，父母之言，亦可畏也。

将仲子兮，无逾我墙，无折我树桑。岂敢爱之，畏我诸兄。仲可怀也，诸兄之言，亦可畏也。

　　　　将仲子兮，无踰我园，无折我树檀。岂敢爱之，畏人之多言。仲可怀也，人之多言，亦可畏也。

　　"小序"：《将仲子》"刺庄公也。不胜其母，以害其弟。弟叔失道而公弗制，祭仲谏而公弗听，小不忍以致大乱焉。"郑笺："庄公之母，谓武姜，生庄公及弟叔段。段好勇而无礼，公不早为之所而使骄慢。"朱熹集传："莆田郑氏曰：'此淫奔者之辞。'"

　　郑庄公和共叔段的政治斗争亦见于《左传》。汉代的经学家同样是以史实解释《诗经》，但是朱熹则认为是爱情诗。再看《诗经·郑风·褰裳》：

　　　　子惠思我，褰裳涉溱。子不我思，岂无他人。狂童之狂也且。
　　　　子惠思我，褰裳涉洧。子不我思，岂无他士。狂童之狂也且。

　　"小序"：《褰裳》"思见正也。狂童恣行，国人思大国之正己也。"郑笺："狂童恣行，谓突与忽争国，更出更入而无大国正之。"朱熹《集传》："淫女语其所私者曰：'子惠然而思我，则将褰裳而涉溱以从子。子不我思，则岂无他人之可从，而必于子哉？'"汉儒解经每每以史实（实则为他们心中的孔子思想）比附原《诗》，实在不及朱熹认为是"淫奔之辞"来得平易贴切。

　　朱熹解《诗》何以能较汉儒更接近《诗经》的原貌呢？《朱子语类》卷八十一里有他的"自白"：

如此解经，尽是《诗序》悮人。郑忽如何做得狡童！若是狡童，自会托婚大国而借其助矣。谓之顽童可也。许多《郑风》，只是孔子一言断了，曰："郑声淫。"如《将仲子》，自是男女相与之辞，却干祭仲、共叔段甚事？如《褰裳》，自是男女相谷之辞，却干忽与突争国甚事？但以意推看狡童，便见所指是何人矣。不特《郑风》，《诗序》大率皆然。

要知道，朱熹是无限顶礼膜拜孔子的，但是在"诗序"的问题上，他有不同意见。结合着实例，他把三百篇"诗"的"小序"给基本否定了。朱熹又说："若《狡童》诗，本非是刺忽。才做刺忽，便费得无限杜撰说话。"对孔子以来的"诗教"进行了尖锐的批评。朱熹认为"郑风"中这些"诗"都是男女相悦之诗，并不是在歌颂或者讽刺后妃之德、昏庸之主之类的历史事实，这是他的伟大贡献。把这些"诗"称为"淫奔之辞"是朱熹的局限，因为现在我们知道，男女相爱，追求自由婚姻，这种现象在春秋及其以前的时代是很普遍的，甚至上古乱婚的实例也时有发生。另外，这里还有一个误解。首先，孔子说的是"郑声淫"，而不是"郑诗淫"。所谓"郑声"，指的应该是"郑风"乐调方面的特征，而不是歌词的内容。再者，所谓"淫"也并不是后世的"淫乱"或者"淫秽"之"淫"，而是"淫浸"之"淫"，意思是"过分"。孔子说"郑声淫"，强调的是"郑风"的音乐不雅、较之典雅的"古乐"过分了。"郑风"的音乐究竟如何过分，是节奏快、起伏大，还是装饰音多，现在已经不得而知了。孔子整理《诗经》的时候，并没有把"郑风"

中的诗删掉，而且还把它们传授给了自己的三千弟子。如果孔子真的认为"郑风"中的诗都是"淫诗"，有碍教化，那他上述的做法就无法解释了。孔子更接近《诗经》的时代，能够理解那个时代的社会风俗，知道男女追求自由婚姻是当时的社会礼教所允许的。

诗歌主要是吟咏性情的，用来阐发义理并不完全适合。为了说明宋明理学的特点，再对比一下《论语》的注释。《为政》篇云：

> 子曰："**吾十有五而志于学，三十而立**，何（晏）注：有所成也。**四十而不惑**，孔（安国）曰：不疑惑。**五十而知天命**，孔（安国）曰：知天命之始终。**六十而耳顺**，郑（玄）曰：耳闻其言而知其微旨。**七十而从心所欲，不逾矩**。马（融）曰：矩，法也。从心所欲，非无法。"

朱熹《论语集注》：

> **吾十有五而志于学**，古者十五而入大学。心之所之谓之志。此所谓学，即大学之道也。志乎此，则念念在此而为之不厌矣。**三十而立**，有以自立，则守之固而无所事志矣。**四十而不惑**，于事物之所当然，皆无所疑，则知极其精，而不惑又不足言矣。**五十而知天命**，天命，即天道之流行而赋于物者，乃事物所以当然之故也。知此则知其精，而不惑又不足言矣。**六十而耳顺**，声入心通，无所违逆，知之之至，不思而得也。**七十而从心所欲，不逾矩**。从，随也。矩，法度之器，所以为方者也。随其心之所欲，而自不过于法度，安而行之，不勉而中也。

朱熹在"吾十有五而志于学"下强调"古者十五而入大学",既没有考虑孔子是没落贵族的事实,也没有顾及孔子幼年丧父的经历。这些条件使孔子不大可能有机会进入"大学"去接受教育。孔子所谓的"志于学"就是立志于学,懂得为学的可贵了。认为"天命"就是"天道之流行而赋于物者,乃事物所以当然之故",朱熹继承的是《周易》的思想,和今天我们一般人所说的"天命"很不相同。相对而言,朱熹的注释要比汉魏的古注更精到、更细致入微。这里可能有两方面的原因。首先,汉魏人近古,尽管他们能够领会"经"义,但是因为没有注释的必要,所以没有做注。其次,汉魏人重视的很可能不是儒家经典的义理。所谓"罢黜百家,独尊儒术"的"儒术"指的是以董仲舒为首的今文经学,"独尊儒术"不是要去开掘儒家核心的义理、观念,而是为了统治阶级更好地实施自己的统治。从这种意义上讲,宋明理学家认为自己超越汉唐、直承孔孟是有道理的。

以朱熹为代表的宋儒何以能有这样的见解呢?除了讲求训诂、熟读"五经""四书",宋代的疑古风气也起了非常重要的作用。朱熹曾经反复强调熟读本文以解读《诗经》,就是用这样的方法,他恢复了相当一批《诗》,尤其是"国风"中的诗的本来面貌。但是单靠训诂、玩味本文的方法是远远不够的。赵宋承唐代繁荣和五代大乱之后,文化学术的积累已经临近了突破的顶点,学术的巨大变革在即。唐人并不十分重视学术,他们更关注一般性文化的创造;中唐以至五代,武人秉政,纲常败坏。宋人反思历史,于是扛起儒家义理的大旗,要赓续道统、再建纲纪。另外,当时文人的地位很高,文禁相对宽松,知识分子有条件专心读书，自由发表意见。于是，在宋人那里就形成了一股疑古的风气。不论何种文献、何种学说，只要怀疑，天王老子也要研究研究。流行了几百年的古体诗、今体诗地位降低了，来自于民间的词却被提升成典雅的诗歌样式。这是宋人疑古精神在文学艺术上的表现。在学术上，宋人怀疑《古文尚书》是假的，这是非常大胆的，因为怀疑的对象是"经"。尽管宋人的很多怀疑后来被证明是不正确的，但是真正的学术就是从怀疑开始的。宋人的怀疑精神很值得肯定。

"小学"和典籍的传承与阐释紧密结合、共生共长的状态，到了理学的末流遭到了破坏。早期理学家有远"五经"而承"四书"、重义理体悟而轻世功的倾向。这种倾向，到了理学的末流那里，就蜕变成了一种"空疏"，南宋以来仅知有朱（熹），晚明以来仅知有王（阳明）。而王氏学派因主知行合一，偏重于"行"，以至于后来连朱熹的书都不读了，所以顾炎武要批评他们空疏、误国。顾炎武《与施愚山书》（《亭林文集》卷四）："古之所谓理学，经学也，非数十年不能通也。……今之所谓理学，禅学也，不取之'五经'，而但资之语录，较诸帖括之文而尤易也。"

所谓"帖括"，又称"时文""制艺"，就是八股文。又《日知录》卷七"夫子言性与天道"条："夫子述《六经》，后来者溺于训诂，未害也；濂洛言道学，后来者借以谈禅，则其害深矣。""溺"字很重要，能够反映顾炎武这位乾嘉学派奠基人对训诂的态度：训诂重要，但是不能"溺"，但是他认为即便是溺于训诂，也没有什么害处。相比之下，"濂洛言道学"而"后来者借以谈禅"的后果是空谈误国，害处就太大了。和顾炎武的意见一致，钱大昕在《经义杂识序》

中说:"自宋元以经义取士,守一先生之说,敷衍附会,并为一谈,而空疏不学者,皆得自名经师。间有读汉、唐注疏者,不以为俗,即以为异,其弊至明季而极矣。"所谓"一先生"指的就是朱熹。通过钱大昕的这段描述,宋明理学末流空疏的学风可见一斑。钱穆先生在《中国学术特性》中指出:"尤其如阳明崛起,德行、政事、文学,可兼而有之。惟其单提'良知',较之北宋理学为更狭。而政事、文学皆不免为其门徒王龙谿(按,指王畿)、王心斋(按,指王艮)之辈所淡置而忽视。于是不识字,不读书,端茶童子亦可为圣人,甚至满街皆可是圣人。"端茶童子可以是圣人,甚至满街都可以是圣人,这样的情形见于王阳明的语录和行状。不需要修养,只需要有一点"良知",一个人就可以成为"圣人",这就断绝了一般人成为君子、圣贤的道路。

这是只重视文献义理、不重训诂、不读经典,以至衍成"空疏"的一路,另一路则是小学的片面发展,其流弊是终成"支离"。

惩于明亡的历史教训,再加上文字狱的压迫,清代的大部分学者都钻进了"小学"的领域。只讲文字、音韵、训诂,而不言义理,于是就偏离了"经"义,走向另一个极端去了。这种趋势到了乾嘉时期的末流达到顶峰。这里举一个例子来说明问题。

《荀子·劝学》:"君子博学而日叁省乎己,则知明而行无过矣。"杨倞注:"叁,三也。曾子曰:'日叁省吾身。'"俞樾《诸子平议》:"'省乎'二字,后人所加也。《荀子》原文盖作'君子博学而日叁己'。叁者,验也。……后人不得'叁'字之义,妄据《论语》'三省吾身'之文,增'省乎'二字,陋矣。《大戴记·劝学》篇作'君子博学如日叄己焉'。如、而古通用。无'省乎'二字，可据以订正。"俞樾先生有个特点，以求新奇为胜，这一条就是这样，但是这里他的证据不足。王引之的《经义述闻》卷十二云："家大人（按，指王念孙）曰：……（孔广森）释'叄己'，则曲为之词。'日叄己'，当从《荀子》作'日叄省乎己'。叄，读为三。《玉篇》曰：'己，身也。'即曾子所谓'日叄省吾身'也。今本脱'省乎'二字，则文不成义。……'知明'，承'博学'而言；'行无过'，承'三省'而言。"王念孙是从文势、文例和版本的角度出发来推求训诂的。王先谦《荀子集解》："《大戴记》一本作'君子博学如日叄己焉'，与俞说同。孔氏广森云：'叄己者，学乎两端以己叄之。'（按，见孔著《大戴礼记补注》）一本作'而日叄省乎己焉'，与《荀子》文同，此后人用《荀子》改《大戴记》也，荀书自作'而日叄省乎己'。'叄'、'三'义同。《群书治要》作'而日三省乎己'，易'叄'为'三'，是本文有'省乎'二字之明证，与杨注义合。俞说非。"

我个人认为，王先谦的结论是可以作为定论的。俞樾先生这一条没有考虑到两个事实：第一，"日叄省乎吾身"作为格言熟语早已广为传颂；第二，重视内心反省以达到自我道德的提升是儒家最根本的观念之一，而这句话恰恰体现了这种观念。从这个例子我们可以看出来，到了清朝的乾嘉时代，特别乾嘉以后，学者们就只是在字句上争来争去，而且常常为了求新求胜而运用孤证来证明问题。而王先谦承乾嘉汉学全盛之后，在宋学开始复兴的时代条件下，又开始向"经"义靠拢，因此他才能得出一个让人更加信服的结论。

乾嘉时代的学者脱离"经"义、只就字句进行训诂校勘的做法很早就遭到了一些学者的批评。陈澧《汉儒通义自序》及《东塾读书记·自述》就说：汉儒善言义理，无异于宋儒。宋儒讥汉儒讲训诂而不及义理，非也；近儒尊崇汉儒，发明训诂而不讲义理，亦非也。[①]

所谓"近儒"指的就是乾嘉汉学一派的考据家。陈澧批评乾嘉学者走向极端，但是对于宋朝人讽刺汉朝人不讲义理，他也不同意。他又指出："盖百年以来讲经学者训释甚精，考据甚博，而绝不发明义理以警觉世人，此世道所以衰乱也。"（陈澧：《陈兰甫先生澧遗稿》，《岭南学报》第2卷第3期）可以这样理解，陈澧是在呼唤一种新的学术：治古代典籍的人既要注重典籍本身，又要以学术为基础，通过自己的言行去影响社会、警觉世人；既要有精博的训诂，又要阐发深刻的义理。钱穆《朱子学提纲》二十六《朱子之经学》（《朱子新学案》）："清儒则一意考古，仅辨名物，不言应用。"又《中国近三百年学术史》第十章又说："考证之学，至惠、戴已臻全盛，而弊亦不胜焉。"我个人认为钱宾四先生的这些批评是很中肯的。这是后人的批评。现在，我们回过头来看乾嘉的巨擘——戴东原的两大弟子之一的段玉裁的看法。因为是乾嘉学术的"当事人"，所以段氏这些"自白"性质的论述可能更有价值。段玉裁《戴东原集序》：

---

① 《汉儒通义自序》："汉儒说经，释训诂、明义理，无所偏尚，宋儒讥汉儒讲训诂而不及义理，非也。近儒尊崇汉学，发明训诂，可谓盛矣。"又《东塾读书记·自述》："汉儒善言义理，无异于宋儒。宋儒轻蔑汉儒者，非也。近儒尊崇汉儒，而不讲义理，亦非也。"

先生之言曰:"六书、九数等事,如轿夫然,所以舁轿中人也。以六书、九数等事尽我,是犹误认轿夫为轿中人也。"又尝与玉裁书曰:"仆生平著述之大,以《孟子字义疏证》为第一,所以正人心也。"

这里所谓"六书"就是文字学等"小学"一类的学问。戴震的意思是说,"小学""数学"全是给人抬轿子的,如果大家把文字、音韵、训诂、校勘看成天底下最大的事情,全都从事这种研究,不管"经"义,不关心社会,那就把抬轿子的错当成轿子中人了。戴震说他自己其他的小学著作都是抬轿子的,真正于世有用的是《孟子字义疏证》。《孟子字义疏证》是清代理学或者说哲学的一部重要著作,在中国哲学史上占有重要地位。再看段玉裁的《博陵尹师所赐〈朱子小学〉恭跋》:

癸亥,先君子见背,今又七年所矣。归里而后,人事纷糅,所读之书,又喜言训诂考核,寻其枝叶,略其本根,老大无成,追悔已晚。(《经韵楼集》卷八)

所谓"七年所",就是七年许、七年左右。段玉裁说他归里之后,就一头扎进文字、音韵、训诂里面,老了才明白,这些都是抬轿子的。作为一个知识分子、一个"士人",应该做到训诂和义理兼顾,应该追寻工具,但更重要的是求"道",做有益于世、以正人心的研究。

再看许宗彦的《学说篇》:

> 考证、训诂、名物，不务高远，是知有下学，不知有上达，其究琐屑散乱。（《鉴止水斋文集》卷十四）

"下学而上达"是《论语》里的话，这里许氏有他自己的理解。所谓"下学"，下位之学；"上达"，上达"天理"，上达"仁义"。只知求"下学"，不知求"上达"，弄得全是一堆没有串起来的散钱。章学诚《与陈鉴亭论学》："著作本乎学问，而近人所谓学问，则以《尔雅》名物、六书训故谓足尽经世之大业，虽以周、程义理，韩、欧文辞，不难一映置之。"（《章氏遗书》卷九）这也是一种批评，说乾嘉汉学只知道名物考据是学问，不知道"周、程义理"和"韩、欧文辞"是更大的学问。

综合上面的引证和分析，我做如下几点总结：

三　结语

1. 欲弘扬传统，即需阅读典籍；欲阅读典籍，即需掌握"小学"，尤其是训诂。

2. 不读典籍，不讲训诂而谈文化，乃是在架空中楼阁。

这一点简单说明一下。说句不客气的话，现在我们关于儒学、文化方面的书很多，但是问题不少，甚至有的书不忍卒读，因为开卷即错。这当然是部分现象，但是如果任其发展，不重视训诂与义理的结合，我们复兴儒学、弘扬传统文化的事业很可能就会受到社会的谴责，从而夭折、中断。事关重大，一定要引起高度重视。

3. 训诂为解释而生，典籍之内涵谓之本，不可舍本逐末。

4. 为训诂而训诂，亦犹赞好箭而不射，于身于民于国皆无益。

5. 事物繁多，所取异趣，环境各异，术有专攻，不可强一。就学术总体言，应本末兼顾；论及个人，则各由所好，各有所长。

6. 今之"小学"，皆纳入西方语言学领域，且一味仿效西学之学术分类、研究宗旨、分析方法，知往而忘复，遂难免段茂堂之憾。

文艺复兴之后，欧美国家的学科分类很好地推动了世界科技的进步，做出了自己的历史贡献。但是时间过去几百年了，再这样发展下去，造成的结果很可能就是：虽然谁都可以成专家，但是谁都不会综合、不知应用。现在我们的学术也受到了欧美国家的分科的影响，这一点在我们大陆的语言学界尤其严重。先是文、理要分开，然后文、史、哲分得很细。文里面呢？文和语又分得很细，国内、国外也分开了。语还要分成汉语史和语言学，汉语史里还要包括文字学、音韵学、训诂学三个不同的方向。搞音韵的又分是研究上古音、中古音，还是近代音，还是研究方言。文字学，是研究甲骨、金文、战国简册，还是小篆，或者后来的隶、楷，还是研究文字的规范。一个人一辈子就干这么一小块儿！这不能怪我们的学者，是我们学西方知往而忘复了。今天我们没有"国学"这样一个门类，也是仿照欧美学科分科造成的结果啊。段玉裁的教训明明白白地写在那里，这是他个人的经验，那么作为一个国家，我们应该怎么做？需要仔细思考。

7. 交叉也，渗透也，仍为口号，拘于观念、体制、机制，实现尚需时日。

交叉也，渗透也，仍为口号，全世界现在都是这样，不只是我们中国。在现行教育体制、机制没有改变之前，我有个建议：喜爱哲学、史学、文学、艺术的同学一定要学训诂学，而喜欢文字、音韵、训诂的同学也千万别忘了"经"义。把训诂和"经"义二者结合之后，还得记住一点，就是要想想所学的这些东西，对认识自己的祖先、自己的历史、自己的来路具有怎样的意义；自己悟出来的这些东西对当代社会有哪些益处，能给子孙后代哪些开示。尽管你的思考和开示可能是片面的，但是若干年后，你自己的后代、学生乃至学生的学生看到你的著作，还能有些许启发，我觉得这就是我们这些学人的价值所在，也是中国的"士"天然的历史使命所在。

8. 不忘学术之根，不弃为人之本，不轻古人之教，不拒"正业"之知，如顾炎武所秉持之"博学以文，行己有耻"，则庶几矣。

这里的"正业"就是"现代汉语""古代汉语"之类的分科研究。我们不能由于要求综合研究，就拒绝甚至抹杀这几十年科学探索的成果和经验，我们只是强调仅仅有分科的研究是不够的。"庶几"，差不多。能做到"博学以文，行己有耻"就差不多了。又，朱子云："尊德性而道学问"，德行与学问兼顾，相互促进、共同提高，则大成有日矣。

一孔之见，谨供讨论。谢谢大家！

献给民族复兴的心中之礼※

各位领导，各位专家，各位朋友，各位老师，各位同学：

时当严冬，又是爆竹声中一岁除的忙碌时刻，各位领导、嘉宾和朋友赶来参加北京师范大学人文宗教高等研究院成立典礼暨首届高峰论坛，并且提出了许多期望，给予了谆谆指导，我和我的同人们、学生们的确十分感动、感恩。在此，我代表研究院，对各位表示最衷心的感谢。我还要特别对特意从海峡对岸飞来参加典礼的台湾朋友们表示热烈的欢迎！对来自日本、美国、韩国、新加坡的朋友们表示热烈的欢迎！你们的光临，是对继承、弘扬和创造中华文化的支持，是对有志于把青春和生命奉献给这一伟大事业的老师和学生的鼓励，是对中华文化必定再度辉煌的企盼。请允许我再次表达对大家的感谢！

研究院从提出构想到现在成为现实，用了两年多的时间。这期间，主要是在进行调查研究、反复思考、征求各界意见、确定研究院的宗旨和功能。应该说，时至今日才算有了头绪，才敢把各位领导和朋友请来

※ 2010年12月27日在"北京师范大学人文宗教高等研究院揭牌典礼"上的致辞。

给予指教。

各位领导，各位专家，各位朋友，各位老师，各位同学：

古往今来，学界的任何举措大多以当时的社会需求为旨归。近年来，社会对中国优秀传统文化的关注越来越密切，相应地，高等院校和研究机构纷纷成立旨在研究传统文化的机构。北京师范大学人文宗教高等研究院也是为顺应这一时代潮流而设，所不同的是，在院名中夹有"高等"二字。这是因为，当前比较紧缺的，是汇集海内外资源、为学者提供较好的研究环境、以培养未来高端人才、开展高端国际交流为目标的平台。我们冠以"高等"，就是想以此为己任，以此自励，为新时期的文化建设做些实实在在的事情。院名中的"人文"一词，我们用的是19世纪以来比较通行的含义，与自然科学相对应，即研究一般社会现象，重点则是文史哲和语言学等，实际上就是中华传统文化，而且要贯通古今。西方的人文学科一般是反对神学的，我们院名中标以"宗教"二字，是因为在人类历史上宗教与文化几乎同时发生，密不可分，宗教与人文并不是完全对立的，而是相互包含的，是互制、互补、互促的。宗教，在中华民族繁衍壮大的历史上曾经发挥了极其重要的作用，是中华传统文化的重要组成部分。在某种意义上甚至可以说，如果不深入研究中国的佛、道两教，就难以全面地、深入地把握中华传统文化。伊斯兰教、基督教和天主教先后传入中国，成为中外文化交流和相互容融的重要内容，绘出了中华文化与异质文化从相互冲撞到相互融合的精彩画卷，显现了中华传统文化的极大包容性。像中国这样，本土宗教和外来宗教千百年来鲜有刀兵相见，最终和谐相处的情景，在世界宗教史上是很罕见的。也可以说，不研究近千百年来外来宗教在中国的传播过程也难以对中国的历史做出准确的叙述，就会在构建和谐社会、促进世界和平方面显得乏力。人文学科与宗教学实际上有所重叠，在我们的院名中把"人文"和"宗教"相连，既表明我们所说的"人文"有别于西学对神学的排斥，也意味着我们注重研究中外的贯通与比较。

众所周知，中国大陆正在稳步地走向全面小康社会。我们所理解的"小康"，是中华民族优秀传统与时代精神结合的产物，是物质相对充足、精神相对高尚的社会。为此，中央早已提出经济建设、政治建设、文化建设和社会建设四位一体的战略。这一点，在正在制定的"十二五规划"中也将有重点的表述。文化建设，归根结底是民族的精神建设，是对传统的继承和时代精神的创造。三十年来中国大陆的迅速发展，正是传统智慧和时代精神迸发、中华民族精神创造的生动表现。我们有理由相信，在未来的岁月里，这一创造会继续构成新的辉煌。

现在，一系列重要的挑战和课题早已摆在人类面前了，对此中华民族同样无法回避。例如：如何解读在经济全球化、文化多元化环境中的民族文化现状；不同的文化之间如何沟通、相融；如何进行未来民族的和世界的文化建设，以使人们能在对物质的追求和对精神的需求之间取得相对平衡；如何在经济和社会发展速度和人文精神建设速度之间找到协调点；中华民族如何和各国人民为克服当前地球的种种危机而携手并进。对于中华民族来说，这些问题可以简约为这样一个突出而紧迫的问题：如何使优秀的中华传统文化和时代精神结合？

现在，越来越多的人意识到，经历了无数艰难苦厄的中华民族，每当遇到险阻或居安而思危时，都会回首历史，重温古昔贤哲的智慧，从中找回自信，汲取塑造新时代精神的营养。同时，前人的经验告诉我们，欲承继历史的遗产，固然可以接续刚刚过去的年代或过往的某一阶段，但是，最重要的还是追溯到创造中华民族精神主干的时代。这并不是要回到古初，而是要看清楚民族文化基本定型时的智慧，并沿此而下，洞察中华民族文化演变、发展、挫折、兴旺、衰微、交融的过程、规律、经验和教训。不但中华民族需要如此回顾，西方的学者和神学家也在做类似的努力，例如"轴心时代"这一概念的提出、《圣经》的一次次重新被诠释以及后现代主义等思潮的接连出现，就是这一动向的反映。而要做到这一点，就需要为学者营造一个可以潜心涵咏、沉静深思、坐而论道、辩难切磋的环境，就需要培养大批功底深厚、甘于寂寞、知行合一的年轻学者。中华民族传统文化之河浩瀚深邃，无与伦比，尤其需要学人献出毕生的精力，刻苦为人，殷勤传学。

毋庸讳言，自工业革命以来的近三百年，"欧洲中心论"盛行，包括中华文化在内的许多民族文化都被视为原始、蒙昧，因而在"世界中心"那里一直被不全面、不透彻地介绍，甚或被自高自傲者有意无意地加以扭曲。至今，研究中国文化在欧美还属冷僻之学，图书刊物上难得一见中外学者研究中华文化成果的论著。概言之，欧美至今仍未摆脱"中心论"对其正确对待其他文化的负面影响；研究和了解中国的历史和文化，并非这些国家人文社会科学学界和一般民众关注的事情。当然，世界上一直有一批坚持客观、冷静、科学地看待和研究中华文化的学者和政治家，而且现在越来越多的人认为，中华文化中的许多内容，诸如"和而不同""天人合一""己所不欲勿施于人"等观念具有普遍价值。在当前呼吁尊重文化多元、不同文化间应该互相学习、欣赏、吸收的声音越来越响亮的语境下，作为中华民族的子孙，我们理应承担起和世界各国的汉学家共同向西方世界、向其他几大洲介绍中华文化的责任。这绝不是什么"价值观输出"，不是施展意在改变对方的"软实力"，更不是强加于人，这只是对人类文化多元化应有的平等的追求。世界需要不同文化的对话，需要中华文化参与对人类危机的挽救和对未来的思考和探索。我们清楚地意识到，没有多元文化之间的和谐平等，就没有世界和平；要促进和维护世界和平，就需要政治家之间的对话、学者之间的对话、公众之间的对话。在这三个层面的对话中，学者之间的对话是关键性的，公众之间的对话是决定性的。因为学者可以"下学而上达"，公众手里捏着选票。为此，就需要大批能够对话、善于对话的人才，所以人文宗教高等研究院把培养可以在国际学术和教育领域驰骋的学者作为努力的重点之一。

出于对祖国、对人类现状和前途的观察和忧虑，出于学人自赋的、天然的历史责任感，北京师范大学和兄弟院校以及国外的一些学者和宗教界人士，发起和鼓励我们成立人文宗教高等研究院，大家的美意就是出于我在上面所讲的种种原因。感谢北京师范大学领导的理解、共鸣和胸怀，坚决而积极地支持这一倡议，及时做出了成立研究院的决定。

综合言之，基于世界文化的状况和中华文化的处境，人文宗教高等研究院给自己定位于"三高"：培养高端国际型人才；进行高端国际交流；组织开展高端研究及其成果的出版。在同类研究机构中，我们是最年轻的成员，我们要向大陆、台湾、香港、澳门以及各国的相应机构和学者学习，要和大家紧密合作，这是研究院建设和发展道路上的当然之义。真诚地希望学者们今后不断赐教！

各位领导，各位专家，各位朋友，各位老师，各位同学：

中国正在教育领域进行改革，改革的目标之一是培养数以千万计的创新型人才和各个领域的杰出人才。改革是一个较长的过程，同时还要有社会人士的理解、支持和社会观念的变革。人文宗教高等研究院的成立，在一定程度上对体制和机制进行了改革的试验。研究院的运行，既有学校领导的指导、帮助，又有许多热心于振兴中华、弘扬中华文化的企业家和热心人无私无偿的、实实在在的支持，使得研究院拥有了更大的财务自主能力，因而可以在上述几个方面和在更大的范围内发挥作用，可以在"三高"方面多做一些事情。

在奉送给各位的研究院简介里，印有研究院的院训——昨夜我才知道，其实在文件袋的两侧也印上了。我们自创的这一院训有别于一些大学和学术机构的校训或所训，所指出的不是既定目标，不是所奉行的核心精神，而是全体师生的行动准则。其文为：

感恩敬畏，
人皆我师；

> 安居论道，
> 奋起行之。

这16个字也比较全面地反映了我们办院的理想和宗旨，请允许我在这里稍作说明，以便学界各位朋友给予指导和监督。

现在可谓是一个忘恩并失忆的时代，一个"无所敬、无所畏"的时代。鼓吹个人至上的结果，是让人忘记了自己生活在一个极其复杂的社会网络之中，忘记了个人所取得的一切成绩都是天地、社会、历史和他人的恩赐加上主观勤奋的结果。忘恩则无义，无义则拔一毛以利天下而不为。孔子说："君子有三畏：畏天命，畏大人，畏圣人之言。"自古民间也有畏鬼神、畏人言、畏王法的传统。我们生在繁荣与危机并存的时代，也应该有今天的"三畏"：畏"逝者如斯"，生命短促，唯恐碌碌无为；畏有负国人之望，不能报众恩于万一；畏不能成为振兴中华伟大事业的精英，有愧子孙。无所畏则必无所敬，无所敬则无所不敢为。一个不知感恩、无所敬畏的人是个可怕的人；一个不知感恩、无所敬畏的民族也将是个可怕的民族。我们研究院是受先哲之恩、国家之恩、师长之恩、善者之恩才得以成立的，研究院的师生是站在前人的肩上继续攀登的。可以说，是否能从内心意识到并且时刻记住这一点，是每个人能否有所成就的前提。

孔子说："三人行，必有我师焉。"我们说："人皆我师。"这是因为，现代人创造了"反面教员"这一概念，能够更为辩证地认识环境、人我一体，只要勤于思考，无人不可以给我们以启发和鞭策。要永远"学如不及",永远豁达、谦逊,好学、深思,这是今日学人急需的品德。

如果说"感恩敬畏,人皆我师"偏重于自外而内的刺激与鞭策,那么,"安居论道,奋起行之"则是自内而外的生发。"安居",是借用的佛家惯用语,或称"坐夏""结夏""解夏",即所谓"行心摄静曰安,要期在住曰居",用于院训,是要师生们安心静修,一心治学,并非禁其外出,坐禅忏悔。在当今浮躁遍地的世风中,强调排除名利之虑、意气之争,唯学是务,唯道是求,太重要了。"论道",原是道家常用语,但这里"道"之所指则包含了世俗和学术层面的规律和道理。以人为师是行中学,坐而论道是学中行。孔子尚且说"朝闻道,夕死可矣",我们师生若能"安居"而论道,而得道,则其乐可知。或者反过来说,如果不能"安居",一心以为名利之"鸿鹄"将至,"思援弓缴而射之",就不会享受到人间这种最高的乐趣。那将是"枯坐",是死学,于人、于世、于己都无所补益。

中国人做学问最讲究知行合一。知行合一,就是把学问和修身合一,把所学与践行连接起来。教师不能在学生面前是一套,换个环境是另一套;学生不能把所学只当作谋生的工具、获取更多名利的阶梯。要知则行之,信则行之。要努力做到"动心忍性","养吾浩然之气",养我"天爵";要懂得"身不行道,不行于妻、子"。因此,研究院师生要关注社会,关注人民,关注人类,要洞知世界的大趋势,要避免钻到蜗牛角的尖尖里。作为"行"的一种形式,研究院除了要朝着"三高"努力,还要公益性地向社会普及人文宗教知识。我们在"行之"前面加了"奋起"二字,是因为只有发自于中，才会"奋"而行之，才是一种主动，一种自觉，一种习惯，一种人品。

我真诚地希望研究院现在的和未来的师生，都能既言且践；要永远记住，在我们背后时刻有着在座各位领导、师长、善者，以及国内外无数关心者的眼睛在看着我们，我们应该时时如临渊履冰，我们唯有把研究院真正建设成"三高"的平台，于国于世界有所贡献的平台，人人践行院训，成为不忧、不惑、不惧的学者，才是对所有关心我们、支持我们的人们的最好报答。让我们不停地努力！

各位领导，各位专家，各位朋友，各位老师，各位同学：

研究院揭牌了。它现在还只是一棵幼苗，甚或只是一粒种子。我深知社会的期盼、朋友们的厚望，深感责任和压力极大，但是我相信，研究院一定会成长得茁壮。我愿和全体师生一道浇灌它，扶植它，让它开花、结果。

作为一名有着51年教龄的教师，我在此时此刻可谓百味俱陈。已逾古稀，既然从实职位置上退下来了，我需要，也本可以用从容和潇洒缓解几十年来累积的疲劳。因此当我形成这一构想时，受到了疼爱我的家人、朋友和学生的坚决反对。但是，渐渐地，他们又都转而支持我了。因为他们对我要为中华民族的兴盛献上也许是最后一份心中之礼的理解，对我一生以"得天下英才而教育之"为乐的同感，胜过了他们对我身体的关爱。谢谢我的家人，谢谢尊敬的各位朋友，谢谢可爱的学生们！

为了表达我和我的同事们"感恩敬畏"之心，也为了表达我个人对所有支持我们的领导、朋友的感激之情，现在就请我担任院长的北京师大汉语文化学院和人文宗教高等研究院的硕士生、博士生，向曾经给予我们关怀和支持的各位贵宾献上鲜花。

感激！感恩！

谢谢！再次地谢谢！

认识一下儒家经典[※]

我起初拒绝接受这个任务,原因很简单。

第一,我和《十三经》打了54年交道,至今还没有完全读通,而且我越研读越觉得认不清它了。苏轼有句诗说得好,"不识庐山真面目,只缘身在此山中",它很能表达我现在的感受。中国的佛教也用看山水来比喻人的境界。第一阶段是认识,叫"看山是山,看水是水";第二阶段则"看山不是山,看水不是水",这是因为跳出了山水;第三阶段是"看山还是山,看水还是水",这时候的山和水已经不是开始所看到的山和水了。54年以来,我只停留在第一阶段,看山是山,看水是水。让我用一个半小时来讲这山和水实在是太难了。

第二,今天在场的外方院长很多就是汉学家,造诣非常深,而且接下来还有好几位著名教授的关于中国文化的演讲,要在内行和同行面前讲内行话是非常困难的。

不过,我还是接受了这个任务,原因有以下几个。

第一,文化交流最根本的和最高级的境界是不同

[※] 2013年7月至10月在复旦大学、厦门大学、南开大学等地"2013年孔子学院外方院长研修班"上的巡回演讲。

文化底层的交流。我把文化分成了三个层次——表层文化是有关衣食住行的；中层文化涉及风俗习惯、礼仪、文学、艺术、宗教、法律、制度等；文化的底层是信仰、伦理和审美的观点，这是文化的根本。

第二，中国人的伦理、信仰和审美集中体现在《十三经》里。

第三，孔子学院慎重地征求了来中国研修的四批外方院长的意见，应他们的要求安排了关于儒家的演讲。我在接受了许琳主任交给的任务后，要了一些小花招，把题目改成"认识一下儒家经典"。"认识一下"这个词的弹性就很大了，便于我来展开演讲。而且一个多小时也只能是让大家"认识一下"儒家经典了。

中国有句成语叫"走马观花"，就是骑着马，边跑边匆匆欣赏岸边的花。现在我领着大家大体认识一下《十三经》，就好比是在走马观花，但这样的认识非常必要，因为只有了解了《十三经》的大体情况，才能够开启进一步了解中国、了解中国文化、了解中国人心灵的大门。在我看来，今天的中国乃至全世界，跟孔夫子生活的时代没有太大差别，那就是人类面临着危机。现在人们普遍关注到环境的问题、资源的问题，这些问题在孔夫子时代没有出现，因为生产力不发达，但是目前存在的诸如矿山对环境的污染，工厂排烟排水排渣对环境的污染，以及社会的不公正等，其背后的根本原因是人们没有了信仰。同时各个民族的传统文化——维系不同民族几千年来和谐生活的最重要的纽带——被斩断了，特别是那些人数较少的民族。例如非洲，我访问过非洲 28 个国家，我热爱非洲这块肥沃美丽的土地，喜欢非洲人的直率、朴实、热情和真诚，但是我也看到了丛林里的文化正在萧条。在乌干达、肯尼亚、博茨瓦纳、津巴布韦、卢旺达、赤道几内亚等国家的农村，我在那里所受到的款待让我感觉就跟到中国的农村去所受到的款待一样，但是就在这些由传统的茅屋组成的村落里，村口就竖着可口可乐的广告。

如果根据出土文物，中国的文化应该是在8000多年以前就进入了自觉创造的时代，如果按照西方人类学和历史学多数学者的看法，只有有了文字之后的历史才是文明的历史，那至少也有3400多年了。

经过几千年的积累，到周代出了一个伟大的人物——周公姬旦。他辅佐了三代的周天子，总结了历史，提出了以德、以礼治国的理念，制定了全套的礼。他留给后人的遗产，现在从文献上能够确认的最大的贡献，是礼和乐。下面讲《十三经》的时候会讲到这个问题。周王朝延续了800年，这在中国的历史上仅此一例，在世界史上也极为罕见。能延续这么长的时间，重要原因恐怕就在于礼和乐。

儒家与世界著名宗教

现在开始谈正题。和世界上一切著名的宗教一样，儒家也有历史悠久的经典。为什么把儒家和世界著名的宗教拿来比较？儒家不是宗教，而是带有宗教性的学说。儒家并不信仰一个神，特别人格神，但是有一个追求目标，那就是"圣"，也就是有无限高尚品德和学术修养的人。圣是人人应该追求的目标，但是到现在为止也没有一个人达到，今后也不会有人达到。因为随着人类品格的提升，圣的标准也在提升。从这个角度说，儒家只有在没有人格神这一点上与基督教、伊斯兰教区分开了，但是在奋斗的目标上是一致的。前些年，我与洛杉矶水晶大教堂的主教、创办人罗伯特·舒乐对话的时候，他问了一个很尖锐的问题："听说中国人没有信仰，是不是这样？"我回答说："Yes and no"。说 Yes 是因为儒家没有提出一个人格神的信仰，说 No 是因为孔夫子带给我们有中国特色的信仰，这信仰就是圣。

我顺便解释一下为什么要说著名宗教。世界上的宗教数量很多，至今还没有精确的统计。西方的宗教学有"原始宗教"和"高级宗教"的术语。它用一个"原始宗教"把非洲、南太平洋、东南亚、南美亚马孙流域等地区的丛林、草原和岛屿里的各式各样的崇拜与信仰囊括到一起了。而"高级宗教"是指一神教，包括希伯来系列的犹太教、基督新教、天主教、东正教，以及受犹太教和基督教启发而出现的伊斯兰教。这种分法我并不同意。在文化多样性的世界，不同的信仰是平等的。它们都是不同民族和地区的人民对于大自然和宇宙的敬畏、对于人生的探讨所形成的信仰。举个例子，在中国云南普洱茶的产地，当地的少数民族每到采茶的时候会先祭神然后再采茶，假如有工程师、技术员或者在外地的商人建议他们使用化肥、农药来增加产量，当地的乡亲们会坚决拒绝，认为那是亵渎神灵。这种信念对人类是有好处，还是没有好处的？当然有好处。那么当地的这种信仰是低级宗教吗？是原始宗教吗？如果再去看那几个一神教的著名宗教，现在的天主教不仅仅是信仰主，还信仰主的儿子，还信仰主的儿子的妈妈，而且十二使徒以及保罗等也成为被信仰的对象，这是不是多神论呢？还有天使呢？所以在这个问题上，所有的信仰应该是自由的、平等的。我用"著名宗教"这个词，主要是因为它们都有一些历史悠久的经典，当然有经典的不只是著名宗教。举几个例子说明一下。

佛教经典的萌芽状态可以推到六千年前婆罗门教的诗歌集《吠陀》（Veda）。《吠陀》的一些颂诗后来被保留在《奥义书》里。到公元7世纪的时候，释迦牟尼的学说在印度基本上消失了，但是经过印度和中国的僧人与学者的改进和完善，他的学说和信仰在中国这片土地上得到了升华，形成了中国的佛教。所有的佛经结成的合集被称为《大藏经》，中国在历史上编纂了多种大藏经，比如著名的乾隆大藏经（龙藏）有5600多万字，而且并没有收集全。

《圣经》则是迄今为止在世界各国出版数量最多的一部书。现在可考的《圣经》的最早根据是死海的羊皮书卷，可以推到两千三四百年前。它还不是现在的《圣经》，包括《新约》在内的《圣经》是公元后才出现的。

到了7世纪又出现了伊斯兰教的《古兰经》。

再看中国本土的著名宗教——道教。道教的经典数量也非常庞大，不亚于某些大藏经。但是它最根本的经典就是大家所熟知的《老子》和《庄子》。这里附带说一下，道家和道教有很大的区别，道教是硬把《老子》和《庄子》作为自己最早的经典。道教的来源非常复杂。它掺杂了2500多年前的阴阳家、杂家、名家等多种流派的思想，加上后来所形成的对神仙的崇拜，才形成了今天的道教。

所以著名宗教的经典历史都很悠久。和它们一样，儒家经典的源流也很悠长。

概说《十三经》

《十三经》（*The Thirteen Classic Works*）不是一时形成的。最早的时候是"五经"，它是《十三经》的核心。下面这幅图是北京国子监的十三经碑林。中国历史上有作为的王朝（比如汉唐宋清）几乎都要把儒家经典刻在石头上。为什么呢？因为这是标准的版本。古代的书有两种传播方式：传抄和印刷。这个过程中容易产生错误，比如错字。如何校正它们？靠石经。

《十三经》都是用古代汉语写的，绝大多数现代中国人读起来都比较困难，于是就有了白话文的翻译本。大约20年前，我联系了一些顶级的老专家编写了《文白对照十三经》（上下册），一共花了四年时间。这本书到现在仍然是最好的《十三经》的白话文翻译本。

"五经"

下面先说说十三经中最重要的五部书，即"五经"（The Five Classics of Confucianism）。

首先解释一下，在中国的语境中，什么是"经"？"经"字最初的意思跟织布有关。织布的时候，纵的线叫"经"，横的叫"纬"，一定是经线固定之后，再横着穿插纬线。在织布的过程中，纬线会根据需要随时剪断，而经线则可以无限延长。所以纬的特点是短、不固定，而经的特点则是恒常、固定。经有常的意思，所以会有

"经常"这个词。因此当"经"用来表示某些书的时候,是说这些书是常存不衰的,是永恒的。西方的 classics 没有"常"这层意思,所以用"classics"与"经"(经典)对译会丧失很多信息,这是语言转化的问题。经纬的观念也影响了中国人的世界观和宇宙观,这里不展开。

在中国的学术史和思想史上,有关这五部经典的作者有很多的争论。在古代,中国人就习惯把这些重要的典籍都归到他所崇拜的最著名的圣者身上,后代学术发达了,通过考据证明不是这样,现在的结论是这"五经"不是一时一人写成的,而是多少代人慢慢积累而成,积累的内容都来自社会家庭的生活经验以及对人生宇宙的观察与思考。这一点与《圣经》《奥义书》《古兰经》相同。近代西方神学研究形成的共同的认识是《圣经》不是成于一时,《旧约》成书的时间远比《新约》漫长,即使《新约》也有多种版本,最后被整理成今天的《圣经》。这恐怕是所有民族的历史都走过的一条性质相近的路。

先简单介绍一下"五经"。

第一部书是《易》(*The Book of Changes*),通常也叫《周易》(*Zhou Yi*)。易有三种意思:简易(简单、容易)、变易(变化)、不易(恒常、不可替代)。讲《周易》的人通常根据这三个意思来分析《周易》的内容和特点。

第二部书是《书》(*Collection of Ancient Texts*),通常也叫《尚书》。"尚"和"上"在古汉语里通用,有至高无上的意思,当然也有其他的说法,这里不展开。

第三部书是《诗》(*The Book of Songs*),现在通称叫《诗经》(*Shi Jing*),加一个"经"字就不太好翻译，所以我主张把它翻译成 Shi Jing。

第四部书是《礼》（*The Ceremony*）。《十三经》里有三部书是关于礼的，但是"五经"中的《礼》（《礼经》）对应的只是《十三经》中的《仪礼》，不包括《周礼》和《礼记》。下面会详细讲。

第五部书是《春秋》（*The Spring and Autumn Annals*）。它的书名也没有办法翻译，直译就是春天和秋天。实际上它是一部史书。为什么用春天和秋天来表示历史？因为从天人合一的观念来讲，春秋两季与人的关系最为密切。春天万物复苏，草木发芽生长。经历了冬天的寒冷，人们开始享受到温暖的阳光，开始进行劳作；然后经过长时间的劳作，大自然进入秋季，收获种的作物，所以这两个季节最令人瞩目。当然也有的学者认为，在4000年前的中国人只有春秋两季的概念，而不是四季。目前这只是一种学说。春秋这个词在中国有丰富生动的内涵。春与秋代表了出生和死亡，所以春秋代表历史，也代表人的生命。比如我见到一个年轻的同学，我会羡慕地说他富于春秋，意思是说他很年轻，可以大有所为。

下面详谈这五部书。

《易》（《周易》）是古代的卜筮书。筮是一种草，古代拿它来占卜。占卜则是在钻了小洞的龟的甲壳上或牛的肩胛骨上，把一种容易燃烧的草放在上面点燃，由于热胀冷缩，在龟甲或牛骨上就会爆出裂纹，占卜的巫就根据裂纹来判断未来的吉凶、事情可行不可行，甚至下雨不下雨等。"卜"字现在写成一竖一点，表现的就是爆出的裂纹。各个国家和民族，由于生活环境以及气候、地理、水利等的具体环境的不同，都会有不同形式的占卜，至今在很多国家还流行看星座、看水晶球等占卜形式。卜筮用今天的话说就是算卦，但是中国上古的这些占卜里面有很系统的哲学理念，这些理念认为事物都有阴阳两面，并且有浓厚的人文主义因素，从而把中国和其他民族区别开来。《周易》有两大特性，第一是占卜，第二是有哲学思想。所以从公元前2世纪的汉代到现在，研究《周易》的人分两派，一派研究如何用《周易》算卦，推断人的命运；另一派则是专讲其中的哲学道理。当然也可以二者兼有，有些《周易》的专家既能讲《周易》的哲学，也能给人算卦。下面这幅图就是著名的八卦图。我们不看中间的阴阳鱼，先看外围的八卦。这八个图像由一条直线和两个断裂的短线构造而成，这个是最早的二进位。现在我们用的电脑编码就是二进位，它由01、10组成。有人说，周易就是计算机的词组，人类的思维有时候是可以重合的。按照数学上的排列组合，把八卦两两组合起来，就是有名的六十四卦。古人很聪明，在他们的设计中，每一卦最小的区别仅仅是卦与卦之间有没有一个断横。只要把两个短横变成一个直横就变成另外一个卦，他们在这种变化中进行占卜，占卜时又结合人文，于是形成了《周易》的哲学理念。

在分析人和事物方面，六十四卦比八卦细密得多。

但是客观事物是千变万化、无穷无尽的，六十四卦如何能与无穷无尽相比！如果按照八卦变六十四卦的思路，可以三个卦重在一起，甚至四五个卦重在一起，这样可以排列出成千上万种卦象。可是中国不那样做，他们认为那样做就变得烦琐了，就用六十四卦概括主要的事物，其他事物都可以类推。这种理念又形象地体现在这幅图中间的阴阳鱼当中。白色的是阳，黑色的是阴，黑色当中有个白点，白色当中又有个黑点。它的寓意是什么？阴和阳共存在一个事物当中。比如手有手背、有手心，那么手背为阳，手心为阴。再比如人生病了，中医就会用阴阳来分析，把病症中的一种现象用阳来称，另一种称为阴，诊断的结果如果是阳盛阴虚，就采取相应的疗法让阴阳重新平衡，阴阳平衡了，身体就恢复正常了。所以阴阳有三大特点，第一个特点是阴阳之间是平等共存、彼此平衡的，它们共存在一个圆中，圆代表了整体；第二个特点是阴中有阳，阳中有阴，所以阴阳鱼里的黑鱼有白眼睛，白鱼有黑眼睛；第三个特点是阴阳是动态的，如果我们做一个阴阳鱼的盘子，顺着一个轴转的话，就会发现在运动当中阴阳不分了，就变成灰色的了。这就是中国的哲学。当然中国哲学博大精深，不是我这几句话所能概括的，但是这样一个图已经透露出了中国人的哲学思维。现在"阴阳"这个术语已经被国际学术界普遍接受，怎么翻译它们呢？不用翻译，就用汉语拼音 Yin 和 Yang。那么阴阳所体现的核心的东西到底是什么呢？不好说，因为它太抽象，无法用语言描述，人只能体会，但是总要有一个交流的术语啊，于是就起个名字叫"道"。"道"最初传到西方的时候，就被翻译成路（比如 the Way），不能算错，但明显不准确。

近十年来在西方学者的著作中就开始用 Tao 代表，最近四五年干脆改为 Dao，因为这"道"实在不好界定、不好命名，就干脆不翻译。

这里附带说一下，儒家的一些经典比如《周易》《春秋》《诗》等都不是儒家自己创作的。《诗》是民间和宗庙的诗歌，《书》是古老的文献。但据说它们都经过孔子的编辑整理。《周易》传说是周代的开国之君周文王写的，他把八卦变成六十四卦，但这只是由口传的历史，它不见得是某一个人的作品。如果我们综合考虑则可以看出来《周易》是在中国从畜牧采集社会转变到农耕社会那个时代开始形成的。那个时候的中国古人对于人与大自然的关系、人与人之间的关系，以及人自身等有了很多的观察和想法。这些认识被写到了《周易》里。那么《周易》如何成了儒家经典呢？公元前3世纪的《史记》里写到，孔子喜欢读《易》，以至于"韦编三绝"。什么意思呢？中国过去的书是写在竹片（竹简）或木片（木牍）上的，写完之后，把它们用皮条绑起来，就变成了书。孔子读《周易》，皮条竟然断了三条，说明他反复读了很多次。《论语》里有一句话："加我数年，五十以学易，可以无大过矣。"一般的解释是假如上天让我多活几年，我50岁以后学易，那么我做事情就没有大的过错了。另外一种解释是，上天在我原定寿命的基础上再加几年，比如5年或者10年，我用这些时间学《周易》，那么我做事情就没有大的过错了。说明《周易》在孔子心中的地位很高。孔子的弟子商瞿，跟孔子学习《易》学得最好，他把《周易》传下去，后来就形成了今天我们所看到的关于《周易》的解释，而我上文所说的哲理就在那些文字解释当中。

《书》(《尚书》)是古代的文诰。它里面大多是帝王或最重要的大臣对下级的训示,或者是大臣对帝王的告诫。这训示当中包含了治国的道理和人间的伦理以及如何处理人和天的关系等方面的内容,其中核心的东西有两条,第一条是要做好统治者就要"以德治国";第二条是要"以人为本"。负责记录整理并代代传承这些文诰的人被称为"史"。因此汉语中"历史"这个词就与英语的 history 不一样了。所谓历史,"历"是经历;"史"字最初的形象就是一只手拿着一支笔(👁），意思是史官所记录的。两个字合起来就是时间的纵向发展。从古到今,中国都是一个重历史观的国家。历史观不仅仅是指怀念自己悠久的过去,更重要的是认为世界一切都在发展、变动之中,不可能停滞。这一点就深深地印在了中国人的心里。总而言之,"史"是一种官名,是一种职业,加上"历",就成为了历史,对应的英语词是 history,但是 history 在构词上是和故事(story)连在一起的,所以这是两个有着不同文化背景的词,体现了不同的观念。

《诗》(《诗经》)是诗歌的总集。其中有民间百姓的诗歌,有文人的作品,有庙堂的颂歌(祭祀歌曲)。为什么会有民间的诗歌？古代中国有一个规矩,那就是王要定时地派人到民间去听取人民的歌谣,记录下来向王汇报。从民谣里能看到百姓的喜怒哀乐,反映出他们对于政权施政的看法。王会根据民意来改进自己的执政方法。古代的执政者很聪明,知道民歌最容易反映百姓内心的东西。如果那个时候有互联网,有微博、微信,我相信帝王也会亲自上网浏览微博、微信,看看百姓都有什么意见,有什么情绪。文人的作品就很高雅,但是生活气息就不如民间诗歌。庙堂颂歌则更加典雅，虽然它们不是大众化的，但是对后代的诗歌影响极大。今天我们看见的只有诗的歌词，其实当初每一首诗都配有特定的音乐，但是由于当时无法记录就逐渐丧失了——中国的音乐记录方法是在公元8世纪到9世纪的唐朝发明的，所以现在还能保留唐代的一些歌曲。最有意思的是，在汉代以前（公元前2世纪之前），乐师们几乎都是盲人，这与乐谱没有留传下来有直接的关系。乐师们的师徒传授完全是凭自己敏锐的耳朵和悟性，不靠记录。制作乐器也是一样，比如编钟，按照金属铸造的操作规则，把钟铸出来了，但是刚铸造出来的钟不可能一敲就是准确的音节。这就需要调琴师来正音，中国古代高级调音师都是盲人，他们坐在钟的旁边敲一下，然后告诉工匠，钟的哪个部位应该锉掉一点，然后再敲别的音，在相应的部位再锉掉一点，直到调准为止。因为这些原因唐朝以前的音乐没有保存下来。与之类似的还有舞蹈，从文献中可以看到，诵诗的时候台上有乐队，台下还有舞蹈，现在舞蹈也失传了。因此我们读诗的时候需要展开想象的翅膀，想象古人的舞蹈可能是怎么跳的。

《礼》（《仪礼》）是一部残缺不全的书。它在公元前4世纪到公元前1世纪间被慢慢整理出来。这部书是关于古代礼仪的一些规定，规定得非常细腻，一细腻就变得烦琐，加上很多礼仪现在已经不用，所以读起来很吃力。

《礼》都有些什么内容呢？从今天社会学的角度来看，这部书是讲人一生的几个关节点的礼仪。

首先是出生礼。人出生是件大事情。一个新的生命来到这个世界上，要有一套礼仪。

其次是成人礼（冠礼）。这是《仪礼》中最重要的礼。刚出生的婴儿只是一个自然人，只有当他成年了，才成为一个社会人，成为社会人就意味着要对社会尽到自己的义务，要遵守社会的规范，因此各个民族都非常重视成人礼。《仪礼》把成人礼叫作冠礼，意思是戴帽子的礼仪。因为古人在没有成年的时候是披肩发，成年的时候则要束发，戴冠。这是男孩子的成人礼。贵族家的女孩子则用一根玉或者金把散发绾起来，这就是髻，女孩子成人就开始用髻。一般家庭没有钱，就用竹棍子或者一根草绾发，那种草既结实又坚韧。是什么草呢？就是荆棘，北方称荆条。所以中国男人在社交的时候，谈到自己的太太会谦虚地说"拙荆"。拙者，笨也，荆者就是荆条。拙荆的字面意思就是"笨老婆"。现在中国的汉族地区已经见不到这种成人礼了，但是在西部地区的少数民族依然保持着。例如，新疆的哈萨克族，他们的女孩子会梳很多小辫子，表示还没有结婚。而且基本上是几岁就有几根辫子，等到这些辫子拆开只梳两根辫子的时候就说明已经结婚了。另外像西南的苗族会通过衣服的颜色和配饰标志是否成年。总之每个民族都把成年看作是极大的事情。

　　再次是婚礼。结婚是人生的转折，因为它要承担种族和家庭的延续，并且从此个人的身份也发生转换——从儿子、女儿要转换为丈夫与妻子，不久还要转化为父亲与母亲，当中都有权利和义务的转换，所以要用婚礼作为标记。不管汉族的婚礼怎么演变，大体有几个要点，第一个要拜天地，拜天地的仪式虽然简单，但是深刻、生动、直观地体现了中国人的哲学：天才是自己真正的父，地是真正的母，也就是我是大自然的产物。对于生身父母应该敬，对于天和地一样要敬。这就是天人合一在这一方面的具体体现。第二个要拜高堂，也就是拜父母。因为双方父母赐予了我们身体，教导我们做好人，做好事。人之所以能够在社会上立足，和父母的教育有关。第三个是夫妻互拜，表示互相敬重。敬重是爱的一种特殊表示，相互喜欢是不够的，还要敬。所以在结婚的时候很隆重，就是为了给两个新人一种浓郁的传统文化的熏陶。亲戚朋友都在场，行完这些礼就要拜亲戚。拜就是承诺，承诺会尽到一个丈夫和妻子的责任，永远地和谐下去。

最后是关于死亡的礼。人生最后的节点就是死亡。各个民族对于生和死也极为重视。实际上所有的宗教信仰包括非宗教的儒学，都是围绕着生死展开的。生就带来一个问题，我从哪里来的？死则延伸出另一个问题，我将走向何方？不同的宗教对此有不同的解释。《仪礼》记载很多祭拜之礼和丧服的制度。这些礼不仅限于在先人故去的时候举行，也包括其他重要时段，比如在中国的传统节日清明节里，全中国人民包括台湾、香港、澳门的人都要给死去的先人扫墓、祭拜。举行这些礼仪的时候，要穿丧服，虽然古今的丧服不同，但大体仍旧差不多，那就是要穿粗布制成的非常简陋的衣服。在颜色上，汉族一般是穿白色的，这与有些民族和国家丧礼的服装用黑色或红、黑是不一样的，但在一律穿素色这一点上又是一样的。白色意味着没有。另外，在拜祭的仪式当中，什么人应该站在什么地方、用什么样的礼仪拜，以及穿着什么样的丧服、腰上系什么样的带子、丧服需要穿多久，都会有不同的规定，用来区别拜祭的人和被拜祭的人之间的血缘、社会两种关系的高低远近。丧礼上的音乐也有这种功能，演奏什么样的音乐，表示来了哪一类的人。为什么要做这样区分？这并不是现在有些年轻人所误解的那样，认为是不平等，而是因为人处在一个复杂的社会关系中，有多种身份。某个场合实行对他的身份最合适的礼仪才是对人真正的尊重，如果礼仪搞错了把高的变低了，或者低的变高了，反而是对他人的不尊重。礼仪一定要是最适合的，所以《仪礼》中才有这些具体的规定。

以上是关于人生的几个节点的礼仪。对于平时人与人的交往，儒家也有规定。用哲学的话说，主体（任何一个人）从来不可能是完全自主的主体。因为人组成社会，一个人从一出生就具有自己的身份，这个身份表明他与其他人的关系。初生的婴儿对爸爸妈妈来说就是儿子或者女儿，对于祖父母来说就是孙子或者孙女，等稍微长大一点进入幼儿园，就是老师或者阿姨照看的对象，如果到了小学就是学生，走在路上就是行人，坐在车上就是乘客，在学校很可能是班长，或者是其他什么样的学生，等等，总之有多种的身份。这多种身份是在与不同的人打交道中形成的。所以无论对于什么人，交往礼都很重要，而且要分类，一般人相见行什么礼，一般人相处的时候有什么原则，诸侯之间往来的礼以及诸侯或者大臣朝拜王的时候行什么礼，等等，这些书上都有规定。有些在今天来看相当烦琐。

我们看两幅图。第一幅是佛教徒的相见礼。信徒见到了师父，身体弯曲度一定要超过师父，师父则可以不弯腰，合十就可以了。在中国古代，历来有一个规矩，一般人见皇帝要跪拜，但是和尚是可以不跪拜的，因为根据佛法，和尚是所有人（包括皇帝或王）的老师。第二幅图是清朝末年的照片。朋友在街上相见，地位相同，因此是平行行礼。

不同民族在日常生活中有不同的相见礼。例如非洲的一些部落里，两个人如果关系好，相见时要行贴面礼；新西兰的毛利人，见面礼是互相碰鼻子；澳大利亚的一些土著则是吐舌头。这各种各样的礼仪都是表示自己的诚心诚意。

最后补充一点，古代中国的社会是家国同构的社会，每个家族都是几百人、上千人聚集在一起，所以家族就相当于小社会，在家族里所实行的礼仪就是社会的礼仪。与外族人交往同样可以讲辈分，比如我和对方的父亲年龄或资历等相仿，相当于兄弟关系，因此对方的孩子就应该是我的下一辈，家族礼仪就这样自然地在全社会扩展开了。

《春秋》这部书本来是周王朝的一个诸侯国（鲁国）的史官所记载的各大诸侯国之间的大事记。春秋时期，诸侯混战，当时的礼大部分丧失，但是在鲁国保持得很完整。因为鲁国最早的受封者有一个很特殊的身份，他当过周王朝的摄政王，被后代称为"周公"，据说《礼》就是他制定的。周公的身份特殊，功劳又特别大，所以就封他做诸侯王，并把宫廷最好的舞者、歌者送给他的鲁国，所以礼在鲁国保存得最完整。鲁国这本大事记，记载了从公元前772年到公元前

426 年之间的事，记载得非常简略，比如某年某月鲁国的君主与某诸侯国的君主会盟于某地。就这样简单的一句话，至于会见时讨论些什么，都没有写，不过《春秋》的遣词用字非常讲求技巧。比如对某件事情赞成不赞成，是表扬还是谴责，都在用字中体现了。但是它的记录太简略，人们读的时候不好懂，于是就出现了很多解释这部书的书，其中最著名的有三部，合称"春秋三传"，它们都被收到《十三经》里。其中的《春秋公羊传》和《春秋穀梁传》专门探讨《春秋》用字的褒贬，它们根据一点史实来说明为什么用这个词；另一部《春秋左氏传》（《左传》）偏重于讲当时的现场情况，记述了很多事情的细节。《左传》相传是一位姓左或者姓左丘的人根据《春秋》所写的，但是这个人的生平争论很大，到现在也没有结论。

其余八经与《四书》

以上是"五经"，那么《十三经》的其他八经是怎么来的呢？它们是后世官方教育和学术系统，用朝廷（官方）的名义陆续地加进去的。这八部书在没有进入《十三经》之前一般称为"记"或者"传"。在汉代，"传"和"记"的地位是低于"经"的，后来这些书的地位慢慢上升，进入到"经"的行列。汉代后期（公元前后）《论语》和《孝经》开始成为经典，在这八部书里率先取得了"经"的地位。过了几百年，在七世纪上半叶，《周礼》《礼记》《公羊传》《穀梁传》《尔雅》也被算作了"经"。

下面介绍一下这八部经。

《周礼》（Zhou Li）是后人根据周代的官制加上自

己理想的成分所设计的一个官位系统图，包括不同官的职责等。它的最后一部分失传了，后来有人用大约公元前5到前4世纪有关做车子、做玉等的工艺的一些记录合成了一本书叫《考工记》，把它加到《周礼》里，让它重新完整，其实不是原装了，这好比是桌子少了一条腿，就找了根颜色不一样的木头补上去。但是《考工记》很有价值，考古出土的各种器皿、机械，很多都要根据它来研究，中国古代的很多技术也是从这里开始发展的。

《礼记》（The Rites）这里不展开，因为它的内容很复杂，下文会重点介绍《礼记》中的几篇重要文章。

《公羊传》（Gong Yang Zhuan）、《穀梁传》（Guliang Zhuan）在时间上稍后于《左传》（Zuo Zhuan），它们都是解释《春秋》的。

《尔雅》（Er Ya）是解释五经的辞典，因为距原典的年代久远了，就有训诂学家对这些经书中的词进行解释，把这些解释汇集起来就成为《尔雅》。因此在中国古代文献解释学里，《尔雅》是一部非常有用的书。

最后到了宋代，《孟子》被补到经里去，于是就成了《十三经》。宋代的儒家认为孟子是孔子最重要的传人，所以现在会把孔子和孟子合称"孔孟"。因此我把《论语》和《孟子》合起来讲。

《论语》（The Analects of Confucius）是孔子的弟子和再传的弟子对孔子的言论、行为的记录。它在形式上是笔记式的，总共12300多字。严格地说《论语》并没有系统地记录和表达孔子的伦理观、哲学观和他的行为准则。读《论语》时我们会感觉到，孔夫子想挽救整个世界，然而孔夫子的高明在于他知道自己不能挽救世界，但是仍然把它当成自己的理想与信仰，他把他的全部知识和对天、对人的理解教授给学生。当时的人们评论孔夫子，说他是一个知道做不到，但是还要做的人。我认为这个评价比其他任何评价都高。《论语》这部书最重要的是体现了孔子的伦理观念，尽管它还不能表达中国人的全部伦理内涵。

我是这样理解儒家的伦理的。儒家首先意识到任何一个人从出生那天起就不是一个完全独立的自主体。单这一点就与有些国家的哲学产生了分歧，特别是西方哲学在近代一直强调，每个人都是自主的主体。儒家从一开始就否定了这种观点，认为任何个人都不可能是真正的独立的自主体。为什么呢？人一出生就进到了家庭和社会以及人和自然的极其复杂的关系网络当中，并且从出生那天起，一个人的身份就不断地增加。儒家看透了这一点，就指明了一个人在这样一个复杂的关系网络当中，应该怎样做好每一个节点，如何恰当地应对各种关系，在其中找到最适合自己成长、最适合家庭和睦、最适合社会和谐的原则和方法。贯穿《论语》的就是这个内容。中国的老师在传授知识的时候，或者中国古代学者在写论文的时候，并不是直接进行逻辑上的思辨与推理，常常是用明喻、暗喻和隐喻的方法，来阐明一些深刻的哲理。

那么《论语》的核心是什么？我认为就是四个字：仁、德、礼、乐。

仁。至今，中国的学者、各国的汉学家给"仁"字下了很多的定义，但是大家觉得没有一个定义完全把握了"仁"。复杂的事情固然可以进行最简单的处理，比如说"仁"即爱人，也就是爱他人，这是最简单易懂的一种界定。但是简单化之后就丢掉了很多的血肉。"仁"跟基督教、文艺复兴以后西方形成的博爱是不同的。"仁"与"博爱"的理念是同样伟大的，都强调对一切的爱，可是具体的内容有很大不同，下文会涉及这个问题。

德。个人的品德、国家的品德、民族的品德都包含其中。

礼。近代以来，特别是在20世纪二三十年代，中国人对于儒家的"礼"有一种误解，认为它是毁灭人性、消灭个性的，这种理解太简单了。经过最近几十年的研究，中外学者一致认为所谓"礼"后来对人性的摧残，是对"礼"曲解后出现的事情，不是孔子等原始儒家的原意。原始儒家设计的"礼"是一个底线的要求，在这之上每个人有充分发挥和创造的天地，但个人再创造，也不能踩底线，所以"礼"与消灭个性无关。冷静地回顾一下中国历史，如果"礼"真的扼杀个性，那就不会有汉朝的强大，不会有唐朝的辉煌，宋代时中国的科技也不会居于世界最领先的地位。这些都是靠个性的创造，都是在"礼"的底线之上的发展。

乐。孔子是一位艺术家，他对弹古琴等都非常在行，对音乐的鉴赏能力非常高，他也把这些能力传授给学生。本文一开始就强调，一个民族最底层的文化体现在三方面，即伦理、信仰、艺术。在孔子的时代，中国的绘画与雕塑还不发达。它们的发达要感谢后来佛教的传入，是佛教把融合了希腊艺术的次大陆文化和中亚文化带到了中国，丰富了这些艺术形式的表现手法。

其中，仁和德是心里的；而礼和乐是外在的，是用来保护、促进、发展仁和德的外在手段。

《孟子》（*The Mencius*）这本书记录了孟子的言行。

它多少有点仿照《论语》而写成。两本书的一个不同点是，孔子生前没有见到过《论语》，而《孟子》则是作者本人和弟子合写的。孔子说自己"述而不作"，"作"在古代是创造的意思，也就是说孔子只阐述古代的文化传统，而不会抛开传统去专门写自己的观点，但其实孔子是把他的创造蕴藏在他的"述"里面了，也就是通过阐述传统表达自己的观点。

　　《孟子》的主旨则是继承和弘扬孔子的学说。但是在学说上还是跟《论语》有些不同。孔子的包容性最大，什么都可以接纳，而两百年之后的孟子，由于所处的时代的缘故，他的责任是在弘扬儒家的同时，把论争的对手也打下去，因此包容性不如孔子，其实他所反对的流派对中国文化一样有贡献。孔子只是就社会、家庭和个人的层面来谈道德修养等。孟子则比孔子又进一步，已经从伦理和具体的世相层面进入形而上的思辨了。中国人的思辨是逐步形成的，第一个飞跃就是孟子。他思辨什么呢？思辨人的心、性、气。这个"心"当然不是单纯的生物学上的 heart，而是精神、灵魂。他又把孔夫子只提到过一次的"性"进行了研究。他是著名的人性善的倡导者。人性善的思想由孔子萌芽，再由孟子确定下来，后来被中国人普遍接受。那么心、性是怎么形成的？又如何保持、如何弘扬？孟子认为一切依靠于"气"。气存在于天地之间，也存在于人的精神里——一个堂堂正正的人心中有一个气。所以这气既是形而上的，也是形而下的。孟子没有把"气"说清楚，后人为此争论了两千年，实际上埋下了心、性、气钻研的广大空间。这三个概念的提出非常重要，尤其启发宋代学者，他们沿着这条路建构了中国的哲学体系。心、性在《论语》里少有记载。孔子的学生说，我们都经常能听到先生在其他方面的训导，唯独性、天命，却很少能听到。孔子通常拒绝谈这些方面，到孟子则正式面对它们，因此把中国的学术思想推进了一大步，深化了中国人对宇宙和人生主体的认识。

《礼记》是解释礼乐制度的书。既然有《仪礼》了，为什么还要有《礼记》呢？这有几个原因。

首先，有些篇章是关于日常生活的细微礼节的。举几个例子，比如中国古代的贵族人人可以佩刀剑，有点像现在美国人人可以佩枪一样。佩带刀剑最初目的是防身，后来形成一种礼仪。如果要把我的刀递给对方，应该是把刀把面对对方，这是起码的礼仪，否则是把刀尖对着对方不仅是一种危险，也意味着把对方当成敌人。再比如进入别人家的房子，古代的房子坐北朝南，分前堂后室两大部分，堂是房前屋门的一个平台，平台上东西两面有墙，再往前是两个台阶——东阶和西阶。到人家里要先登堂才能入室，登堂的时候要高声地发出声音米，比如说："请问×××在家吗？我是×××。"或者大声咳嗽一声，诸如此类，其实就相当于现在的敲门或按门铃。否则猛然地进入别人家，会让人感到这是"不速之客"。速是迎接的意思，不速之客就是不被迎接的人，换言之就可能是不受欢迎的人——比如小偷。而且不通报就登堂入室，也有可能侵犯主人的隐私。这有很多方面的考虑，所以"欲上堂，声必扬"，让屋内的主人有准备。听到客人的声音后，主人就应该赶快出来迎接，那又是一种礼仪。把客人迎上堂后，登堂之前必须脱鞋——现在朝鲜、日本进房间要脱鞋的习俗就是中国古礼的遗留。因此当另外的客人看到室外有两双鞋在，就不要随意进去，又是隐私的问题。这些都是对生活习俗的总结。

其次，《礼记》中的几篇超越了礼仪本体，提出的一些思想理念，对后世影响非常大。比如《学记》《乐记》《儒行》《礼运》《大学》和《中庸》，下面一个一个地讲。

《学记》（The Subject of Education）是关于教与学的理论、程序、方法和教师的职责，等等。它等于是一部压缩的《古代教育学》，或者《教育学概论》。

《乐记》（The Records of Music）记载了儒家的音乐理论。尽管当时的乐谱都丧失了，乐曲也没留下来，最初儒家经典还有一部《乐经》也丧失了，但是公元前3世纪之前的一些音乐理论在《乐记》里留下来了。有人说《乐记》就是《乐经》的一部分。这种观点有一定道理，因为《乐经》有很系统的音乐理论，包括音乐对人生、对社会的作用，论述也很全面。有些内容在今天看仍然有先进性。

《儒行》（The Practices of Confucian Scholar）是关于儒家的个体行为规范的。

《礼运》（Li Yun）是关于儒家的社会理想的。其中有两个词是大家所熟悉的："小康"和"大同"。它们代表了两种不同的理想社会，小康不如大同，大同是中国人想象中的最后的世界。公元前的儒家所想象的小康社会和大同世界是什么样子，在《礼运》里有具体描述，甚至可以说这就是公元前的、朦胧的、粗糙的社会主义理论。为什么当中央定下基本小康和全面小康社会的战略时，中华大地13亿多人一下子全都认同，而且不要解释，大家都明白，根源就是这篇公元前的《礼运》。

《大学》（The Great Learning）。把《大学》翻译成 The Great Learning 不是很准确，但也只能如此。大学是针对小学而言，小学的内容包括识字、算术和应该有的礼仪，大学则是学习高深的学问，除了更高级别的技能知识之外，更重要的是道德的修养，因此跟今天大学的职能不一样，现在的大学（高等教育）是在培养打工仔，以培养知识技能为主，道德伦理的修养只能放到业余时间去做，这是受到西方教育制度冲击的结果。中国古代的大学首先要注重人的品德，因为每一个受大学熏养的人都应该是表率。《大学》最集中的内容是儒家以德治国的政治理论，也就是强调执政者和为政者要时刻关注自己的道德修养，并由己身的修养推广到家庭、社会、天下。这种政治理论的根基是道德修养，所以它不仅仅是治国理论，也是治家、治天下的理论；不仅仅是个人的修养，也是家庭的品格、社会的素质，乃至全天下的规范都应该遵循的理念和价值。这里还要插入一点，我不久前去了珠海，那里有一段邓小平同志1992年的南方谈话——这段话没有发表在他的文集里。他说，中国有5000万残疾人，占总人口的5%，要解决这个问题，照顾他们，不能完全用西方的方法，西方自己也没有完全解决好，我们要社会关怀，要重视家庭，由家庭来负担一部分。这段话体现了东方（特别是中国）特有的思想，也就是《大学》里提出的"修身、齐家、治国、平天下"的思想。可见它一直影响到中国人的心里。

这里还要特别强调的一点，在《大学》和下文的《中庸》里面，都提出了"慎独"的概念。它的意思是，一个人在独处的时候，最容易放纵，所以尤其应注意此时的思想、行为、举止不要越轨，应该遵守礼仪和道德。"慎"在现代汉语里有慎重的意思，但是"慎独"的"慎"更主要是"敬"的意思，就是说人在独处的时候，也要对天地、对他人、对自己信奉的学说抱着一种崇敬的心理。这仍然是对人心灵的要求。

《中庸》（Zhong Yong）是关于儒家的人生哲学的。学者一般认为"中庸"强调的是为人行道不取极端，（"中庸"从字面也可以这样解释）一切以敬和诚为出发点。儒家对于真诚的定义就是设身处地地想，把别人的事情和自己的事情一样对待。《论语》里的"己所不欲，勿施于人""己欲立而立人，己欲达而达人"两句话就是对诚字的注解。《中庸》把人生不取极端的道理，把对敬和诚的认识提高到形而上学的层面，进行了理性逻辑的论述。过去中国人曾经对中庸有过批判，误认为中庸就是当老好人，做什么事情都模棱两可，和稀泥。其实中庸不是这个意思。中庸认为如果走极端就会是非此即彼、非友即敌的境地，这样世界就永远不得安宁，应该化敌为友，在我和你之间取得协调，在此和彼之间搭建桥梁。这才是中庸。其中"中"的概念最重要。任何事物的极端（通常是两个）都是最小的。例如一个磁棒的正极和负极，那里的磁性最大，所占的空间也最小；地球的两极也是如此，它的南极、北极的面积最小，更大的面积是亚寒带、温带、亚热带、热带——那里是万物生长的地方。再比如两国间的战争，通常情况下，主张打仗的人是绝对少数，提议放下武器投降的也是少数，多数人想法是在打与投降之间犹豫的。也就是说，在面对矛盾或冲突时，能够在极端的选择之间找到中和点，这一点中国人发现了，它的主要形式就是对话，通过对话沟通思想慢慢消弭矛盾。当然对话并不是放弃一切反抗，真的协调不成，到最后了也要自卫。但是只要有条件，就选择"中"。

总之，《大学》《中庸》把儒家的伦理和对人生、世界、宇宙及其关系的认识，提高到了形而上学的境界。它们后来不但成为中国传统文化（特别是宋明的哲学）的重要文献，也成为世界汉学界的关注点。

宋代大学者朱熹把《论语》《孟子》《大学》《中庸》合成了《四书》。《四书》从元代末年起，成为朝廷考试的标准读本，一下子扩大了它的影响，这是好的一面；坏的一面则是只要某个学说的经典变成考试的官方课本，并且不可变动，那么学术就停滞了，所以这是双刃剑。

中国的儒学发展到宋代的时候，已经不是纯正的孔孟学说，而是吸收了道家和佛家的理论精华，因此它才把中国的形而上学推到一个新的高度，这个高度是当时世界哲学的最高峰，远远超越了此前的奥古斯丁。这也是为什么现在国际学术界，尤其是欧美学者，很关注宋明理学的缘故。

儒家的终极问题

"五经"和《四书》合在一起就是儒家最重要的经典。如何让其他国家的人理解这些经典，目前有很大麻烦，首先就是翻译的问题。2010年孔子学院的香山会议，邀请很多国家的学者，一起商量如何把"五经"翻译成英文、法文等语言。大家热情很高，但是后来都知难而退了。举个简单的例子就能说明缘由。比如翻译"善"，过去西方通行的翻译是goodness，但是仔细思考就会察觉到，儒家所说的善，和佛家所说的善就不完全一样，和西方的goodness又不完全一样，一个根本的区别就在于西方的善是以上帝的全善全能为标准。儒家所说的善是在日常生活中发自本心的意识行为和表现，结果无法找到合适的翻译。我有一个观点，那就是只有当彼此之间对对方的核心理念和思想感情的词都能明白了，才算是真正文化的交流和文化的相容；在此之前，是否可以采用过渡的办法，比如仁就写成Ren，道写成Dao，"五经"不妨就是Five Jing。

还有一个过去有争议的问题。黑格尔在《小逻辑》的序言里说过一个观点：中国只有伦理学而没有哲学，并且中国的伦理学又不是高度发达的伦理学。于是引发了关于中国哲学合法性的讨论。近来各国的学者认识到这是个伪命题。既然世界文化是多元的，那么哲学应该是不同民族、不同地区各有特色、各有不同的体系。中国的哲学体系在"五经"与孔子那里萌芽，由孟子提升，再经历数代的学术的积累，最后宋明吸收了佛教与道教的精神（比如佛教的思辨），逐渐形成并完善了自己的哲学体系。而西方哲学是基督教神学与希腊哲学结合的产物，后来经过莱布尼茨、黑格尔、康德等人的深化，形成自己的体系，如果用西方的标准来衡量，不但中国，其他文化中也没有这种西方式的哲学。因为中国不是一神论，也不是二元对立分析法，而是有自己的哲学理念。如果立足于中国的哲学，以它为绝对标准（普适标准），我们同样可以说西方没有哲学。两种观点显然都不对。

先秦"五经"中的哲学思想经过上千年的发展，在与佛教、道教融合、相互汲取之后，到宋代提高到形而上学的高度，我认为这个是历史的必然。任何一个民族对宇宙、对人生的体会要想上升到一定的高度，就需要提高到形而上的层次。古人也早已把它领会。公元前2世纪的大史学家司马迁就曾说"究天人之际",意思是要把宇宙和人之间的关系探出个最终结果来。"究"是探究到最后的意思。"天"是自然,它并不是人格神,而是 nature,它和人类之间到底什么关系,恐怕不能完全是一个静态的描写,而是一个动态的发展和研究。人类不完全是被动的,是有主动性的,但又不是主宰一切的,这种种的复杂问题应该弄清楚。司马迁也知道,凭着他解答不了这些问题。对它们的探究是永无止境的。因为对大自然的认识,对人自身的认识总是会不断前进。学者应该一代一代地去探究它们。今天世界学术的走势并没有超出司马迁的预言,中西方的哲学家从古至今始终在探究。

司马迁随后还说了第二句话:"通古今之变"。为什么要通古今的变化?司马迁看出,自远古最原始的状态,到近千年后形成汉代的帝国,期间经过了多少的变化!要从这些变化中找出一种必然性及某种共同的规律,把今天与古代连接起来,这就是"通"。它包含要了解为什么古代社会和人会有那样的变化,今天又有这样的变化,两个变化之间是什么关系。它们归根到底是宇宙与人类之间的关系,是从古到今演变的动力、轨迹和规律——这些是最高级的学问,也是最终极的一些问题。

"究天人之际、通古今之变"有显著的中国的特色,甚至可以说儒家全部的书就是要解决这两个问题。中国人的时间观念在4000年前就树立了,因为那个时候开始有了历史观。近代海德格尔把时间作为一个哲学对象进行研究,而这个问题中国古人早就探究了几千年。从《春秋》到《清史稿》,四五千年以来中国的历史记载从未间断，而且越来越精确详细。比如从3000年前以下可以知道每一个王在世的时候发生过的大事，从2700年前以下可以知道每一年发生的重大事件；从公元前1世纪开始，每一个月发生的重大事件都有记录，而公元六七世纪以来，每一天发生的事情都有记载。从形而上的角度讲，这是对时间的重视所形成的历史观。这种观念现在也没有变，比如习近平主席最近发表的言论里就充满了历史感、时间感。

中国有一个特有名词叫"修史"。这里的"修"就是记录、编制、修改、完善（历史）。正因为这样的传统，所以到了公元前11世纪，中国人就在继承前人的基础上，总结出了社会生活、治理国家的最重要的几个观念：第一是"以人为本"，而不是以神为本；第二是执政者要道德高尚；第三是要用礼和乐（音乐）来引导、约束所有的人。其中前两点在《尚书》中有明显的体现。几个世纪后，本着对高尚的道德的追求和对人的尊重，伟大的孔子把这种理念进行总结升华形成了理论系统，而且身体力行地做出表率。他通过一生的努力，把中华文化集中在处理四个关系上，即（1）人和人的关系，包括个人和群体的关系、群体和群体之间的关系等人际关系；（2）人和自然的关系；（3）人自身的灵与肉的关系，也就是物质的身体与精神灵魂的关系；（4）现在与未来的关系。通过总结这四个关系，他把中华文化从五千年前到两千多年前这两千多年的精华集中了，于是中华文化定型了，从那以后的两千五百年间，人们在有意无意之中，在懂得他的根本理念与不懂得他的根本理念之中遵循着他的教导，形成文化认同。这是两千五百年来，尽管有外族的入侵，但是中国仍然能够维持着自己的文化传统，并最终一统、没有分裂的根本原因。汉朝的一位学者说，有些事情"百姓日用而不知"（每天在用而不了解），用今天的话说，就是孔夫子所定型的文化已经成为现在全中国人民的基因。

破除神秘感

《十三经》是关于中国人的伦理信仰与艺术审美的经典，与其他著名宗教信仰的经典有着同样悠久的历史，所以也与世界上各种信仰所遵奉的经典有着相似的性质，这些相似的性质包括三点。由于过去中外交流曾经有过断绝，所以中国文化不被世界上各国人更多地了解，常常被冠以"神秘的中国文化"的称呼。简要谈这三点相似的性质就是要破除对中国文化的神秘感。

第一个相似点：儒家经典形成的过程长，传承的时间久。《十三经》的形成时间大约是从公元前12世纪到前4世纪，用了800年上下的时间。形成之后就一直传承到今天。算起来，《十三经》中最早的那些文献已经有3300年的历史。现在我来更详细地介绍一下这五经当中的每一经，为什么还是讲"五经"而不是《十三经》，我会留在讲第二个相似点时解答。

第二个相似点：儒家经典的内容是百科全书式的。就是说它里面包含了中华民族的历史、文学、制度、礼俗、语言、哲学等方方面面的内容。儒家经典至今还在影响着中国人的生活，跟它的这种性质有关。

第三个相似点：中国人对儒家经典的诠释两千多年来始终未曾中断。曾有博士生问我，对儒家经典的诠释这么多，我们到底信谁的？我的建议是，所有研究中华文化的人首先应该读原典，即"五经"加《论语》《孟子》，以及《礼记》的几篇，把它们读完了再去看汉唐宋明的诠释。我们要尊重每一个时代对这些经典的解释，世界上没有一个人敢说自己的解释绝对正确，要承认每一代的解释都是创造，都是把学术和思想推向前进。但是不要把它们都混起来，比如宋代儒家的思想等同于孔子的思想。现代西方有一个词叫"新儒家"，用来指称宋代儒学。我不取这个词而用宋代儒家，或者是宋明儒学，因为说"新儒家"等于说儒家变了，其实没变。当然取舍也就涉及新汉学的问题了，我赞同"新汉学"的称呼。儒家学说两千多年来始终没有中断，它在后世的发展实际上是把以孔子的思想学说作为基因，从幼芽长成了大树，这棵树的枝叶可能是朱熹或者王阳明等人的，但是基因都是孔子的，这样来看待儒学，很多误解都能消除。因此，什么裹小脚啦，丈夫去世之后女子不能改嫁啦，稍微一看就发现都不是孔夫子的，而是后代加上去的——大树还长虫子呢，长虫子怎么办？把虫子去掉就是了，所以应该还原孔子。朱熹等人了不起的地方在于他们不是复述，而是有创造。他们的创造有时代的特色。如同《圣经》《古兰经》一样，儒家要适应现代的社会，就必须重新阐释，新的阐释会加深我们的认识。

很多外国朋友反映中国的文化神秘，儒家经典也神秘，其实如果认识到这三个相似点，那就不会有神秘的感觉。基督教的经典对多数中国人来说也是神秘的，印度的婆罗门教对印度之外的世界大多数人而言也很神秘，伊斯兰教世界对《古兰经》的解释浩如烟海，对非穆斯林来说也很神秘。所以说，不了解的事物在没了解之前都是神秘的，但只要我们抓住它的核心，找到一个切入点慢慢了解，就会破除神秘感。

近三十年来，中国学习儒家经典的人重新多起来。从老人到幼儿，从学者到企业家，大家都想从古人那里汲取精华，走好自己当下的路，思考未来如何实现和谐与和平。各国朋友如果在中国住一段时间就会发现，在各个城市出现了无数学习儒家经典的课堂、补习班。这是因为中国人在经济发展的过程中，发现物质水平不断提高，可是与此同时，逆向进行的是人内心的伦理、道德、责任、义务却在慢慢丢失。其实全世界都面临这一问题。整个人类都在遭受经济全球化和现代传输媒体的发达以及市场经济利润挂帅所带来的偏重工具理性、迷信技术知识等的折磨。不同的文化都应该回顾到自己信仰的元典去，用元典对照今天，比如今天的市场经济、国与国的关系是不是耶稣基督的理想？中国人现在的社会情况是不是孔夫子的理想。我们都要来反思，然后坐到一起对话，促进相互的了解，只有这样才能和平。我们不能蒙着眼睛，忘记了先圣先哲的教导，低着头走路，结果走到悬崖跌下去了都还不知道怎么回事。

这三十年来，中国大地上由民间开始的这种对历史的回归、怀念与重温，不是偶然的现象，它证明了原始儒家对人们的深刻影响。如果我们把握了中国伦理和哲学的基本要点，可以透过表象看到底层，发现原来是这些底层在起作用。否则只看到器物和表象，看不到实质，结果仍然是不了解自己的民族，外国朋友也仍然不了解中华民族。反刍自己历史上的优秀成果，汲取世界一切民族的成果，建设中国现在的文化，才会有中华文化的复兴，我自认为以上这三句话一句都不能少。首先是要反刍，就像牛一样，早晨出去吃了很多草，但并没有消化，回来后卧在圈里再慢慢咀嚼。这期间一定要吸收世界上一切民族的成果，当然吸收的对象首先是欧美的文化，可是也不能排除印度的文化、非洲的文化、南太平洋的文化。在反刍后，里面的营养会注入我们的肌体，这就是建设，建设现在的文化。这样才是文化复兴的全面含义。这话是有针对性的，有人误认为把孔孟宣传起来就是中国文化复兴，甚至把它比附于西方的文艺复兴。这是对文艺复兴的误解，文艺复兴有两个来源，一是欧洲的学者发现了阿拉伯文的希腊、罗马的经典，把它们反译回拉丁文，从中得到了启发。二是几乎同时，到中国的欧洲传教士把《论语》和《老子》也翻译成拉丁文，使得欧洲的学者从中发现了东方的智慧——尤其是人本主义。基督教的精神、罗马的哲学加上东方的智慧，才有了文艺复兴的人文主义。可见文艺复兴同样是欧洲反刍自己的文化，并且吸收了世界其他民族的文化。中国文化的复兴也应该如此，不能够把自己的理念建立在对西方文艺复兴的误解或片面理解的基础上。从这个意义上来说就是回到孔子、孟子，回顾过去，放眼宇宙，思考未来，用广阔的胸怀对待自己民族和其他民族的事物。

最后再给大家看一幅拓片：少林寺的《三教九流图》（右图）。这图上的画也是一个圆的构造，与八卦图的圆一样。中国人对圆特别有感情，因为圆象征"中庸"。圆周上的每个点距离中心都一样，都是平等的。只有圆没有死角，沿着圆的路线走路，

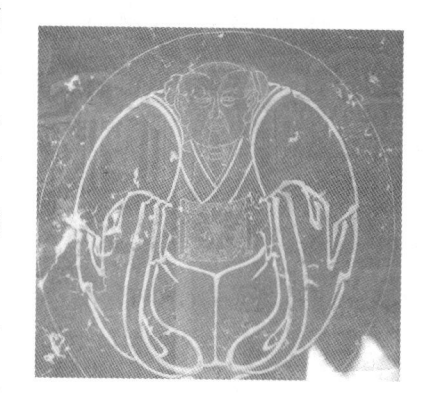

会没有阻碍地走一圈，如果是走四方形，还要拐弯。在圆上拐每个弯都是在不知不觉中就转了，无须生硬。所以中国人对圆特别感兴趣。比如对月亮就喜欢八月十五的圆月，那天中国人还要吃月饼。又比如元宵是圆的，寓意是祝福大家圆满，中国人祝贺会议成功时也用"圆满"。连送给台湾的熊猫还叫"团团""圆圆"。再仔细看这幅图里的人，正面看是佛，左面看是孔子，右面看是老子，也就是说儒、佛、道三者在一个圆体当中化为一个人，所以叫《三教九流图》。"三教"就是儒、佛、道；"九流"泛指所有学说，这图所要表达的思想就是：百家一理，万法一门。无论何种学说，何种信仰，甚至万事万物，起源是一个，解决的办法说到底也就是一个，尽管我们可以把它细化成很多。这就是中国人的理念。

我故乡的一位剪纸艺术家曾在红纸上用刀刻了一幅剪纸，叫《华夏一家人，同为圆梦人》。它里面刻画了56组人，每组两个人，一男一女，56代表中国56个民族。每个民族的一男一女都是不同姿势的舞蹈或者其他动作，那些都是该民族文化特有的形式。这幅作品的寓意是56个民族都在中华民族的大家庭的氛围下，弘扬各自的民族文化。为什么要这样做？因为共圆中国梦。从古到今，中国一直在努力实现小康和大同的理想，现在在实现理想的路途上，各个民族各自发挥自己的特色，共同构成一个圆满的家庭。孔夫子有句话说："四海之内皆兄弟也。"所以我也希望那位艺术家将来再刻一个世界的圆梦图，让全世界成为一个大家庭，大家彼此成为兄弟姐妹。

雅思贝斯提出了著名的"轴心时代"理论，我们至今仍然围绕着2500年前那个轴心时代的思想在转。

现在人类文明处在一个不知何去何从的十字路口上，未来会不会再出现一个新的轴心时代，这是一个世界性的猜想。我们今天汲取世界上一切民族的成果，来建设中国现在的文化，实现中华文化的复兴。可以预料的是，复兴后的中华文化必须是重道德的、克制自身无穷欲望的、讲诚信的、有爱的文化。这种文化才会是有益于世界的、避免冲突和战争的文化。与浩瀚的宇宙比起来，人是微小而可怜的，不管是大自然造就了我们，还是上帝造就了我们，其本意都是让人类和睦相处。中国要向世界介绍自己的文化，同时又努力汲取各国文化，其目的也在于此。

互动环节

问：我认为《十三经》里的《易经》不是儒家的，里面很多内容是儒家以前的。类似的情况还有不少。所以儒家的思想受到别家的影响很大。为什么一定要把它们都算成儒家的东西？另外，中国历史上的很多王朝并不崇尚儒家，比如李斯当政的时候就是以法家为指导思想的。所以我认为中国的文化远比儒家多，想听听您的意见。

许嘉璐：您的问题是儒家史或者是中国思想史上的一个大问题。我在讲演中说，《周易》的部分内容可以推到华夏族从游牧过渡到农耕的时候。近代经过考证，《周易》的部分篇章也是孔子的弟子和再传弟子撰写的。这都说明《周易》所体现的古老传统被孔子吸收了。任何宗教都要找最古老的东西作为标榜，比如今天的道教徒穿的八卦衣，其实是后来的东西。方东美先生的《哲学十八讲》和 1972 年到 1973 年年初在一些大学的讲演中对您提的问题有比较多的论述,他的一些观点我很赞同,比如方先生认为《论语》的道德伦理加上《周易》的形而上才构成儒学的体系。我在讲演中也用了一个与方东美先生一样的词,就是原始儒家。与方先生不同的是我不把荀子算在原始儒家里面。至于法家,它包含有儒家的元素,毕竟法家的思想体系主要源自荀子。战国时候百家争鸣,当时孔子之学不过是显学之一,而不是一学独尊。李斯确实辅佐秦始皇用法家治理国家,但是因为只讲法而不讲德,秦朝迅速垮台。后代吸取了教训,总结出了中国人的理念,即当一个国家只靠法律约束的时候,这个国家实质上已经分裂了,因为内部凝聚不起来,国家凝聚力的基础应该是德,辅助手段才是法律的管理,所以汉以后的儒家也不断吸收法家的东西,最典型的就是王安石。中国的学术是互相吸收的,情况非常复杂。这里只能简单说一点。总之,您提的问题正是我们今天国内外汉学家应该再着重厘清、深入探讨的问题。谢谢!

问:现在海外汉学的研究生能够看到的《十三经》只有原文或者原文的翻译,他们不会使用历代的注释,这个是很大的缺陷。请问您的《文白对照十三经》是只翻译了原文,还是包括各代的注释?

许:我们在编著《文白对照十三经》的时候,考虑到成本、读者的接受能力和社会普及度等方面因素,没有翻译其中的注释。当时的定位是,这种书只是入门书,读者能从中知道《十三经》的大概意思就可以了。要解决您提出的问题,现在主要的补偿办法是孔子学院推出的新汉学计划。新汉学计划中就包括对历代注释研读能力的培养,因为那是更高的层次。

问：您对当代国学研究以及国学研究的发展有什么评述？

许：中国的国学曾经因"文化大革命"的浩劫而中断，损失了一代人的学术。可喜的是从20世纪80年代以后，在各方面的努力下，现在中国大陆已经涌现出了一批50岁上下的非常优秀的学者，研究队伍的规模和投入的经费也超过了以往的时代。举一个例子来说，我现在是山东儒学高等研究院的院长，去年我们研究院的经费是1500万元人民币。今年，由于金融危机的影响，研究经费可能略减，但估计也可以达到1200万元。

有关儒学、道学等的研讨会也在两岸四地层出不穷地举办。还有大陆每年派往国外学习的中青年学者数量也是空前的。国际间的交流也很热烈。我们一方面在国内大力复兴国学，另一方面又积极走出去，同时又请进来，致力于推动中国传统文化的研究和发展。

问：我来自日本大阪产业大学，专业是现代汉语语法。在对外汉语教学中，我深深感到现代汉语语法、语言理论远远滞后于国际的需求，我们始终没有把汉语真正本质的东西或者深邃、精彩之处展示在世人面前。我想这一方面是汉语本身研究不够，同时也是由于一些主流的研究把西方的概念，作为一种普世的概念来解释汉语。新汉学计划是否也会涉及这方面的研究？

许：您提出了很现实、很尖锐的问题。我是新汉学计划制订人之一，我们制订计划时主要考虑的是希望各国有志青年研究中国的过去、今天和未来，包括政治、经济、军事、教育，等等，在工具（也就是汉语）的研究方面考虑不多。

但是这个问题至关重要，为什么？我曾说过一句可能有点偏颇的话——我一般说话不太偏颇，马建忠的《马氏文通》（1898）摧毁了中国传统的语言文字学。它引导全国的学人要建立一个纯语言学，但是到了20世纪的八九十年代，学者心里其实很明白，我们已经走到死胡同的最后一步了，因为研究的成果无助于人们学习汉语，无助于汉语的改善，无助于汉语的应用，例如计算机领域的中文处理根本用不到那些语言学理论。现实生活对中国的语言学提出棘手的问题，就是汉语的规律到底是什么，你们语言学家能不能研究出来？

这个挑战主要来自两方面。一是母语非汉语的少数民族同胞和外国朋友如何掌握比较纯正的汉语表达能力。第二个挑战就是面对计算机如何进行中文信息处理，计算机连三岁小孩都不如，它什么都不懂，没有任何语言背景，这后一个问题难度尤其大。我认为中国语言学的核心问题不是 grammar，而是意义研究得不够，同时内部阻力又很大。

例如有这么一本很好的书，它把最常用的五百个汉字的来源，这些汉字又派生了哪些词，都用通俗的语言和形象的配图作清楚的说明，读者抓到一个字就能联想到一大批相关的字词，很方便学习。这本书已经向各位外方院长推荐了。但类似的优秀成果还太少。

再举例子，中国人过年贴福字。何为福？福，祥也。为什么福是吉祥的祥呢？福和富有共同的来源，两个字有共同的组成部分"畐"。"畐"在甲骨文中是一个器皿的形象，什么样的器皿？装粮食的器皿。在生活资料紧缺的农耕时代，粮食或其他的食物是生活最重要的东西。因此《说文解字》中说富是备的意思。

备就是完备，也就是说，什么都有了就是富了。而且不是说什么东西越多就是富，比如单有100万美元，这还不算，而是除了开销之外家庭收入还会有结余，并且有房子可住、有完整健康的家庭成员，家庭又很和睦，这才是富！至于福呢？就是祈求达到这种"富"。而且还可以扩展出很多内容。比如两个字的偏旁，福字左边的"示"，是个祭坛；富字上面的宝盖"宀"（读 mián），是一所房子的形象，房子里有粮食代表家里该有的东西都齐全了，所以就是富。这些都可以编成故事给学汉语的孩子们讲。中国人现在缺乏的就是如何更好地讲述中国的事情，好让外国朋友听得懂，并且爱听，听了之后还能记住。我很希望汉办能在这方面有大的投入，也希望外方的院长和外方的教师多多提出建议，当然汉语研究方面也要下功夫。

问：我来自德国弗莱堡大学，专业是研究传统的印度佛教和早期中国佛教的历史，重点是印度佛教在中国流传的过程。我想问您两个问题。第一个问题，您刚才说儒家的善与佛教的善不同，我想听听您的意见。第二个问题，把四书五经翻译成其他语言确实很难，现在的情况是知难而退，但我们非常希望本着孔子"知其不可而为之"的精神，在翻译上尽量多进行一些尝试，因为我觉得至少德国的汉学界在这方面还是有能力的。

许：我先回答您的第二个问题。我们当时请来的都是世界各国汉学界的顶尖人物，大家讨论了几次，发现了很多难以解决的问题。

最主要的就是每一个术语（或者说关键词）背后都有很深、很广的学术问题。例如孟子提出的"气"。何为气？它是物质还是非物质的？还有他提出的

"性",这个"性"是关于人的本质的,但怎么概括它?又比如"仁",孔夫子从来没有给"仁"下过定义,《礼记》中的"仁者爱人"是其他儒家的界定,不是孔夫子说的,这个界定过于简单。假如仁就是爱人,那么孔老先生为什么自己不说?却留给二三百年后的人说?又比如"义者,宜也"。根据这种解释,义就是最合适的。但是如果把文献里用例一排列,相互比较一下就发现不完全是这样。再比如"诚",宋代哲学家对它的阐述比较多,但未必就代表孔子的理解。这个关键词本身不是翻译的问题,是研究的问题。孔子学院发展到今天,急需要各国的学者对于中国的问题做深入的研究。我觉得这个时代到来了。

关于第一个问题,我的观点是,善本身很难阐释。因为一个"善"字贯穿了整个儒学,一个"善"字也覆盖了佛教的小乘大乘。我们读《奥义书》,读到《吠陀》,里面也谈到善,可是它所说的善和后来印度教说的也有所不同,佛经所说的善又和婆罗门教、印度教不一样,佛教传到了中国又成了中国化的大乘佛教,所以中国高僧说的善又不同,这有一个演化的过程。儒家的善定型早,也相对简单,比如可以说仁就是一个善,但是即使这样也得研究的更清楚一些才好。

我就你的这个问题延伸一下,作为本次演讲的结束。这次演讲的题目是"认识一下儒家经典",没有想到和大家的互动会探讨得这么深入,现在我觉得有一个重要的问题需要我们认清,那就是深入研究是必要的,但是浅出更是当前所急需的。这里的矛盾在于不深入就难以浅出,然而即使不深入的浅出也总比没有的好。我常会举这样一个例子,小说《三国演义》并不是历史,很多都是通过虚构创造添上去的,但是千千万万的中国人从小看《三国演义》的故事,听《三国演义》的评书,看《三国演义》的戏剧,于是就有历史知识被灌输进去,对人的褒贬好恶的价值观也形成了。

前几天我去台湾,那里一位信奉道教的企业家朋友出巨资把山西运城关帝庙两米高的关公塑像请到台湾去了,结果每天去朝拜的信众人山人海。如果只读《三国志》不会有人这么崇拜关羽,是因为《三国演义》才会这样。还有几位台湾朋友崇信梁山泊108位好汉,每次举行活动时都要上香朝拜他们,那些好汉中的很多人是杜撰的。这些都是民间信仰,可也并不见得低级。

也就是说,浅出的东西可能很简单,讲十句话可能只有八句话是差不多对的,另有两句话可能就是错的,但这没有关系,关键是能够把东西介绍给人家。就像我们去欧洲旅行,回来后向家人讲欧洲的见闻,比如大英博物馆、法国卢浮宫,我们能保证说得完全吻合吗?假如卢浮宫本来有十个大优点,自己回来讲的时候可能只说出来六个,其中一个可能还说错了。比方说卢浮宫前面的玻璃金字塔是贝聿铭设计的,结果自己说成是张聿铭。可是没关系,因为家人获得了对卢浮宫的一般了解,这才是关键。所以学者的任务是深入地研究,而普及工作者则需要能够浅出地教给大家。

(根据录音整理)

弘扬儒学精华　发展先进文化[※]

非常高兴今天能参加"儒家思想在世界的传播与发展"学术研讨会的开幕式。这个论坛的内容非常重要，前面几位学者的发言已经充分说明了这个课题的重大意义，我就不重复了。我只想说，这个研讨会在中国人民大学举行，是理所当然的；中国高校第一个孔子研究院在中国人民大学成立，在全国立了首创之功，也是理所当然的。因为，中国人民大学是应中国人民的革命斗争建设之运而生的，从她诞生之日起，就承担着发展先进文化的历史使命。今天在全国人民正努力发展先进文化的时候，中国人民大学又高高举起了研究、传播和发展中国文化的核心——儒家思想的大旗。这就是我所说的两个"理所当然"的原因。

对于儒家思想的研究，是时代赋予我们的使命，是人类赋予我们的使命，儒家思想、孔子学说是中国人民的，也是世界的，这就像与孔子同时代的释迦牟尼和柏拉图，不仅是印度的和希腊的，也是世界的一样。

据我所知，《论语》，后来扩大到"四书"，第一次

※　2004年12月3日在"儒家思想在世界的传播与发展"国际学术研讨会上的讲话。

被翻译成外文，是在16世纪下叶，是由西方传教士利玛窦（Matteo Ricci，1552—1610）和他的朋友们翻译成拉丁文传到欧洲的。而16世纪是什么时候？在西方正是文艺复兴的前夜，文艺复兴的苗头已经走出了佛罗伦萨，开始向法国传播。《论语》《孟子》《大学》《中庸》以及中国其他一些经典典籍传到西方以后，引起了西方学术界、思想界的震动：原来，远在万里之外的东方竟然有这样伟大的哲学、伟大的思想！所以，如果我们深入研究欧洲的文化历史，如果我们彻底摆脱了"欧洲中心论"的影响，应该可以看到，在欧洲文艺复兴当中，在欧洲准备工业化革命的思潮当中，孔子已经默默地做出了贡献。

今天又到了一个新的时代，我们应该对孔子的学说以及整个儒家思想重新作出整理和审视，这是能够使儒家思想在世界传播与发展的前提。为此，我有以下一些粗浅的想法贡献给这次研讨会，贡献给中国人民大学孔子研究院。

第一，我们应该在通观世界走势的宏观视野中，思考儒家思想在世界的传播与发展。当今世界的走势最主要的是经济全球化，但经济全球化的本质是什么？它带来的后果是什么？经济全球化背后的哲学理念是什么？社会学界、经济学界、企业界中似乎深思者不多。而我们作为学人，就应该超越现象层面，作一些深层的思考。我个人认为，所谓经济全球化首先是资本主义的经济全球化，其本质是西方发达国家过剩的资本、技术与商品，希望没有任何阻碍地、能够完全自由地在世界各地移动。移动的目的，是在过剩的前提下追求最大的利益。其结果是所有的资本、技术、商品的输入地、接受者借此机会得到了发展，国家实力增强了，一部分地区、一部分人富裕起来了。但是与此同时，也造成了这些国家贫富差距的拉大、资源的耗竭、环境的污染，而三者的综合就可能是被输入国社会的震荡，震荡的结果就是跨国资本再次流动，寻找更好的投资地，资本从这些国家转移出去后，就会致使这些国家衰弱、停滞。另外，在世界范围内，造成南北差距的拉大——我们常说的"数字鸿沟"等都是它的后果——于是国与国之间、民族与民族之间纷争不断。

经济全球化背后的哲学理念是什么，我想这不是在短短的时间里能阐述清楚的。但是我认为，这是从工业化初期开始生成的西方中心论——最初它是欧洲中心论，后来成为西方中心论，接着达尔文主义出来，有人把它移植到社会问题上成为社会达尔文主义，再经过几次演变发展到今天的文明冲突论和历史终结论。当今代表人物一位是萨缪尔·亨廷顿（P. Samuel Huntington，1927—   ）[①]教授，另一位是弗朗西斯·福山（Francis Fukuyama，1955—   ）教授。如果我们采取还原主义的方法看一看文明冲突论和历史终结论的话，他们所宣传的，正如亨廷顿教授所说的，是当年英国清教徒所信奉的基督教的教义加上美国的国情。这种哲学理念的特点就是：以个人为中心，为了赎罪就应该不择手段地去赢得利润；如果在生前和即将离世的时候能把一部分财富再捐献给社会，那么原罪就都消除了，以前所做的一切罪恶一笔勾销，依然可以回到上帝身边。我不是夸大其词，这都是有案可稽，有文献为证，至今仍在互联网上传播的理论。

[①] 萨缪尔·亨廷顿卒于2008年。——编者注

与此同时，西方有见地的、真正尊重历史文献和事实的学者，比如英国的汤因比教授，早在20世纪70年代初就指出：如果一味地听任盎格鲁—撒克逊文化沿着清教徒的思路，也就是希腊—基督教文化走下去，世界的生产力就会不断地急速前进，人的欲望不断地膨胀，对自然的掠夺不断地扩大，其结果是世界的动荡，人类的毁灭。补救之法就是以东方的文化，以东方那种求得和谐、稳定的理念与西方文化相结合，创造出一种非东非西、亦东亦西的新文化，只有这样才能够拯救世界。是不是这样，这必须在通观世界走势的大环境、大视野下进行研究。如果汤因比教授说对了，那么今天我们研究孔子学说、研究儒家思想就不仅仅是为了中国的今天和明天，也是准备向世界人民献上一份中国人民的礼物，为世界的和平做出我们的贡献。

第二，应该在当今世界文化走向中，思考我们如何开掘孔子学说和儒家思想里面的宝藏。当今世界的文化领域也和经济领域一样，异彩纷呈。我举一个简单的例子——也是中国人民大学，特别是孔子研究院和哲学系最熟悉的——这就是后现代主义。我到现在还不知道人们把德里达（J. Derrida，1930—2004）算作解构主义还是后现代主义，或者是过渡。不管怎么样，从德里达、福柯（M. Foucault，1926—1984）到弗雷德里克·杰姆逊（Fredric Jameson，1934— ）这些后现代主义者，提出了一系列问题，虽然他们之间并不一致，甚至于互相打架（这正反映了他们追求的理念——蔑视权威，所以在后现代主义里没有权威）。如果我们纵观西方思想发展的走向，就可以看出他们提出的实际上是对西方所界定的现代社会的质疑和挑战。为什么在20世纪60年代出现后现代主义？为什么在80年代后现代主义的研究中心移到了法国？可是即使在法国，德里达不久前去世，有的法国哲学教授居然不知道此人，这又是为什么？

我不是研究哲学的，对于后现代主义一知半解，如同雾里看花，可是我认为他们是看到有了两三百年历史的现代主义已经不能引导人类再继续走向幸福。于是，有些人走向极端，要把历史和现实撕成碎片，或者认为世界已经成为碎片。在这种情况下，是沿着不知所终、提出问题而无所建树的后现代主义走呢，还是我们也来一个"复古"——所谓复古，就是复兴——回到我们自己的文化的根柢，再来审视一下孔子的思想、整个儒家的思想，是不是有些东西被人们忽略了。我想，这样一个180°的转弯，再一个180°的转弯，可能对于学习、研究和创作都有所裨益。

第三，应该审视孔子学说在中国的状况。也就是说，我们要促进儒学在世界上的传播与发展，首先要看我们自己做得如何。我觉得，我们在现实生活当中出现了一个悖论。一方面，在我们的政治、经济、社会的实践当中，实际上在遵循着我们固有文化的最主要的理念，比如像刚才楚庄先生说的"和合文化"，比如我们的政治制度，比如我们处理一些法律诉讼问题，比如我们对待家庭、集体，几乎都没离开我们最根本的价值追求。但是另外一方面，我们又在理论的层面上，或者说在理性的层面上，抛弃了很多。我想，在实践层面上之所以能够这样，是因为儒家思想已经变成中华民族文化的基因，沉淀在每一个人的心里，沉淀在每一个人的血液里，这是不由自主的、不知不觉的。这个时候缺的就是自觉，就是从自发的层面上升到理性。如果我的这一判断是正确的，那么我们的论坛和孔子研究院将来的研究也许会多一个视角，多一种思考。

第四，应该站在今天的高度，用今天的视角对儒家思想重新进行一番审视。首先，儒家思想在长达两千多年的过程中，一直在不断地变化。从孔子到孟子已经有了变化，到了汉代董仲舒可以说是一次巨变，这以后谶纬之学出来，仍然是儒家思想的变化。我不赞成有人说谶纬思想不是儒家思想，只不过它是汉代后期的儒家思想。在南北朝时期，南学北学有所差异，又是一个变化。我认为变化最大的，让儒家思想起了质的变化的，是佛教的传入。经过从南北朝到宋代佛学家和僧人的努力，佛教逐渐中国化，也就出现了禅宗。至于禅宗的南宗、北宗之争，在今天看来并不很重要，事实也证明，今天大多数佛寺都是禅净双修，而且也抛开了南宗的顿悟，已经是渐顿兼修，又回到了原来的出发点。最重要的是佛学思想被引入儒学，这才酝酿了宋明理学的出现。宋明理学就是宋明时期的儒学。当然，宋和明又有所不同，到王阳明的心学，又上了一个层次。

今天我们怎么看？应该用我们今天的视角，站在今天的高度去看。这样，老祖宗留给我们的宝贝里面是否有瑕疵，可以看得更清楚。不要把儒家的思想说得一无是处，也不要说得十全十美，因为任何思想都不可能是这样的。如果原来的思想没有毛病，同样是治国的指导思想，为什么从1840年开始我们蒙受了一百多年的耻辱？中国是怎么落后的，今天我们应该怎样去振兴中华？

第五，应该适时采用新的手段来研究、传播和发展儒学。今天，我们对儒学的研究、传播与发展恐怕不能再用老的手段。现在世界上其他的思想，甚至是恐怖主义，已经不只是靠口述宣讲，都要靠现代的传输工具。这一点，既是我向儒家思想研究者提出的建议，也是向中国人民大学孔子研究院提出的建议：努力在适当的时候——当然是尽早——能建成全世界最大的、最丰富的、最生动的孔子网站。我们借助最现代化的手段，用所有人都可以从中各取所需的传播方式和形象，把儒家思想向全世界传播。

说中国人民将献给世界人民一份礼物，这不能等到百年以后，今天就应该开始着手。这样做起码有两个好处：第一，促进了传播；第二，也促使我们对儒家学说作更深的思考。我随便举个例子，《论语》开篇《学而》的第一章，就是刚才我们主持人所说的："子曰：'学而时习之，不亦说乎？有朋自远方来，不亦乐乎？人不知而不愠，不亦君子乎？'"如果用多媒体或互联网，你怎么表现？难道就是一个人反复地读书然后做喜悦状？接着有客人来了，握手，坐下来，喝茶。然后"人不知而不愠"，人们不了解他，他也不生气。再说，为什么开篇是这三句话？为什么编书者把这三句作为《论语》第一篇的第一章？为什么这三句的顺序这样安排，而不是颠倒过来？孔安国没有说，清代刘宝楠在一百多年前根据他的理解说了一下。今天在我们了解了世界各种哲学、各种学说，更透彻地了解了孔子的为人之后，我们就会对这些问题有了答复，就可以用小品、动画等手段来表现，表现它更深的含义，更深地体现孔子的伟大人格。

又比如说："子适卫，冉有仆。子曰：'庶矣哉！'冉有曰：'既庶矣，又何加焉？'曰：'富之。'曰：

'既富矣，又何加焉？'曰：'教之。'"请大家想想，这是不是我们改革开放以来的思想？"庶矣哉"，人口真多啊！当然现在人口不能再急速增多了。但是，人口多意味着什么？和平、稳定，老百姓生儿育女。冉有就问：人口既然多了，下一步怎么办？"富之"，使他们富起来。冉有接着问：如果已经富起来，又应该如何？"教之"，教化他们，提高他们的文化素质、文化水平，"大学扩招"。同时，孔子当时是什么神态啊？坐在木头轴，木头轱辘的车上，走在坑坑洼洼的土路上。"庶矣哉！"他看到卫国如此的和平，人民如此的安居乐业，痛快啊！这时候让他曲肱饮水，他也不改其乐。这段应该也是讲孔子的人格。这三个阶段，就是人类社会的发展规律。不要以为两千五百多年前的孔子处在农业社会形成的学说，在今天的工业化时代、后工业化时代，或者叫做信息时代，就没用了。不对！

我想提出这么一个问题作为我发言的结束：中华民族有文字可考的农业历史有近5000年了——最近有出土文物证明是12000年，但是还没有得到学术界的普遍承认，姑且说5000年——孔子正居其中。他总结了前2500年的经验，后人在后2500年当中奉行它，实践它，经过检验又发展了他的学说，于是出现了汤因比教授所赞不绝口的中华文化的超稳定性。换句话说，孔子的思想、儒家的学说是2500年的风风雨雨、生老病死、动荡离合锤炼出来的，检验出来的，每一次的社会变革就是一道筛子，而其核心部分有许多是筛剩下的精华。

在农业社会，人和自然是最亲密无间的。在采集时代，人与自然和人与人的关系不是最亲密的，采了果子就走了；狩猎时代，人与自然的关系和人与人的关系也不是最亲密的；游牧时代也是这样，逐水草而居，吃完了就走。只有农业对大自然最亲近，观察最细致；同时，农业生产最需要人和人之间长期互相帮助，最需要形成一个社会来处理个人和社会的关系。同时，春种秋收，种豆得豆，种瓜得瓜。这株苗死了，就结不了果实了；人死了也就完了。这种现实的、朴实的生活感受，造成了中华民族主体的核心理念是无神论。这样，我们在农业社会，通过儒家就把人与人的关系、人与天（就是大自然）的关系、现实与未来的关系总结出了一套理论。

进入工业化时代以来，文化有一个突进，几百年来促进世界的生产力以几何级数发展，里面有很多可贵的东西。我们就是因为没及时学到这些可贵的东西而扼杀了我们本土可能出现的可贵的东西，于是落后了。这些东西我们都要学。但是这些东西也只经过了二三百年的检验，和五千年的检验比起来还是小巫见大巫。连我们经历了五千年检验的文化今天还发现它有弱点，难道那二三百年的就都是金子吗？是不是这样，请老师、同学、专家思考、批评、指正。

今天的场面让我很感动。我进来的时候，发现会场上并不都是学文科的同学，有的同学带的书是《微积分》。同学们，这就是我们中华民族要复兴的表现，同时也正符合孔子到卫国考察的时候所说的：庶矣哉，富之，教之。但是今天所谓"教之"的主语是谁？我想就是在座的同学们，你们就是未来儒家思想的传播者，就是未来的教育者。这是不可推卸的，说句文话就是责无旁贷、义不容辞！

当今冲突世界需要儒释道融合理念※

我首先说一说这次论坛的缘起，或者说举办论坛的主客观原因。

会议的主题是"儒释道融合之因缘"。

第一个关键词是"融合"。这是对当今世界上流行的、统治着整个地球的思想——文明必然冲突，只有冲突才能解决问题——的一种回应。

第二个关键词是"因缘"。在对儒释道的研究中，大家有一个共识：儒释道在两千多年中相融相济，携手共进；"君子动口不动手"，在辩论中学习了对方，丰富了自己，于是把中国的儒学、佛学、道学都推进到了世界思想和哲学的顶峰。

当西方还沉浸在，或者说迷惑在中世纪黑暗当中的时候，宋代的学者已经为中国构建了完善的哲学体系，可以说那时候的中国哲学就是世界哲学的顶峰。后来，由于欧洲中心论的影响，一些伟大的哲学家论断中国没有哲学，于是人们一直流传着这种误解，而我们也曾经自卑过。这是欧洲中心论的产物。只有到了今天，中国的哲学才得到世界哲学界的承认。

※ 2013年11月9日在北京"儒释道融合之因缘"研讨会开幕式上的讲话。标题为编者所加。

可能大家已经看到媒体上的报道，2018年，从未在中国举行过的世界哲学大会将在北京举行，而且从这次会议开始，汉语将作为世界哲学大会的会议用语。文化的核心，或者最高境界，是哲学。因此，这是一个标志、一个转折，是中国的文化正式跨入世界领域、世界论坛的重要结点。

中国哲学被世界正式接受，一是由于我们国力的强大；二是由于近30年来中国学术的发展提高、全国学人的努力。但是力促其事、力主其事，用尽了自己全部精力为之奔走呼吁的，就是今天在座的我的好友、北京大学高等人文研究院院长杜维明先生。我们感谢杜先生的努力，感谢他的一片赤子之心，感谢他从儒家的思想中汲取了成长的滋养，知行合一，始终奉行着儒家的理念。他的率真而行是我们的榜样。

我在"儒释道融合之因缘"这个总题目下有一些思考，现在提出来供大家参考：

第一，儒释道已经逐渐成为国际化的宗教和学说。这三种宗教和学说自身的理念，以及相互之间相融的经验，是当今充满冲突的世界所需要的。要让它们真正成为显学，还需要做两方面的工作：（1）提高；（2）普及。要想让一种学说成为显学，从而在广大民众当中普及，似乎不能够从基层做起，而应该拿自己的精义去说服、感染不同阶层的精英与执政者，让精深和通俗结合。基督教经过马丁·路德和加尔文的改革，由英国的清教徒的实践已经证明了这一点。而佛教、基督教传入中国的过程也说明了这个问题。基督教初期的失败、佛教传入中国时曾经有过的不成功，都证明了这一点。而到了南北朝，佛教之所以在中国迅速铺开，就是走了刚才所说的路线。因而，普及是必需的，而提高、深化也是不可少的，必须二者有机地结合。今天，在两岸四地的儒释道中，似乎普及占了主要的精力，而提高、培养一批大师反而被忽略。我们开展儒释道融合之因缘的研讨，就是希望能够激励和引导更多的学人对儒释道进行更为深入的研究。

第二，中国儒释道之间的融合是世界的奇迹。反观世界史，特别是号称"世界中心"的欧洲，自古以来，不同信仰之间，一种信仰的不同宗派之间，从来都是刀兵相见、血光滔天，直到今天这种趋势仍没有得到完全遏制，只不过已不限于欧洲范围，也不限于枪炮而已。因此，我们需要研究儒释道为什么能够相融共进，这种经验是极其宝贵的，也是今天的世界所亟须的。过去所有涉及儒释道关系的论著都提到了中国文化的包容性。但是如果论述只停留到此，其实与相融之因缘还有相当的距离。我们自然应该深化这方面的研究，这不仅是我们的需要，也是世界的需要。

第三，儒释道现在面临着共同的国际和国内形势的挑战。两千多年来在应对现实的挑战中，儒释道不断提升、不断突破自身。在应对中相融，这是极其重要的启示。只有在应对挑战中进行创新，儒释道才能够传承；而只有在不断的传承中才能给创新提供机遇，传承与创新从来就是硬币的两面。下面，我冒昧地就儒释道相融因缘今后的研究提出一点浅见：

（一）我们应该从不同的层面上进行思考。首先，借用西方哲学的术语说就是宇宙论的问题、本体论的问题。儒释道有一个共同点，也是相融因缘之一，这就是一元化的思考，一统的观念。正因为这样，所以对所谓的"终极关怀"我们都不是先验的，不是"预设"的，而是从实践中总结提升的。例如孔夫子把人生中最高的境界定义为圣人，要做到圣必须高而又高，他则"若圣与仁，则吾岂敢"，直到死还在努力地践行着，追求着。道教最高的境界就是真人。如果我们读道教经典会知道，道家对真人的要求也和儒家对圣人的要求相近。而佛教，人们所共知，它的最高境界就是佛。佛教应该"十信""十住"，攀登"十地"，只有到"十地"才可以成佛陀。人的道德、思想的提高是有阶段性的。从某种意义上说，是我们一生当中永远达不到的终点，但是这并不妨碍人们对真理、对最高境界的追求，这就引导着人们永不停顿。在走向终极关怀的路上，儒释道都主张内求，儒家的反求诸己，佛教的见性成佛，道家的修真身、抱朴守一，都是这个道理。在思想方法上，或者叫方法论上，我们是辩证的，讲周流变化、无始无终，讲中庸、中观、守中。在伦理层面，我们主张和合，讲"己所不欲，勿施于人"，讲慈悲，讲善，都是一个意思。因而我们应该从世俗面、伦理面、方法面，以及形上面，多方面进行研究。应该采用多种工具、多种视角进行研究。这实际上是三家一体携手探究真理，而这个真理不是绝对的，它是随着人类意识、思想水平的提高不断前进的。它不是西方所说的"超越者"，它从现实中来，还要回到现实中去，我们的超越，是超越了个人眼见的现实现状，当然它也不是"先验"的，而是提高了的"经验"的。

（二）应该从历史过程中寻觅相融之因缘，也就是要从三家两千多年来不断丰富完善的过程中去研究，从相互的争辩中去研究，从宋以来三家相融的理论和实践当中去研究，从当代的理论与实践的发展趋向中进行研究。实际上这两千多年来，相生相克的过程就是"和而不同"理念的实践、丰富过程，就是相融之因缘充分展现的过程。

（三）从国际的思想和宗教的演变中借鉴。例如，从19世纪开始，犹太教就在探索和基督教之间的相互融合问题，因此，在犹太教内部先后出现了几个改革的派别，提出了多种改革的学说，促进了犹太教对当代社会的适应。再如婆罗门教及后来的印度教，先后有不少大师已经在设想与佛教之间的沟通。又如100年前所产生的巴哈伊教，它的教义就是世界所有宗教的融合。巴哈伊教只有100年，但是已经遍布世界各地，教徒不断增加。其中是什么原因值得借鉴。之所以要在历史的过程中寻觅，要从国际的形势中去借鉴，就是因为儒释道三家都秉承着从现实出发，讲主观体验，认真思考和扎实履践。我相信，沿着这条路走，假以时日，我们在相融之因缘的课题上一定能够取得前所未有的成果，促进三家共同发展，给世界以重要的参考。

从人文性到神圣性：儒释道相融之因缘[※]

我想从这次会议的主题——"儒释道融合的因缘"——讲起。最初我设想不用"融合"，而用"相融"。为什么？因为"融"是你中有我，我中有你；如果融而合，多元就化而为一了。相融，则各方都仍然保持自己的特色。就现象界来说，不同宗教和信仰相融的情况在中国随处可见。不管是城市还是农村，一个人常常有多种信仰。比如有人既尊崇仁义礼智，又拜城隍、土地，还到寺庙里上香，而且都很虔诚。就一家来说，常常三代人各有各的信仰，但是却又其乐融融。在一个地区，同一座山上存在着多种宗教。在西北和西南地区，有众多的少数民族杂居，有的信仰萨满教，有的信仰伊斯兰教，有的信仰万物有灵，也有的信仰佛教、道教。全国当然更是如此，这是大家都了解的。在各教的学说中，也体现了彼此的相融。有的常常被指责为阳道阴儒、阳佛阴儒、阳儒阴佛，等等。其实这种的界定、评论所揭示的就是三家学理的相融、信仰的相融。这就是"和而不同"。这一理念不仅仅体现在学者的思考上，更重要的是在中华民族

※ 2013年11月9日在"儒释道融合之因缘"研讨会闭幕式上的讲话。标题为编者所加。

繁衍过程中人们一直在履践着。履践的结果就是相互促进。所以今后这一论坛再举办时,到底叫作"融合之因缘"呢,还是叫"相融之因缘"?我考虑到了在与世界其他文明对话时,如果提出一神教(包括犹太教、基督教、天主教、东正教、伊斯兰教)要跟中华民族的文化融合,恐怕遭到的拒斥要大于给我们的鼓掌。如果说相融,大家都能够接受。请大家也考虑考虑这个问题。

下面我想综合大家的分析,提出一个想法来向大家请教,这就是在三教当中都包含着三性,这三性就构成了我们相融的可能性。第一是人文性,即三教在哲学上所说的存在、价值或意义中都是充满着人文性的。儒释道都是以人或人文为出发点,都是为了人,而且在各自的教理、学说体系中,都是以人或人文为核心,因而最后都以人和人文为其归宿:始点和终点是一个。三家学说都是在追求人心、人性,当然不是原始状态的人心和人性,而是通过不同路径、用各有特色的方法,使人心、人性从一般走向崇高。因此,自古以来三家都特别重视人与禽兽之分。孟子说得最简单,人之所以异于禽兽者几希。人兽之别在哪里?就在人有心(灵性)、有自性。这就和一神教的以神为本鲜明地区分开来。

对于以神为本的宗教,我们姑且不详细地分析由它而形成的对宇宙万事万物分析的二元对立论:现象与本质的对立、存在与价值的对立、宇宙与人类的对立,用中国的话说就是天道和人道的对立。观照一下现代社会,世界是分裂的、社会是断散的。作为社会中的个体,身心是分离的。这种思维是当今种种社会现象不能如人意的一个根本原因。我们应该注意到一神教自身所遇到的危机，这就是从尼采宣布"上帝已经死了"时起，经过斯宾诺莎以及后来一系列西方哲学家，直至 19 世纪末 20 世纪中叶，现实迫使犹太教、基督教、天主教不得不对《圣经》重新进行审视、修订和改革。例如布道的时候已很少再提《创世记》和《出埃及记》等篇章，因为科学已经证明《旧约》上所说的世界的开始、人类的诞生都是不可能的。从爱因斯坦开始，很多著名自然科学家，最终还是皈依了基督教。但是，无论是这些科学家，还是有的大主教，都一再声称我心目中的 God 不是一个人格神，而是冥冥中把世界秩序、把人身安排成如此精细的系统的一种力量。但是说到力量，通常用的又是 power 这个词，而 power 就有权力的含义。即使这样，也有越来越多的人不再信教。前些年欧洲的一次民调显示，欧洲的几个主要国家，虔诚的，仍然按照时间进教堂参加做礼拜、做弥撒、领圣餐等活动的，只占人口的 16%，而且以中老年人为主。西班牙《国家报》网站今年 3 月 29 日报道，德国近年关闭了 340 座基督新教教堂，预计未来 20 年可能要关闭上千座，天主教则预计未来 10 年将关闭 700 座。两教去教堂的人数每年各减少 12 万人以上。换句话说，现在欧洲大量的人失去了信仰。在他们心中，"The god is died"。在无所皈依的情况下，有些领域和有些人就要回归兽性。今天我们所看到的有些流行文化的形态，依我看其实就带有兽性。

中国文化不是如此。中国的文化以儒释道为主干。我们以人为本，人永远生生不息，永远向往着崇高，于是总有人类生命的巨大推动力；我们不是只关心个人，三家同时都是要普度众生的，不过用的语言不一样。换句话说，我们关心的是整个人类。

正是因为我们有非常宝贵的三家相融的历史经验，因而养成了民族的包容心。包容中就包含着一种平等心。佛陀教导众生平等，度己度人，人人皆有佛性。儒家也是，人皆可为舜尧。到王阳明说满街都可以是圣人，给他递茶的小童，合规合矩，王阳明说他就是圣人。道家也是这样。这就是在道德的领域和路径中，在从凡人走向贤圣的路途上，所有人都是平等的。

我们再回过头看一神教，就不是这样的。我们有原罪，怎么办？救赎。救赎之后，当世界末日弥赛亚降临的时候，要进行大审判，不是所有人都能进天堂，有一批人要下地狱，而且永远不得翻身。这就需要牺牲一部分人来造就另一部分人的升天。但回到上帝身边也成不了上帝，永远都是上帝的创造物。我想这样对比一下，就可以显现我们文化的可贵、深沉。

"救赎"涉及"终极关怀"问题。我们也有终极关怀，但是，是中国特色的终极关怀。

第二是积极性，或曰乐天性。我没有想到更好的词，姑且如此。什么意思呢？

首先，我们没有原罪，因而没有负罪感，没有背上有罪的包袱去进行救赎。即使没有他律，很多高尚的人仍然走在康庄的、向上的大道上。但是社会是复杂的，因此，也需要他律。三家都主张人性善，就是刚才所说的，人人都有佛心、人人可为舜尧、人人可以得道。不要小看了这个，要知道在座的年轻朋友、中年人、老年人都有这个体会，当你的儿孙开始牙牙学语、蹒跚学步、懂得一点话的时候，总是鼓励他做好事，希望他好好学习天天向上。我们有时是身在宝山不识宝啊！这方面的的确确是不一样的。

其次，我们是乐观的。佛教讲人生难得，慈悲喜舍。儒家讲生生不息。不要小看《周易》上这四个字，不是生不息，是生而又生而又生而又生，因而不息。这就是民族的乐观。千百年来人们讲颜子的乐处是得道，是怎么个乐啊？譬如饮水，冷暖自知。不管怎么样，他是不改其乐啊。我们认为，自己追求的那个最高尚的东西，并不是虚无缥缈的、远不可及的，因为佛在心中，道在心中，我欲仁斯仁至矣。关键是起步，也就是最初选择了什么路。

另外，三家都是自觉地深入到艺术领域，即用艺术来表达自己的理念和追求，用艺术去陶冶自己和他人，普度他人。而三家的艺术也是相融的。大家都知道西域艺术传来的历史。异域艺术和中土结合，创造了那么静美的敦煌石窟，之后传到长安，再传到中土的广大地区，催动了中国艺术的进一步发展。酷爱艺术，正是乐天、积极的反映。

我们难以设想，如果当年中国不是三家并行而相融，会不会有王维？会不会有李白？会不会有怀素？会不会有《富春山居图》的黄公望？这些都是大家所熟悉的。最近的例子《富春山居图》就是两岸的合璧。当我们在看《富春山居图》的时候，看出的是道呢，是佛呢，还是儒呢？不可分啊，这就像是刚才李四龙先生举的喝汤的例子。我们只知道汤真鲜，咸淡合适，又不腻人，其实多种调料已经融汇其中了。在中华文化里儒释道已经融合在里头，而且是用艺术的形式来展现的。正是因为这种积极的、永远向上的特性，所以中华文化曾经是持续发展的，今后也将永续。

第三，儒释道都具有神圣性。所有的宗教和信仰，都必须具有神圣性。中华文化的神圣性，不能拿西方的一神教标准来衡量。佛、道都是多神的，儒家也是多神的，只不过是敬鬼神而远之。鬼也是一种神，人死为鬼，人也可以成神。道教崇拜的关公、妈祖、葛洪，都是真人。只要有德于这个民族，他在道德道路上曾经领导人们走过，且产生了实效，后人都把他尊为神，这就是神圣性的所在。而且三家的神圣性并不是靠塑像、传说或膜拜建立的。历代的先哲、高僧、高道努力把现象界的道理提升到形上界，就像杨曾文先生所说的，到宋代出现了高峰。可是，形而上学通常只有少数人研究和关心，因此形上还要观照形而下，即用形上研究的精粹来解读经典，指导现世人生。这就是历代注释家、论述家的贡献所在，也就是朱小健教授最后提到的，每一次的诠释都有新的创造，都在完善，都是为了现世。

　　道教有全真，佛教有比丘、比丘尼，儒家呢？其实隐逸之士有些就很类似。如果真隐了，大家也就不知道他了，后人怎么知道有隐士了呢？原来是留下了他的言论、诗作，宋以后还有绘画。他们的心仍然是入世的。隐士的老祖宗大概是伯夷叔齐，再往后有长沮桀溺、荷篠丈人和荷蒉者。他们都有自己对人生、对社会、对政治的见解，只不过世少知音，就退居一地。这些人所关怀的，既是一己小我，也是大我。

　　孔子、老子、佛陀都是人。他们关怀的是人，他们启示的也是人。先圣先哲、高僧高道都有种种法门，同一个事物有多种分析方法。但是，只是就事论事不行，必须提到哲学的高度，也就是现象界要上升到形上界，形上界再观照现象界。这可以说是"上达而下潜"。在这次论坛上有的先生谈到了儒家的超越问题，我认为这就是超越。超越了什么？超越了现象界，超越了物质界，超越了一己。三家的神圣性就包含在其中，它既是入世的，也是"出世"的，出世而又入世。孔子感叹"道之不行，吾知之矣"，要"乘桴浮于海"。这是一种艺术语言。到海上去，这就有要出世的意思。但是，他出世了吗？没有。他虽然罕言性、命与天道，但是处处体现着性、命与天道。当然，对于超越，我们可以做出多种解释，其实这个词也是来源于西方，但我们不需要拒绝它。

关注人生，所以才有了人间佛教，才有了张继禹道长提出的"生活道教"，才有人们所称的"当代新儒学"（我宁愿称为"现代儒学"）。而且，在通往崇高境界的这条路上，三家所用的方法也是有同有异。例如，佛教有象教时代，是因为佛陀知道，在他灭度之后，真如般若的佛法经过几代人的传承不可能保持原样，所以只是近似的教。但是，末法时代就更糟糕了。婆罗门教的原始文献《四吠陀》里提出冥思，孔子提出学而思，庄子提出坐忘，佛教有禅定，宋儒提倡修行、功夫。这都是让人从烦躁的、嘈杂的世界里挣脱出来，能够静心，也就是林安梧教授提到的"敬、静、净"中的"静"字。因为宁静才能致远。在打篮球的时候、拳击的时候能想其他事情吗？只有坐下来，静思，在静思中领悟超越。我想这都是一样的。

杜维明先生在主旨讲演中提出古今应该对话，人文和科学应该对话。古今对话就是回归原点，结合时代特色进行阐释；人文和科学对话就是要对物质世界的认识和对精神世界的认识进行沟通。我想借用"对话"一词，就世俗层面、非学者层面说，还应该增加两个对话，一个是天与人的对话，也就是在静思中要想到广大的宇宙、星空，想到地球上的万事万物之道，想到无心而有性，等等。这个时候，自然就形成另一个对话：身与心的对话。当然，这和杜先生所说的是属于两个层面。

正是因为三家有这三性——人文性、积极性和神圣性，因而我们可以自豪地说，我们中华文化是厚重的、是深沉的。这是我对各位专家、高僧高道的精彩讲演的领悟。

从各位的演讲中，我又想到另外一个我们要面对的问题：研究与信仰的关系问题。研究佛、道的既有出家人，也有俗家人；道教还有全真、正一之别。出家在家两支队伍都是必要的、不可或缺的，这也是中国历史的经验。但是这二者是有别的，这就是有无信仰。真正研究精深的出家人都有着坚定的信仰。会上各位谈到的历代高僧以至近代的太虚、虚云，等等，没有例外。当代学界也有人是有信仰的，比如支那内学院培养的一些人，包括牟宗三先生、梁漱溟先生、吕澂先生以及赵朴初先生等，都是有信仰的。但是又应该允许学者对所研究的内容并不具备信仰。这不能强求。但是，二者的区别在哪儿呢？当谈到神圣性的时候（不仅仅是宗教），只有具备信仰才能领悟到书本、文献中没有说出的以及用了"假名"叙说的东西、在语言背后的东西。这就是体验。这个道理前贤早就说了，"道可道非常道"，"波罗密多非波罗密多，是名波罗密多"。这只有通过信仰、静思才能领悟，也才能研究透，此亦即所谓心传。但是这就遇到一个尴尬的局面：进行任何科学的研究，必须把自己的研究内容当"对象"，必须是客观的、冷静的、中立的，才能得出准确的结果。有了对研究内容的信仰，就有了主观和偏好。这个问题怎么解决？我不知道。恐怕要在实践中，由实践者自己去体会。但是我想，只要没有偏见，采取中道，尊重信仰者，就可能会得到比较好的结果。

不能期望所有的研究者都对所研究的内容具有信仰，但是应该强调研究者研究什么都应该知行合一、为人师范。否则研究成果不能让人信服，非徒无益，而又害之。讲儒家怎么怎么好，而行事为人是另一套，人们就会认为儒家是骗人的。知行合一这个底线，我们学者必须坚守。杜维明先生提到——他几次跟我讨论过一个问题，这就是哲学是研究形上的，现在专业性变得越来越窄。我扩而大之，佛学、道学、儒学也有这种倾向。要想三家携手并进去弘扬，为新文化建设贡献力量，必须克服这种专业性越来越窄的趋向。首要的任务应该走基层、接地气。可见听众们有这种需求。我们人文宗教高等研究院今后会多举办一些这样的活动。

最后，我说说我的几个愿望。

关于相融之因缘的研讨，这次圆满成功，但是还有待升华。

第一个愿望，希望我们在研究中既追求形上的完善，还要考虑到如何普及。

第二个愿望，儒释道三家在生活中、在特定的学界是分割的，也就是梁涛老师所说的"老死不相往来"。这种情况带有普世性，国内外皆然。这不是健康的。回头看看历代高僧、高道和大儒，都是相互融通的，包括今天有的学者提到的丘处机也是汇通的。

第三个愿望，克服上下脱节。所谓上，指的是高僧大德和学者；下，指的是亿万群众。只靠佛道内部和学者的力量是不够的。我想，上下脱节的解决要通过三个主渠道。一是教育。只有教育才能发挥最重要的教化功能。二是社区，人们真正的生活环境。特别是在今天，几乎每个人都是双重人格，两副面具，在社区和家庭里所显露的基本上是没有掩饰的心灵和面貌。三是宗教。通过宗教，改进我们对宗教的管理和服务。我所说的宗教包括民间宗教。有很多民间宗教没有固定的宗教形式；有的却有，例如至今还活跃在闽南一带的"三一教"。唐代有人提出三教汇通，宋代有人提出三教应该合一，到明代林兆恩正式创立三一教。但是，相融应该是多元一体，每一元都保持着特色，各自朝着更高水平发展，一成三一教，它就难以发展了。因此它只能在一个地域存在。妈祖不是宗教，而是一种信仰。信仰和宗教如何区分？刚才我还在和郑卜五先生说，宗教这个词是14世纪前后才在西方出现，我们在19世纪引进的。我们不要完全按照欧洲的标准来衡量，像妈祖、关公等，道教当然可以给它们包括进来，但实际上它有相对的独立性。这些问题都值得研究。总而言之，上下的问题的解决，要靠学者、出家人的努力，但是更根本的是自觉地使教育、社区、宗教三条管道成为主渠道，这样三家融通的威力才能够发挥，三家今后的相融也才能进步。

  但是，我们现在有两个羁绊。一个是大学的学科分类和人们的观念依然是西方式的。这是从1906年办洋学堂开始的，到现在已经根深蒂固。例如，学科目录中没有国学、儒学，教授和学生必须分属于哲学、文学、史学，等等。也没有佛学，只有宗教学。宗教学只是研究宗教理论和历史，研究各个宗教都只是"研究方向"，而不是学科。这个问题能不能解决，我认为在其背后是对中华文化有没有自信，有没有自觉，要不要自强的思考。我知道，这不是一时能够突破的，可是我相信总有一天会制定出中国特色的学科目录。

第二个羁绊，在改革开放过程中人文社会科学以及教育领域亟待创新与突破。这是最难突破的领域。两岸四地都一样，因为意识落后于存在，习惯是最可怕的力量。但是不创新、不突破，就不能前进，就成不了显学，就不能大有益于社会和人民。

既然两个羁绊一时难以解决，那我就向大家袒露一下我近期的希望。我想和大家一起努力做三件事。

第一件是经过多方合作、长期拼搏，能在中国大地上出现一所"孔子大学"。在我的实践中、信仰中，总觉得缺一个东西。当我参观佛学院、道学院、神学院的时候，我就想儒家学说是不是一种信仰？既然佛、道、天主、基督和伊斯兰都有自己的佛学院、道学院、神学院等等，为什么儒家就不能有自己一所大学？现在是把儒学拆成了千百块，分散在各个大学开设一些课程或建立研究院所，这怎么出得来大师？如果有一所孔子大学，集两岸四地以及国际的力量，聘请知行合一的高级学者，努力寻觅今日之马一浮、熊十力，不计名利，潜心研究、教学，我想将来一定会从这里走出下一代的一批大师。从二程和朱熹所办的书院、从王国维等先生办的国学院，走出过多少大家？世界研究儒学现在缺乏龙头。这所孔子大学如果办得成功，就将是龙头。中国国家佛学院、道学院应该是世界佛学、道学的龙头。因此，要集中精力办好。

第二件是希望能组织一批老中青皆有的"文化义工"，走进学校，走进社区，走进公园，以仁为己任，不考虑报酬，不怕辛苦，以把自己掌握的中华文化的一部分贡献给大众而心满意足。

第三件是三界合力重整中华礼乐。佛家、道家以佛、道为核心，都有自己的礼乐。礼和乐是内心的外显，是一种熏陶，也是一种约束。佛乐、道乐之所以还保留着，能被重视，就说明人们需要，而儒家的乐、礼已经丧失了。参考古昔，根据今天的特点和人们的兴趣形成民间自发的一定的礼仪和乐曲，用于婚丧嫁娶、日常交往、节庆生日。礼和乐必须像孔夫子说的，是发自内心的，而不是强制的。在这方面儒家可以借鉴佛、道，这将是再一次地相融。

如果中国有一所孔子大学，同时遍布全国有一支不知道多少人的文化义工，在日常生活中、节日里，能有我们一定的礼、一定的乐，那时城乡将是一个什么样的景象？在这过程中，三教相互配合，进一步相融，虽然免不了相克，但各自得到刺激后会进一步丰富完善自己，走向更高水平。到那个时候，我想中华民族的太平盛世也就快要到来了。

（根据录音整理）

动静皆修,释儒圆融[※]

尊敬的学诚法师、各位善信:

我有幸再次来到龙泉寺。学诚法师命我来做个讲座,不可违呀!但是我一开始,还是婉拒了,主要是在佛门面前,我还是小学生。学诚法师的学养修为乃至他的持戒、他的慈悲,我想大家都是了解的。虽然我们年龄有差异,但是我仍然把他作为我学习的榜样,所以我开句玩笑地说,我到龙泉寺来讲课,岂不是圣人门前卖《三字经》。后来他还是坚持让我来,我说那就请学诚法师先给我开示,给个命题吧。法师也不答应。于是我就自己想了个题目,当时没经过大脑,就是"动静皆修,三教圆融"。

两会之后的这段时间,我恰好特别忙,没有时间准备。学诚法师说,你不用准备。但世尊面前不能任意地说啊!最终,我还是挤了时间准备,但我发现讲三教圆融,内容太多,同时在两个小时的讲座里也讲不清楚,于是就讲二教圆融,就是"释儒圆融",这样对我来说,可能更方便些。

多年来,我围绕着儒家和佛教经典的思考多一些,

[※] 2010年3月20日在北京龙泉寺的讲座。

所以今天与其说我来做讲座，不如说我来和大家交流。我把我学佛的一些心得体会，我不敢说体悟，其实也包含我的一些体验——学儒家经典、先圣先哲的一些体悟，向我们各位法师，各位善信做个汇报。学诚法师告诉我，讲完以后有半小时的交流时间，也请大家多多批评。

今天我要围绕着这样几个问题来讲：第一，为什么要修学？这个问题似乎不成问题。每个人来到龙泉寺都抱着一种虔诚的胸怀来学习，每个人都有自己的目标。我为什么要讲这个问题呢？我要把它放到人类整个社会背景下谈这个问题。第二，怎样修学？这个按说也不需要我说，因为各位法师对各位居士、各位信众都有很多这样的开示，指出很多的路径、次第。我是从什么角度讲呢？是从人类心理、人类历史、社会现象这几个角度讲。第三，修学的科学性。很多文章、著作都谈到这个问题，第一次"世界佛教论坛"和第二次"世界佛教论坛"论文集里有一集专门就是谈这一问题。我认为，无论信仰什么，在这样一个氛围、系统中，努力去修、去学是对的，是科学的。这三个问题贯穿着世尊所说的精神，以及儒家的一些精神。接下来的第四个问题是"释儒圆融"。

一 为什么修学？

（一）人人都需要信仰，人人都有信仰——人与动物的分界线

无论是虔诚的出家人、居士，还是现在仍然懵懵懂懂生活的人们，都需要信仰。开门七件事——柴、米、油、盐、酱、醋、茶，整天忙碌于日常生活的人

们都需要信仰，也都有信仰，只不过他们自己不明白而已，应了一句中国古话——"百姓日用而不知"。为什么很多人用而不知？主要是因为他没有静下来反思，如果能静下来反思，就发现自己是有信仰的。信仰，这是人成为万物之灵，人区别于动物的一个重要分界线。人与动物之区别，在于其有思想，有语言。

有思想就有追求，就会想到超出自己生活圈子以外的一些事情。单想还不行，他还要涉足到、介入到超出自己生活圈子以外的事情。大家想一想，汶川大地震，引发了13亿人那种悲壮，那种仁爱，这不是我们生活圈子里的事情，早已超出我们的小家、小单位、小地区了。海地大地震牵动了多少中国人的心。最近家家户户在议论，云南、广西遇到了百年一遇的大旱。这些都不是我们生活范围内的事情。我们了解这些事情，关注这些事情，是因为我们有思想，有语言——发出信息最便捷的工具。我们想的可以说出来，可以交流，这就更加扩大了人的生活范围和生活内容。

（二）人的追求是多元化的，有平凡的，有低下的，有高尚的

生活圈子之外的事情都是什么呢？其中包含的重要内容就是"信仰"。人们的追求是多元化的，可以说有十个人就有十种追求，但是我们可以将这种多元化的追求归类。有的人的追求是平凡的，有的追求是低下的，有的是高尚的。平凡的追求并不算错误，低下的追求不好，但我们不能歧视有低下追求的人，要以大慈大悲之心来看待，更增加了我们的责任感，我们要度他们。为什么呢？人人皆有佛性，只不过他被世间的五蕴遮蔽了。

何为平凡的追求？正当为自己，也就是衣食住行

之所需。孟子的一个弟子在两千多年前就说过："食色，性也。"人是动物，动物要生存就离不开吃，动物物种要延续就离不开性，这是无可责怪的，是人类生存发展的基本条件。但它是平凡的。任何动物离开食和性，物种就要断绝，这是人和动物共同的基本需求。低下的追求是龌龊的，是人身上动物本能的无限扩大。我理解佛所说的轮回中有畜生道，恐怕也包含这层意思。就是说生活在现世的某些人，虽然有人的外形，也有思想，有语言，但他的追求等同于畜生，当他自认为很美妙的时候，实质上已经堕入畜生道。六十多年前，我还是孩提的时候，不是像现在满街的秽语，骂得最厉害的两个词，一个是"罪犯"，另一个就是"畜生"。为什么是这两个词？因为"罪犯"是正常的人类社会所不容，"畜生"是失去了做人的品行。当时评论人最重的话就是"不要理他，他是个罪犯"、"这个人像个畜生"。

　　高尚的追求是正当地为己，尽量地为人。也就是自觉觉他，自度度他，自利利他。人人皆有信仰，信仰层次不同。我们的善知识——师父平时的开示其实都在引导我们，如何从一个平凡的人成为一个高尚的人。最高尚的人是谁？是佛。佛教的信仰，是高尚信仰中的杰出者。我并不是身在佛堂，面对众多的出家人和男女二众才说这话，我在所有的场合都这样讲，这是值得我们中国人骄傲的地方。中国人在两千多年前接受了从西土来的佛教，经过我们的消化、发展、建设，我们实现了佛教中国化，佛教已成为中国宗教。中国化的佛教是对全民族的贡献，对全世界的贡献，对全人类智慧的巨大奉献，这个信仰就是高尚杰出的一种信仰。

（三）佛教的信仰是高尚信仰中的杰出者

为什么？

第一点，因为中国佛教各宗都以发菩提心为弘法的核心，祈求的是人心净、国土净，我再扩大一点说，天下净。拿我刚才所说的标准来说，我们这样做已远远超出了各种范围，而且超出很远很远了，超出到把我们在场的、在座的这几百人所到过的地方加到一起还要大的范围。

第二点，中国佛教从不排他。两千多年来，佛教与儒家和道家曾经有过理论上的冲突、争辩，有的时候甚至相当的激烈。但是在中国国土上，佛教与道教、儒家从未发生过武装冲突，这在人类的历史上是个奇迹。如果大家有时间，翻一翻欧洲史，直到今天，整个一部欧洲史都是一部血腥史，战争从未长时间休息过。发动战争的原因，百分之九十以上是因为宗教冲突。十字军九次东征，从法国、意大利一直打到耶路撒冷，后就是屠城啊！近代两次世界大战，死了上亿人啊！宗教都是其中的主导或重要因素。中世纪在欧洲天主教一统天下，"异教徒"这个词就意味着死刑，而且是用火活活烧死。虽然也经过法庭审判，但法官就是天主教的僧侣。我们佛教从自身来说，到唐代演变形成了八宗，不同意见就另立一宗。佛教和儒家、佛教与道教从来没有发生过哪怕是动一把刀、一条枪的冲突。这归功于佛教没有排他性，也归功于儒家没有排他性。三武灭佛可以说是一瞬间的事情，那是朝廷的行为，灭佛有时就是一年的时间，第二年很快又恢复了。

佛教与儒家和道家有过争辩，激烈的争辩，而争辩有好处啊！用宋明理学家的话说，"辩则进"。佛教徒对儒家的学说提出质疑，提出批评，儒家要想回答必须反思自己，改进自己。儒学批评佛教，佛教也会反思。必须与时俱进，相互学习、相互吸收、共存共生，儒和佛各自保持自己的个性，又你中有我，我中有你，大家共同地不断升华。我举一个人所尽知的人，唐宋八大家之首，唐代的大文人——韩愈，他对皇帝迎佛骨坚决反对，写了一篇《谏迎佛骨表》，因此被贬到现在的潮州。在韩愈的许多文章中，看起来他是反佛教的，但《韩昌黎文集》中有许多和寺庙的高僧大德酣畅淋漓的唱和诗篇，他有很多高僧大德朋友。《谏迎佛骨表》是政治层面的问题，他与僧人私下交往，是个人的情感和学术的问题，这大概只有在中国才有这种奇特的现象。

第三点，中国的佛教发扬了佛陀的思想，博大精深，是中华精神中重要的组成部分。

我们还可以举出第四条、第五条、第六条理由，但举出三条就够了。中国佛教是高尚信仰中的杰出者。历史证明国运兴则佛教兴，个人信仰纯则人品高，这就是师父常说的正气。这个问题的大题目是"为什么要修学"，我的思考是人需要信仰，佛教是好信仰，要想信仰就需要不断地修学，这就是所谓的"学无止境"。我们的信仰追求的最终目标——成佛，成佛是需要永远追求的目标。大家所崇拜的文殊菩萨，经过千百亿劫，至今仍然是菩萨。我们不能因为这个目标，在我们有限的一生达不到，我们就放弃这种信仰，而这正是佛教高尚之处。我们要时时刻刻想到，世上等待我们去度的人太多太多了，而难度又是极大，因此说，佛教及其信仰者任重道远。

（四）历史证明：国运兴则佛教兴；信仰纯（正

信）则人品高

我在平常的生活中也曾经遇到有人给我提出这样一个问题：儒家引导人"仁、义、礼、智"，佛教自度度人，怎么社会上从来都是乱糟糟，什么时候也没出现过儒家想象的那种大同世界、太平世界，也没出现佛家理想的莲花铺地，处处祥和？我的回答是，正是因为有了佛、儒的理想和信仰，有一批献身于佛教事业的僧侣和不断追求的善知识，也是因为有了一批以圣贤为榜样不断提高自己人格的学者，所以社会才是平衡的。如同天平，一边承载着正义、善良，另一边承载着邪恶、龌龊，不同时候天平可能向某一方向倾斜，但总不会让龌龊和非正义统治一切，如果没有我们这些坚持自己信仰的人，社会不堪设想，这是其一。其二，正是因为儒家的先圣贤者，也因为佛教、佛陀的教法和众多菩萨的榜样，他们的预想，我相信人类社会总是向上的，只不过这种走势是缓慢的。66亿人排成队伍可以绕地球几圈啊！我们人生短促，可能感受不到，但放眼历史的话，历史是在前进的。佛教的伟大就在这里，不一定自己看到啊，为的是众生啊！我们任重道远，要修学、要有信仰。

可是过去、现在，人们对佛教还有很多的误解。第一种误解，佛教是出世的。这种误解可以说是历史沉淀、延续下来的，实际情况并非如此。佛教是以出世的胸怀积极地入世，以积极的态度来入世。孟子曰："有天爵者，有人爵者。仁义忠信，乐善不倦，此天爵也；公卿大夫，此人爵也。古之人修其天爵，而人爵从之。今之人修其天爵，以要人爵；既得人爵，而弃其天爵，则惑之甚者也，终亦必亡而已矣。"大意是说，人区别于动物是他有仁义之心。但是人间的爵位，就是卿大夫，做官的，古人并不求人爵，他努力提高自己的品格、修养，结果获得了人爵。现在的人呢？也求天爵，目的是为了获得人爵，等拿到了人爵，当上了大官，就把仁义给扔了。孟子都感慨，这是古今之异啊！

佛教使我体悟佛学的伟大。佛教徒不断提高自己，为的是什么？一句话，我们佛教徒不是不食人间烟火的。用出世的态度把"色空"的问题解决了，因为一切都无自性，用我们平常话说，一切都是过眼云烟，唯有自己的品德可以传给自己的孩子、自己的学生，永远传下去。其结果呢？你可能获得了社会的承认，朋友的赞赏，儿女的孝顺，这就是回报。所以，佛教不是出世的。就拿龙泉寺来说，有这么多的居士，善男子、善女人到我们这里来，这是在家人出世，也是出家人入世。我们做了那么多的社会救助工作，就是入世。我现在是"中华社会救助基金会"理事长，学诚法师是基金会的理事，我们一起入世嘛。

第二个误解，"一切皆空"。"色不异空，空不异色，色即是空，空即是色。"这四句话包含着非常深刻的哲学道理，却在某些人眼里被误解为一切都是空的。从宋到明，很多大学者在问："你吃的饭是不是空的？你这个人是不是空的？"这是没有读懂才会这么说。何谓色？何谓空？"色不异空"是什么意思？"色即是空"又是什么意思？在佛教徒的眼里，一切都是虚妄的。

第三个误解，信佛全是"为己"。确实，有的人到寺庙里拜佛、烧香就是很虔诚地为自己的儿孙求福，为自己的婚姻圆满祈福，为自己能考上大学祈福。这么做并不是坏事，但它不能真正代表佛教徒的高尚境界。我们拜佛，是佛的美妙庄严对自己的一种感召，求得心静，想象着佛陀的教导，提升自己的人格，同时，也是为国泰民安祈福。即使老婆婆求的是儿孙的平安，那也是美好的事情，如果所有老婆婆都希望儿孙平安，那天下也就平安了嘛！所以，说是"为己"，是不知道佛教的利他和度他，或者是知道而掩盖，有意这么讲。我想，这都是误解。为什么我说这些？因为和我后面要谈的我们的修学是有关的。

振兴佛教，既需要社会建设的不断完善，也需要佛教自身的健康发展。所谓社会建设的不断完善，那就是整个社会文化素质的提高，国家有关宗教管理的法律、法规的进一步改善和完善，以及社会对于不同信仰尊重的气魄。近些年来这些方面都有了很快的提高。最近又颁布了宗教场所财务管理条例，各方面都在不断地完善。宗教信仰自由，会得到越来越周密的法律、法规的保护。然而，佛教更需要自身的健康发展。有关佛教建设的问题，我不在这里展开了。我们今天谈的是儒和佛的圆融问题，我跟学诚法师就这一问题进行过多次推心置腹的交谈。消除历史和现实误解至关重要，这是关系到佛教发展的问题。消除误解没有别的良方，也不能靠我到处去说，最重要的是靠出家和在家二众的"信、解、行、证"，来证明今天的佛教已经不是清末、民初或者四十年代的佛教了。那时候国家衰败，佛教也衰败，就是"国运兴则佛教兴"，当国家衰败的时候佛教也衰败了。那时候，缺乏管理，良莠不齐，那是佛教史上一段令人痛心的时日。我们需要行动，用我们二众的言行，用佛教的"信、解、行、证"来破解那些误解。

《维摩诘所说经》里说："若菩萨欲得净土，当净其心，随其心净，则国土净"。这几句话是我们常说的，如何理解？我领会"心净则国土净"就是用"信、解、行、证"来证明，佛教是高尚信仰中的杰出者，那就要从这里做起。芸芸众生，如果人人都心净了，自然天下太平，和谐相处，不是国土净了吗！这是一个普遍的想法！但是我想维摩诘菩萨说这话的时候还有另外的含义。大家都读过《维摩诘所说经》吧，他病了，也不知道是真病还是假病，也许他病本身就是一种开示的法门，佛祖派众多的菩萨到他那儿去看望，很多菩萨不敢去，因为维摩诘居士佛法太高。把他们之间的谈话放到那个语言环境里来想想，实际上是不是还有这样一层含义，就是作为我们菩萨，今天来说就是我们的信众，你的心净了——这个净不是什么都没有，而是干净、纯净——之后还有什么东西呢？就是佛陀的教导。这里就包含着你不能只自己净，你还要让他人净，也就是人人是一个道场，人人是在弘法。当你的周边，你所在的地方，人人都获得了真正的无上正觉，正气就成为社会的主导，国土就净了。我想我们处在现在的环境，就是后一种理解。

弘一法师是我们很崇敬的当代高僧。大师说："念佛不忘救国，救国不忘念佛。"从前我读的时候理解弘一大师的意思是：自己念着佛，拜读着佛经，但是还想着救国。弘一大师所处的时代正处国运艰难的抗日战争时期。后来我想不对，一心不可二用啊。当我在读观自在菩萨观察世界得出的结论——"色不异空"的时候，还想着战场上的炮火，这是不可能的事情。因此，我认为弘一大师所说的念佛和救国是融合为一的，他的念佛就是自净其心，自见其性，而且要用这个东西扩散到他周边的出家人和信众当中，这本身就是一个出家人在救国这件事情上能做的最重要的一件事情。但是不能局限于此，他在寺庙里还给前线抗战的战士募捐，还救助伤病员，等等。当时各个寺庙都做了很多这样的事情。大家都知道栖霞寺，在南京大屠杀时栖霞寺成为难民避难的一个场所。弘一大师在做具体的、直接的救国行动的时候，也没有忘记念佛。那就是心中有佛，我所做的一切都是在实现佛陀的教导，我又朝着菩萨位前进了一步，而这一步又不是我追求的，就如孟子所说的这是天爵，不是追求天爵，是我做了之后自然就向前进了。这两个例子说明什么？这都是在驳斥信佛全是"为己"、一切皆空、佛教是出世的等，这些错误的认识。

佛教是出世的。尽管我读的是儒家的书，对佛教存有误解的人物中，有我非常崇敬的，在中国儒学史上举足轻重的称为大师的人物，但是当我看到他们对佛教的这些误解的时候，我很为这些古人惋惜，他们没有真正了解佛教。中国的佛教徒，我们人人坚守自己的信仰，人人修学，不仅仅是于个人，于自己的家庭，于我们周边的人群、社区、我们的社会、我们的国家，都有好处，而且我认为具有世界性的意义。对这一问题谈三点。

1. 当前三界险恶，"贪、嗔、痴、慢、疑"已经成为世界性的流行病。SARS不可怕，禽流感不可怕，猪流感不可怕，艾滋病也不可怕……当然落到个人身上还是可怕的，我是说这些东西都是"贪、嗔、痴、慢、疑"所带来的恶果，这些是病而不是根。病根是另外一种流行病，就是"贪、嗔、痴、慢、疑"。何以疗之？唯有拯救人心！佛教是干什么的？就是拯救人心的。

2. 世界不同文明的对话已经成为一种国际潮流。

三天前100多个发展中国家在马尼拉召开一个会议——不结盟运动会议，这个会议做了一个重要的决议，就是加强世界不同文明对话，积极提倡、呼吁世界不同的文明展开对话。在这100多个国家里，有佛教国家，有基督教国家，有天主教国家，有伊斯兰教国家，有婆罗门教国家，还有部落宗教（也就是原始崇拜）……这些首脑能坐在一起签署这样一个宣言，就说明他们的对话是成功的。哪里对话不成功？什么样的对话不成功？那就是西方发达国家和发展中国家，他们所代表的西方文化和东方文化。西方国家不公开的呼应，更不用说提倡不同文明的对话。他们也对话，是用另外一种方式对话——精确制导的导弹，一对就化了。在这样一个发展中国家和众多有识之士提倡的文明对话中，佛教应该成为对话的重要一方。

正是为了实现这一目标，我和学诚法师一起努力了多年。学诚法师代表佛教出访参加对话就是具体行动。但是总在国外对话也不行，而且我们佛教常常不是主角，而是列席代表。基于这一原因，我现在正和有关方面合作，要在山东孔子的出生地尼山，打造一个"尼山世界文明"对话的论坛，争取打造成为一个固定的论坛，成为一个世界著名的论坛。西班牙、新加坡、美国等地的论坛是轮流的，我们这儿是固定的。今年9月25号将举行第一次对话，而当前最迫切需要的对话是儒家和基督教的对话。目前，我们已初步确定，明年在北京举行"尼山论坛"之"北京论坛"，由我和学诚法师联手，儒、释合作，由北京师范大学人文宗教高等研究院来承办"佛教与基督教的对话"。我们来做主人。我既然在这里讲了"佛教应该成为世界不同文明对话的重要一方"，就要有所行动，不能光说不练。我们知、解后就要有行，这就是我们的行。

3. 佛教早已成为国际性的宗教。在世界佛教论坛上，有法国和尚、有美国和尚，其实早就有南传佛教十几个国家；国内还有藏传佛教和北传佛教，就是汉传佛教。它本就是一个国际性的宗教，通过各国佛教信众的众善奉行，可以扩大影响，可以结交更多的国际朋友。这不就是有世界意义么？要知道基督教和天主教早就在中国落地，但始终就没有扎下根。基督教在中国真正开始传播，不过是一百年多一点而已，而且它们是随着炮火来的。我们佛教在传播的时候从来没有使用过武力，我们是用佛道结法缘，交朋友。我想佛教一贯奉行的这一准则，符合今天的社会潮流，符合世界上人们的需求。我相信，随着佛教国际化的进一步扩大，我们为世界做的贡献也会越来越大。

二　怎么修学？

（一）修学有序

修学有序，就是佛经上所说的"次第"。但是我所说的序，并不是严格的时间的线性的这个序，而是不同的人的心路，"心"开悟之序。人的善根不同，有上根的、有中根的、有钝根的。不同的人，顺序实际上是有不同的。师父们常给大家讲的戒定慧、闻思修、信解行证。这是一个逻辑的排序，你只有虔诚地守戒，你才能够在适当做成的时候，才能够定，定中才生慧。声闻之教是需要的，更重要的是修。你要知道怎么修，应该怎么去做，这是要有逻辑的。但是不同的人，可以有不同的切入点。我在这里谈一点自己的体会，这是我在读佛经和儒家经典的时候，我自己的一点体验。

我比不上大家，比不上出家人，每天有固定的时间修行，过堂、做功课和坐禅。但是行住坐卧莫非佛法，我在行住坐卧中来体会。严格地说，我最初并不是从佛经上得到一点体验的，我是在做当中体会的，但是这不够，还要回过头来再读佛经。在读佛经的时候，我自己认为，豁然开朗、升华了，原来我所做的有些不符合佛法，有些恰好和佛法吻合。时间次第不一样，但是逻辑的次序是这样的。

这里我要强调，戒是重要的。佛圆寂之后徒弟们没有老师了，他留下遗言，以戒为师，这句话流传至今。我不用佛陀这句话，而用《楞严经》中的一句话，"摄心为戒，因戒生定，因定生慧，是则名为三无漏学。"无论出家还是在家都要受戒。但是，人非圣人，孰能无过。有的时候，有点犯了戒法，那怎么办？忏悔。

声闻也是重要的，《华严经》上说"若因精进，其闻思修，则名为智。"

信仰是重要的。你光哇啦哇啦在那儿读，你心中没有信仰，没有一种心的皈依，只有仪式上的皈依，那是不行的。打个比方，无信就像那通往一个美妙境界的门，有门而不入，怎么能得到正信呢？有闻、有思、有修行，等等，也就是师父所开示的修学次第上的东西都要有，在这里慢慢培养自己虔诚的信仰。我认为无论说了多少，关键的问题是你要发心，其中很重要的是见性！

何谓见性呢？平时我们没有这个思考，所以静下来想想，到底你心里追求的是什么？没有高尚追求的人可以醒悟，我过得有什么意思呀？早上起来擦把脸，老婆给准备好了一杯牛奶，咕咚咕咚喝完了，哒哒哒哒下楼，开着汽车呜呜呜到了写字楼，噔噔噔噔来到办公室，刷卡，坐在计算机前面哗哗哗哗，午饭连楼都不用下，就在自己的小椅子上吃外卖盒饭，吃完弄瓶矿泉水一喝，接着继续敲电脑。晚上快下班时，老板说："咱们的活很急，大家都加班。"一加班加到十点，累得全身都瘫了。开着宝马车回到家，孩子也睡了。一见面，老婆说："怎么这么晚才回来？""别提了，加班！嗯呀，不说了，不说了。"咕咚！倒在那睡着了。第二天又是如此的重复生活。让他想一想，我奔的是什么呀？长此以往，日复一日，月复一月，年复一年，我的价值在哪里？就在别墅吗？就在存折上的钱不断加零么？这时候他如果觉得空了，好了，他开始见性了。原来人除了物质外，更高尚的是精神，这就是见性。

怎么去修这个精神？你或者学佛，或者学儒，或者学道，都会引导你向上的。关键是发心，发心就能见性，见性则能成佛。发什么心呢？发菩提心。行是学之果，学的时候要有行动。我知道龙泉寺的居士们都有行动，常年都有很好的善行。行即是修的果，同时又是修的途径和表现。行很关键，行什么呢？不外乎"慈悲喜舍"四无量心！喜，要给自己的亲人、周边的人带来喜悦，喜也是一种舍。舍，你可以有捐献，帮助我们龙泉寺这个道场修得好一点，但是更重要的像《金刚经》上所说的，法师才走入上位，那就是度人。

（二）皈依有宗

佛教在中国有八宗，禅宗到后来又一花五叶，它出现是有因的，我们不是讲因缘吗？这因是什么呢？不同的大师对佛法思考的角度不同，不同的时代，社会有不同的需求。每一宗都有自己的本经，《妙法莲华经》是天台宗的重要经典，净土的本经是《阿弥陀佛经》等。本经不同，法门也不一样。佛说八万四千法门是因人、因地而定，八万四千法门说的是一个法，不同人、不同场合他用不同的方式、方法引导，不同的开示，慢慢就形成宗了。佛陀灭度几百年后的印度，佛教本身也是宗很多，但是它目标是一样的，视缘起而定。在中国，突出缘起性空的三相宗；万法唯识；天台就一念三千，讲止观，止观兼修。这些都是法门的不同，都是一种方便，但目标是一致的，这就是心清净。实际上就是培养我们信众的自立，你要提升不能老靠外力，需要培养自立，最终目标是发菩提心。今天我们多数的寺庙都是禅、净兼修的，所以我在佛教界提倡，这样还不够，其他宗，特别是律宗和唯识还是要发展，虽然它很难。

　　我仿照偈语写了两个偈子，第一个偈子："花有多叶，教有其宗，兼收并蓄，有本圆融。"也就是佛教有七宗，对于学佛的人到一定水平，要对各宗都有所了解，但是你要皈依一个宗，否则就乱了。圆融，可以看到七宗之间是相互沟通的。我们不能说在天台宗里就没有禅宗的东西，没有华严的东西，只不过重点不同，视角不同而已。第二个偈子："万法无法，方便多门，殊胜非一，菩提为真。"方便多门是佛陀的开示——教法，佛教也有一段时间，有门户之见。如果认为我这一宗才是殊胜的，这是不必要的，"殊胜非一"。那么关键就是，是不是"菩提为真"。

　　（三）动静皆修

　　学诚法师曾给大家开示，"上从佛道是静中修；下化众生是动中修"。我是这么体会学诚法师所说的这两句的内涵的：如果一个人不静，心猿意马，声闻不入，不悟佛道。因此要得佛法就需要静，你安静了就可以慢慢得到纯净，安静而纯净了，你就升发了一种敬，崇敬恭敬。对谁恭敬？对佛陀，对为弘法做出无数贡献的众菩萨，对历史上的高僧大德，一句话——三宝。所有的出家人是我们的老师，他们做出了表率，佛法就更不用说了。不动也不行，不动形同枯树，或停留于知，就不得阿耨多罗三藐三菩提，不得解脱。下化众生，就是行、证。怎么证呢？我说点个人体验，当我教学生，学生进步了，当我说了一个道理，我刚说半句，学生把下半句回答出来，这是知识；当我开导一些人的心灵时，这个人的心态从失望变成希望了，有自信了，生活改变了，我这时候的愉快是言语无法表达的，同时我也得到了提升。佛经常说不可言说，真是啊！到了这种境界真是不可言说的，只有自己能体会，夫妇之间有时语言都沟通不了。这是证的一端。我非常赞成学诚法师的开示，动静皆修，历史上高僧大德也有很多这方面的教导。《华严经》说："忘失菩提心，修诸善根，是为魔业。"关键是不能失掉菩提心。因此我又有一个四句偈："持守大乘，生大愿力，利乐有情，转化无明。"

（四）法不外求

这其中全是历代高僧大德所说的。坛经上说，"佛法在世间，不离世间觉。离世觅菩提，恰如寻兔角。"兔子什么时候有角，事实上是没有的。法不外求，那向哪里求？在自性上求！在本性上求！我们所说闻思修的思，其中有一个方面就是要反思自身，不要只想着用佛经上的话或师父开示的话，要真正拿那些话对照、反思自己过去所作所为，昨天所作所为，反思自己的眼、耳、鼻、舌、身是否洁净？受想行识是否纯正？意有所蔽，是否敢于自责？行是否发自自然？行中是否证得菩提？我的自性在哪里？是善的还是恶的？在这自性上有什么灰尘没有？有，拂拭去了么？——如慧能大师说的，如果说本来没有明镜台，那就不用拂拭它。他说的是佛法，我们的心还是有的，自性还是有的。——我做的善事是不是发乎自然？还是经过一种强制，师父这么教导，我就这么做了？

各位善知识，我每天都要看电视，在座的不管是善男子、善女人，汶川大地震的时候，谁没有流泪！为汶川人民所遭受的苦难流泪；为我们的战士流泪；为我们的志愿者，包括我们很多出家人舍身救难流泪。当我们在网上所看到的那些撕人心肺的诗歌，或是对汶川人民鼓舞的言辞，我们也会流泪。这就是发自自然，没有谁强迫你，没有谁要求你。行到这样的境地，还要反思，反思我的行中有否证得菩提。我想这样的反思，就是自净其意。不管在家、出家，有罪当忏悔，忏悔得安乐，你自己没有悔恨之心，那就永远是痛苦的。"初发心时便成正觉，知一切法真实之性，具足慧身不由他悟。"《维摩诘所说经》："汝等便发阿耨多罗三藐三菩提心，即是出家，是即具足。"出家也是一种方便，我们在家一样也可以发阿耨多罗三藐三菩提。因此我们讲人人都应发四弘愿："众生无边誓愿度，烦恼无尽誓愿断，法门无量誓愿学，佛道无上誓愿成。"我认为发菩提心就是觉悟，让自己觉悟是学佛的出发点，也是学佛的归宿。

三　修学的科学性

（一）世界"轴心时代"

西方学者提出在公元前 800 年到公元前 200 年这样

一段时间里,世界出现了四个伟人——佛祖、孔子、亚拉伯罕和柏拉图。佛祖创建了佛教,孔子开拓形成了儒学,亚拉伯罕创建了犹太教,由犹太教派生出基督教,由基督教派生出天主教和东正教,由基督教又派生出伊斯兰教。柏拉图——古希腊的大哲学家,代表他们那个时代一批大哲学家。当时没有电报,没有火车,更没有飞机,也没有手机发短信,然而,这四个人先后出生年代接近,佛祖、孔子、亚伯拉罕又都在东方,都在亚洲,这是个迷呀。他们当时从不同的国土环境,都在思考几个重大的问题。从那以后2000多年的历史,人们的生活、社会的发展都在遵循着他们的教导,对他们的研究从那时到现在没有一天停止过。所以西方学者称之为世界的"轴心时代",就是世界围着他们这四个人转,一直转了两千多年。

(二)形成"轴心时代"的原因

为什么这时候产生了四大伟人?成了轴心时代?第一,这时的东方不管是游牧还是农耕都发展到了一定的水平,当时的发展可以解决基本的吃饭穿衣问题,有些人可以有空儿静下来思考问题。专业人士出现了,他不用种地、不放牛……就是琢磨这个事,静下来才能产生思想。第二,人群开始有组织了,有的是部落,有的是形成固定的家庭,有的是家庭扩展形成家族,有的地方是形成了国家。哪里还是部落呢?犹太——就是今天的迦南地区,还有阿拉伯地区,但是已经开始有家庭了,但是没有形成家族。为什么?家族需要稳定,生了几个孩子,孩子结婚了有了一群孙子,他们都住在一起。如果说儿子到结婚就走了,形成不了家族。因为走了之后,当时交通工具不方便,可能一辈子都不能见面。"族"是聚来的意思。什么地方形成了国家呢？中国和印度。柏拉图时有城邦国家，所谓城邦是后来说的，就是一个小城里面住着两万人，一万二千的奴隶和外来人不算在内，当时真正的居民就几千，这就叫一个城邦国家。我们中国的城邦多了，诸侯国不仅是城邦，真正形成国家的就是中国和印度。

社会组织为什么对轴心时代有直接影响？即使是部落人们也都要在一起生活，于是就有人和人的关系问题，人的思维发达了，还要考虑人和大自然的关系问题——天人关系问题。你看我们养的宠物，小猫、小狗，狗的寿命十二三年，到十五年了就高寿了，相当于人105岁了。动物对死亡不恐惧，它顶多老了不能动了，眼睛也看不见了，但它没痛苦。人不一样，人智力到了一定程度，产生了对死亡的恐惧，对生的渴望。如何理解生和死呢？死了到哪去了？为什么婴儿出生呢？这些问题只有生产发展到一定程度，文化到一定程度，社会组织到一定程度才会提出。死了怎么处理？大家到房山去看看"北京人"，死人埋在一起，那时已经知道对死人如何处理了，后来逐渐形成了丧葬仪式。动物倒在哪儿死了就死在哪儿了，让别的动物吃他的肉——天葬，它死后没有一个安排。

（三）东西方文化的差异由此而生

轴心时代四大伟人创立的学说一直影响到今天的我们，他们探讨天与人，人与人（包括人和集体的关系问题），现实和未来的关系问题——就是生死的问题。这些都是先圣、先哲、世尊长期思考、体悟、积累的结果。《圣经》的《旧约》《新约》，《古兰经》《奥义书》都没有记载开宗大师是如何苦思冥想的，唯有在佛教《阿含经》及其他的经典中记述了佛陀怎么苦思、苦行，最后在菩提树下冥思悟道的过程。这更证明了心需要静，静了就有净了，正是我们在澳门对话所谈到的问题：敬、静、净。

所以公元前800年到前200年的时候，当时允许有人有时间来思考人类的几个大的问题。东西方文化的差异就由这个时候产生了。用佛教的话来说，法由何而来？佛陀总结了他当时的外道——婆罗门教的种种学说，加入了他自己对于人类生老病死痛苦的观察以及他的体验，也就是从印度当时的历史和生活当中冥思总结出来的。儒家学说是孔子总结了夏商的生活经验、治国经验，提出了"仁义礼智"的一个说法，核心是"仁"。孟子又把它称为"仁"之四端——"仁义礼智"。都是来自生活中的总结，是经验的。西方宗教的教义是上帝这么教导的，上帝哪儿来的不需要论证，他是存在的，在宗教学里有一个专有名词——"神启"——神的启示。我们今天说佛的开示、佛的教导，是佛自己得来的，不是神的教导，是生活的教导。这是东西方文化一个根本而又根本的区别。

西方思想直到今天仍然是二元对立的，这个二元对立由哪出来的呢？由其信仰。上帝是造物主，是不需要证明的存在，我们今天所看到的一切，包括我们这些人，都是上帝创造的。这就是对立，对立不是打架，这使他——造物主永远不会成为被创造的。我们这些人，山川树木永远成不了造物主。由这就派生出了一系列的二元对立。在我们的社会生活中，就出现了人群不同信仰之间的对立，对立就打斗。佛教是一元圆融，八万四千法门讲的就是一个法，这个法就是无法，无法就是法，提高到最后的哲学就是这个道理。它是圆融的，圆融有具体的实践，就是我所说的佛道儒是圆融在一起的。禅宗教外别传，也是七宗之一，和别的宗也是圆融的。

西方宗教说什么呢？上帝造人，希望他好，但是他不听上帝的话，偷吃了禁果，兄妹乱伦，所以现在66亿人里有相当一部分是兄妹乱伦的后代。还有一部分人不是，是上帝太累了，到了星期五，太累了，他不做了，拿个绳子在泥浆里一甩，甩出泥点儿都变成了人。最早的祖先就是亚当夏娃偷吃禁果犯了罪，老祖宗犯了罪了，你100代的子孙都得承担。所以西方有"原罪"之说，生来就有罪，也就是生来就是性恶的。我们不是，佛教和儒教是一样的，认为性善。你要明心见性，明自己的心，见自己的性，你就得"道"了。那你如果心是恶的，我发现我这人生来就是想吃人，你能得"道"吗？明心见性就是说心和性本来是善的，只不过被尘事所避垢、遮住，现在佛教是要把你的垢去掉。人人皆有佛性，也就是性善，才能明心见性。一系列的差异都是在公元前200年到800年形成的，根深蒂固！

（四）一个新的"轴心时代"即将产生？

文明要对话，不要你打我，我打你，咱们交朋友，你干你的，我干我的，你学我，我学你。完全融合为一不可能，毕竟2000多年的分歧，一朝合一是不可能的。我们现在的人怎么办？要体悟先哲的话所蕴含的内容。我就想到这个问题，我也跟学诚法师说过，是不是世界又到了一个新的轴心时代？这个轴心时代的大师在哪里？应该就在各个学说当中的未来人里。要在这个时代提出人类向何处去，人类如何处理人和人的关系，人和天的关系，现实和未来的关系，恐怕这得是大的通家，以一家为主兼收别人的东西、别的学说。要解决的是世界朝哪里去，人的心灵应该是什么样子。为什么我说佛教是人类崇高信仰当中的杰出者？我认为，无论是天与人的关系，人与人的关系，还是生死问题，都源于心。拿生活打比方，不管是年轻的你刚有了孩子，还是我们老人刚有了第一个孙子或外孙子，那是非常疼爱的，没人教你，抱着那个亲呦，这是源于心。一般是不会有这种人的，抱着孩子说：这孩子真好！然后，叭！打一巴掌。爱是缘于心，爱心生不出恨来，恨是心被蒙蔽了，而佛家恰好是作用于心的，所以我说他是杰出的。

四　释儒圆融

最后，我就水到渠成地说"释儒圆融"。从哪几方面来说呢？要从四方面来谈这一问题：修学目标、修学法门、修学精神和弘法境界。修学目标就是价值观念，说得现代一点，也就是价值，自我价值。修学法门，也就是方式方法。修学精神，也就是锲而不舍的精神。弘法的境界，无法无我。

（一）修学目标（价值观念）

佛教追求的最终目标是成佛，是有果位的，首先是罗汉果，然后是菩萨果，最后到佛果。儒家，最高目标是成圣，可谁都成不了圣。只有一个孔子被后人尊称为圣人，但是他自己不承认，说："若圣与仁，则吾岂敢？"我怎么敢成为圣人呢？但比较起来他确实是圣人，孟子只是亚圣。我们只有世尊一佛，但他可以有很多法身、化身。佛不是一下就能成就的，要经过不同的果位。圣人也不能一下变成，先要成为君子，君子要文质彬彬等一套标准。由君子要成为贤人。谁是贤人呢？古代人说了，伊尹是贤人，子产是贤人。最后才是圣人。目标是什么？佛教要在心灵上证得菩提；儒家要尽心、知心。明代王阳明提出来"致良知"，所谓"良知"就是人的本心，"良能"是孟子提出来的，到明代王阳明提出来了"良知"。儒学最后的境界是"致良知"——让你的"良知"出来。

今天我们常说"天理良心"，"天理"是宋代儒家的话，"良心"是明代人的话，我们合起来讲"天理良心"。学佛到一定境界就圆融无碍了。孔子曰："吾十有五而志于学，三十而立，四十而不惑，五十而知天命，六十而耳顺，七十而从心所欲，不逾矩。""吾十有五而志于学"，就是立志要学，学不是学电脑……是学人生的道理。"三十而立"，现在年轻人说你三十了怎么还不结婚，"三十而立"不是那个意思，"立"是确立人生目标，我要做一个贤人，我要永远提升自己的道德品格，有了这个，我就不怕电脑学不好，财会学不好……"四十而不惑"，三十"立"了，但是还时时遇到些疑问，到四十岁更坚定了，学问更广大了，没有任何疑惑了。这个时候，再经过十年的修炼，"五十而知天命"，一切都是有因缘的。"六十而耳顺"，再修炼十年，不管你说什么，包括骂我的话，我都能从中汲取营养。我正在研究茶，你突然说电脑，对我也有启发，"耳顺"了，全能吸收。再苦学十年，到七十岁了，不想了，我拿茶杯的姿势都符合儒家学说。来了客人，突然"当当"一敲门，我的回答、我的转身、我开门的动作都没经过大脑，但全符合规矩。这个道理佛教称之为"圆融无碍"。"发自本心，出自自然"也是这个道理。外界有事直接反应，没经过大脑，这个目标一致的。

（二）法门一致

法门一致，方法也一致。佛教讲"闻思修"，儒家讲"学思行"。王阳明说："知而不行，只是未知"，知道而不行是没用的。佛教讲"明心见性"，儒家提出"万物皆备于我，反身而诚，乐莫大焉。"这是《孟子·尽心上》的话。曾子曰："吾日三省吾身——为人谋而不忠乎？与朋友交而不信乎？传不习乎？""吾日三省吾身"，每天我要至少三次反省我这一天所作所为，其实不是三次，是三个方面。"为人谋而不忠乎？"我替别人设想，出主意，我是不是完全忠信呢？"与朋交而不信乎？"在和朋友交往时，我说了一百句话，有没有半句话是不真诚的？"传不习乎？"这个"传"[zhuàn]有人念[chuán]，也就是自古传下来的遗产我是不是温习了？每天在三个方面来反思自己做的够不够，一个是继承先圣先哲的问题，另一个是平等交流的问题，再一个是为人谋，是为国君的，对上的问题。

孟子说："道在迩而求诸远。"儒家告诉你：道就在你身边，就在你行住坐卧、挑水、种菜之中。这个你不找，而非要到远处去找，道在哪里？慧能大师说："何期自性本自具足……"是告诉你别到处找，就在你心中。很多佛教公案，机锋都提到自性。宋明理学有句名言——"求其本然"，"然"是这样，本来这样。同时佛教说"人人皆有佛性"，"法不外求"。孟子说"人皆可以为尧舜"，这话是弟子问孟子，孟子回答的。曹交问曰："人皆可以为尧舜，有诸？"孟子曰："然。"弟子问："夫子，你说过人人皆可以成尧舜是吗？"孟子回答说："是啊，是这样。"人人之所以能成尧舜是因为人性善，人人都有自己的本心。儒家讲"道不外索"，这是南宋著名哲学家陆九渊的话。孟子说"仁义"（相当于佛家的佛法）就在我身上，是上天给我的，天生的，"不由外烁"，不由外界照耀他，启发他。这不就是"法不外求"的意思吗？

（三）修学精神

佛教是"无缘大慈，同体大悲"；儒家提倡"仁者爱人"，四海之内皆兄弟。兄弟就是手足，你不爱吗？两教是一样的心胸。地藏菩萨说"地狱不空，誓不成佛"，永远在世间来超度人。《论语》说"杀身成仁"，孟子说"舍生取义"，都是一种献身精神，甚至把自己最宝贵的生命献出去。两学境界一样。学佛学到最高处，就跟儒学学到最高处一样，语言是没用的，表达不了的，只有自己心里明白。

佛教"拈花而笑"这个故事是说，佛在涅槃的时候，众弟子请教他灭度以后，佛教如何办，世尊拈花，笑而不语，这就是传道。《维摩诘所说经》记载，文殊菩萨最后请他开示，结果维摩诘默然无言，于是文殊菩萨说："啊，这是不二法门。"心息相通，当下即明。大家看《五灯会元》《高僧传》，等等，里面有很多公案，很多的机锋，那些都是用语言说别的事情，让你领悟语言不能表达的东西。儒家早就提出了这样的理论。孔子有一次对弟子说：你们不要以为我对你们隐瞒了什么，我能传给你们的都传了，就在我平常跟你们问答当中，就在我抚琴当中，就在我对盲人行礼时，搀扶他走上台阶并告诉他，"阶也"，"户也"，"席也"，这里是上台阶了，这里要进屋门了，这里是席子，请坐下。仁就在这做当中，你还让我说什么，我毫无隐瞒。孔子弟子说，"夫子之言性与天道，不可得而闻也。"孔子不是天天说人之性和天道，而是在无言中，是不能听到的。

（四）弘法境界（无法无我）

《论语·先进第十一》中记载，孔子跟几个弟子（子路、曾皙、冉有、公西华）座谈，孔子请弟子们谈自己的志向。子路先说：我能治千乘之国，既大国。冉有次之说：我可以治小一点的国家。"夫子哂之"，笑不露齿为之"哂"，就是有点讥讽的意思。公西华一看老师的表情，觉得他们说大了，自己说小点。孔子问他："那你呢?"他回答说："我不能说治国，也就是宗教祭祀的时候，可以主持这个祭祀"。有一个不说话，就是曾皙。老师问："你呢"？他正在鼓瑟，老师这一问停下来，把瑟放在席上，说"我跟他们都不一样"。"那你说说，没关系。""我就是想啊，到暮春时节，大家穿着春衣，带着几个人去游泳。然后我们到台子上，吹着凉风，唱着歌回来。"孔子说："吾与点也!"我跟你是一样的。

是不是孔子想退隐，想过悠闲的生活，不再去治国？不是。他是告诉我们一个道理，对于世间的一切事情都要能放下。佛家的话就是，所有的一切都没有自性，不要执着。要有这种心态，一切都会放松的。这是一个更高的境界，这种境界是说不出来的。就在带着人游泳，吹风，咏而归，就是这种状态。怎么能描写出心情？孔子理解了："吾与点也!"前面都是执着，这是不执着。然而，一旦国君让他去治理国家，他绝对要出马，出马的时候就准备不出马。孔子最喜欢的弟子颜渊不幸早逝，孔子赞他："一箪食，一瓢饮，在陋巷，人不堪其忧，回也不改其乐。贤哉，回也!"一盆粗饭，一瓢水，别人不堪其忧，他不改其乐，乐什么？颜渊的乐是儒家学说里的一大公案。乐得"道"了，得的那个"道"不能言说，是自己能体会的，是自己人格的提升。

"为什么修学""怎样修学""修学的科学性"和"释儒圆融"这四方面都是相通的。到此大家会不会说：我不学佛了，和师父告别，我找许先生去学儒家经典。这么做不对，相通是相通，学佛者当以佛所说法为殊胜，为究竟。别的教，道教、儒教……不要拒绝，但这些只是一种加持之力，没有加持之力你进步慢。我们龙泉寺的出家人都在读儒家经典，我想师父是让你们增加加持之力。真正的力是自力，自力来自哪里？来自佛经。人必须有一个坚定的信仰。有人从事儒家，就以儒家为主，拿别的来加持。坚定信仰，不能动摇，这跟西方不一样。在西方，我信奉某教派，要嫁的男人信奉另一教派，我就放弃了。信仰不是一夜之间就能改变的，如果是那样，那就不是信仰。佛学有严密的体系，不是三年、五年能把握的，佛教最终是引导人们走向真理之路，所以不要放弃。

最后我献给大家六句话："法轮常转，佛光普照；世人解脱，国泰民安；大慈大悲，世界和平！"这样下去，就是国土净，天下净，世界和平！

谢谢大家！

问：许先生你好，您先前提到说放眼历史，它是不断前进的，我想问的是：您从哪些方面去判断这个历史是在前进？在您后来提到"轴心时代"出现的几个条件里面，从生产力的发展然后有了社会组织，那是不是从这些方面去判断？还有一个问题就是许先生提到孔子一生"十有五而志于学，七十而从心所欲不逾矩"，能不能请许先生就自己一生的经历和体悟给我们讲一下？谢谢。

许嘉璐：我虽不是像各位一样已经是真正的佛弟子，我是"非不为也，实不能也。"我还是以佛弟子的心态来回答这位居士的问题，也就是我们说实实在在的话。

历史前进怎么评价？我想历史发展的真正动力还是生产力、生产关系，因为它是解决人类生存发展的物质基础；另一个标准就是人类的精神境界的不断地提升。

当今世界，宗教何其重要，全世界66亿人口没有宗教信仰的大概是将近10亿人，剩下56亿人都有宗教信仰，没有宗教信仰可以有别的信仰。这接近10亿没有宗教信仰的有8亿多在中国，但是这8亿多人里，有的信祖宗，有的信土地神，有的信儒家，有的虽说自己不是佛教徒，但是他初一、十五到庙里烧香，所以这个是难以统计的。现在我们国家的信仰在恢复，西方的信仰在沦落。科技会越来越发达，将来从美国纽约飞到北京可能就用三小时，但这不是历史的前进！人类的精神不提高，历史不会写出新的篇章。这也是为什么党中央、国务院一再强调文化建设的问题。如何判断历史前进的标准，目前没有一个人能拿出来。

首先，我们要恢复我们的信仰。随着时代的前进，整个中国人为己为他、利己利他的精神境界不断地提高，信仰会慢慢恢复。当然恢复很困难，不仅佛教困难，儒学也困难，道家也困难。为什么？因为有西方文化的阻碍。当然，西方文化并不都是坏的，但其中相当一部分是诉诸感官的。佛经上说"人身难得"；儒家说"人是万物之灵"，"人之有道也，饱食暖衣，逸居而无教，则近于禽兽。"这是孟子的话。"做人是有道的，如果饱食、暖衣、逸居，整天悠悠荡荡而无教，没有受到教育、教化，则近于禽兽也。"因为只解决了食和性的问题。

孟子又说："人之异于禽兽者几希"。人与禽兽之间的界别就差那么一点点，往这边一走是人，往那边一滑就成禽兽，进入畜生道。现在有些文化就把我们经过几百万年好不容易才得到的人身，也就是区别于禽兽的人的这种境界，又拖回到动物界去。别人的喜好咱们都无权去干预，但是你可以欣赏，或者不欣赏，我就不欣赏五千多人跑到悉尼歌剧院都脱光了来表示一种艺术。我看他们，说句不敬的话来比喻，就跟进了动物园一样，还不如杂技团，杂技团的一些表演还穿上点儿假衣服。还有的运动项目，把对方往死里打，还不如禽兽呢！同类动物之间不互相撕咬，你听说过老虎吃老虎吗？我想历史的进步，就是我们通过不同的渠道，不同的信仰——崇高的信仰，把人类的思想境界推到一个新的高度。

我们个人怎么解决66亿人的问题？先从自身做起。这辈子就在这儿不断地追求，虽然自己家里可能没有住着几百平方米的别墅，没有开过奔驰车，甚至连门儿都没进过，但是我是富足的。我富足，我纯净。人家有钱的，是让别人看的、欣赏的，你这个在头脑里的东西别人看不见，没人赞赏，但我根本不求报。法是不求报的，这才是最高的境界，这才是出于自然的。

说说我个人的体验。我十五尚未"志于学"，十五岁，我已经上高一了，快上高二了，我"志"于玩儿；三十，我立了一半，就是我作为一名大学老师，我要做一个好老师，这个境界是不高的，老老实实教书，老老实实做学问；四十而不惑，我追上来了，基本上到四十岁，对我所确定的人生道路，我没有疑惑，从没有动摇过；五十岁，我开始跨入政界，知天命了，一直过了二十多年；六十而耳顺，我这人其实脾气有的时候有点急躁，从这个角度说我耳还不顺，但是已经懂得从任何东西里，任何有关于我的、无关于我的言论当中，我能从多个角度去看待它，最终从中汲取营养；"七十从心所欲"，说得真准哪！为什么？在七十岁以前，我在我的职位上，我需要按照国家的需要、法律的需要做事情，很多时候从不了我的心，我从实际职务退下来了，真是从心所欲，但关键还不是只从心所欲，还要不逾矩。说老实话，我没有什么时间像大家一样静修，往往来了一个人找我，面对一件事，我需要马上反馈，这个事情做，那个事情不做，这个事情这样做，那个事情那样做，没有时间去像咱们这样坐下来论道，研究几天，那来不及了，往往需要当场拍板定案。然后我发现"没逾矩"，我说我"没逾矩"，是没有超越。

  我总结自己这一生，关键是对于儒学，对于佛学，没有一日停止过学习。也不能说是一生，开始读佛经是二十几岁，因为繁忙的工作断断续续，但没停止过，我不仅仅是书面上学，而是按照闻思修、学思行这个角度，知行合一去做的。我给我看书的屋子起名叫"日读一卷书屋"，这是我在开始最忙的时候起的名字，一个人承担几个人工作的时候，当时我就提出来，我每天必须读一卷书，古书的一卷，或者咱们佛经的一卷。几十年来，除了我生病，包括我出国，在飞机上一坐十几个小时，我都要读完一卷书。点点滴滴，日积月累，学问没长，但是我认为我的心境提高了，所以，我整天乐呵呵的！

  问：有一个问题我想请教许教授，我看到《地藏经》里面说，一个人在世上修学，最重要的事情就是发愿，发愿是一个人的本性，一个人的本性其中最重要的就是孝。我联想到，我以前读的《孝经》里面说"孝，德之本也"，我想问这是不是也是儒佛圆通的一个体现，许教授是怎么看的？

许嘉璐："孝为仁之本，本立而道生。"这是儒家生活经验的总结。中国是全世界最早进入农耕社会，同时农业又非常发达的国家。农耕社会需要土地、生产工具、生产技能。我们的祖辈、父辈处理家庭和邻里关系的方法是儒家的伦理纲常，非常注重这个传统。三弟兄如果老打架，那地别种了；如果跟邻居老打架，报复你，把你的柴垛给烧掉，没法生活了……因此，"和合"就是由这儿产生的。那么作为家庭应该怎么办？孩子的身体是父母给的，孩子的知识、技能、生存的条件是父母留下来的，你要感恩、报恩。儒家讲"父慈"，父要爱；"子孝"，子要孝。你学会孝了，拿这个孝心、仁心，看看所有邻里，你对所有老人都会敬，他们不容易呀！父母有三个孩子，对每个孩子都那么疼爱，每个人都孝，由此就会想到，他们是我的一体同胞，一个胞胎里出来的，也应该像父亲、母亲一样爱自己的弟兄，这就是孝悌。家庭和睦了，邻里和睦了，全城不也和睦了么？古代所谓国，就是指的都城，或者诸侯国。所以，儒家提倡"修身、齐家、治国"的理念。

佛教讲报"四重恩"——"国土恩、佛祖恩、父母恩、众生恩"。没有国土，哪来的我们；没有父母，哪来我们的人身；没有佛陀，我们哪来的觉悟；没有众生，我们吃什么、喝什么？我们一天都活不下去。盂兰盆节是为什么？就是宣传孝道，报父母恩。在这一点上，的确像你所说的，释儒是相通的，并且是我们与西方不同的地方。在西方文化中，我是上帝造的。有个工人已经有 10 个孩子，又怀孕了，跟他说不要生了，他不同意，认为这是上帝赐予的，不能违背上帝的意志。西方为什么是二元对立呢？因为除了造物主——上帝谁也代替不了之外，其他人都是平等的，西方的平等思想源自于此，儿子与老子也是平等的。西方人，儿子、女儿，叫自己的父亲，特别是继父，直呼其名，对叔叔、姨等都是直呼其名。他们已形成习惯了，长辈们也接受这样的叫法，不这样叫可能长辈们也不舒服。他们等孩子长到十八岁就不管了，因为你是上帝的儿子，大自然的一切供你享用。从此独立了，跟父母关系也就淡化了，他们没有尽孝心的观念。对于西方的相状，我们有很多人还很欣赏，看看中国的孩子都四十了，爹妈还总惦记着。《圣经》是公元前后形成的，你们可以看看《旧约》里的小故事，今天西方家庭关系跟那时有什么不同吗？没有什么不同的，没有提升。无论佛教，还是儒家，都提倡孝，这是基于我们自己的文化的。

忆念太虚大师，营建人间净土※

一 太虚大师：一部中国佛教 20世纪前半叶的历史

今天，我们在这里举行盛大的中华佛教百年礼赞盛典，这既是我们这些享受着无数前辈艰苦奋斗得来的独立、自由、民主成果的后辈们回顾、沉思的难得机会，也是学习百年来高僧大德的智慧，弘扬佛法，为国土清净、世界清净而祈福的无上功德。

回顾并礼赞百年来的中华佛教，就不能不忆念为复兴中华佛教、建设人间净土而舍身的太虚大师。

太虚大师一生的宏伟成就，诚如重庆惟贤法师所说，"一是创办僧伽教育，培养人才。二是弘扬佛教文化，倡导人生佛教。"①

太虚大师所处的时代，正值中华民族内外交困、水深火热、人心惟危的时刻。对于佛教而言，"无数的

※ 2010年9月9日在"首届中华佛教宗风论坛"上的讲话。
① 《太虚大师全书》"序言"，佛教文化出版社2005年版。下引均略称"全书"。

不平和不幸充满了近代的佛教史"①。赵朴初居士曾把这一时期佛教的情况概括为"自北宋以后，（佛教）逐渐走向衰落。特别是在中华人民共和国成立前的三四十年中，它的情形更为黯淡"。"寺庙被破坏，各地佛学院都陆续停闭，僧人教育和宗教生活都受到了破坏，佛教文物受到了践踏和盗窃。如云岗、敦煌、龙门等石窟的破坏情形是大家所知道的"②。太虚大师在1940年（庚辰）访印时赠著名居士谭云山的诗里曾这样描述当时的世事："况今国土遭残破，戮辱民胞血泪流！举世魔焰互煎迫，纷纷灾祸增烦愁。"③ 在这样的情势下，佛教自身方面又是怎样呢？太虚大师在《自传》里曾叙述即将出家时在苏州小九华山寺中所见："寺僧与寺外的无赖们联成一气，酗酒、聚赌、犯奸、打架等，向来所不曾见过的社会恶劣方面；觉得僧中也不都是良善的"④。同时，鬼神之说在一些僧侣和信众中颇为流行，背离教义真谛，实则败坏了佛法佛教，复杂的远因复加以上述近因，造成了社会对佛教的种种误解。这些都阻碍着佛教的振兴和在社会上发挥佛教度己度他、饶益有情的作用，同时也显示出此时正是佛教兴亡的关键时期。虽然大师所回忆的是20世纪20年代末的情况，实际上在此前此后几十年中也仍然在延续这种情景。

　　太虚大师提出人生佛教的理念，构建人生佛教的教理体系，发动佛教改革的运动，就是惩于上述令人极其痛心的佛教衰颓现实，为了挽救人心，净化时代。

---

① 赵朴初：《中国的佛教》，《赵朴初文集》，华文出版社2007年版，第189页。
② 《佛教在中国》，《赵朴初文集》，第145—146页。
③ 《全书》第31卷，第154页。
④ 同上书，第166页。

这是大师弘扬佛法契理契机的集中体现，是最具那个时代特色的佛教旗帜，"是中国现代佛教改革的首倡者和先行者"[①]，"是继禅宗之后中国佛教的又一重大创新"[②]，"是20世纪中国佛教智慧的结晶"[③]。

大师提出人生佛教，约在20世纪20年代末[④]。他在这一时期发表的《即人成佛的真实论》《佛学的源流及其新运动》《对于中国佛教革命僧的训词》《对于苏州北寺之解决方法》等文中屡屡进行阐述开示。由此时起，他本着大乘佛法真义，使人"明白宇宙人生的真相，彻底改造而归于完善，使五浊恶世成为清净国土，人人离诸苦恼而得安乐"的济世宏愿有了明确的纲领，逐渐形成了完整教理体系。大师以其超群、坚强之意志、艰苦卓绝之努力、一夫当关之气概，抗击教内外守旧者之不断攻讦诬陷，遂使"人生佛教"成为二三十年里中国佛教界最响亮的声音，为20世纪后半叶海峡两岸人间佛教的建设打下了深厚的基础。现在，当中国佛教站在一个新的起点上思考21世纪的建设的时候，再一次忆念这位先行者所走过的路，无疑是有益的。

二 人生佛教与人间佛教

关于人生佛教，数十年来两岸高僧大德已有众多鸿文论述发挥。概而言之，人生佛教即以释尊所说佛

---

① 杨曾文：《太虚的人生佛教论》，《全书》第35卷，第132页。
② 方立天：《全书》题词，第35卷。
③ 邓子美：《二十世纪中国佛教智慧的结晶》，《法音》1998年第6期。
④ 杨曾文：《倡导人间佛法理论，推进佛教适应时代发展》；杨惠南：《从"人生佛教"到"人间佛教"》，分别见于《全书》第35卷，第109、143页。

法之人本原旨,建设适合中国环境的佛教,改良社会,改善世界,亦即"密切结合人生,努力改善人生,以人生为基础的大乘佛教"①。大师深知,欲达此目的,则必须以现实无量众生世界为其出发处与归宿,必须改造僧团旧有陋习痼弊,所以提出"以关于僧众寺院制度在理论上和事实上的改进为最重要"②,极力推行佛教三个方面的革命:教理、教制、教产之革命③。

人生佛教之教理依据,亦即其理论之核心,诚如诸高僧大德历年所阐述,为大乘教义,尤以禅、唯二宗于人生佛教为殊胜,即所谓"人天乘与小乘皆大乘方便","菩提为因,大慈悲为本,方便为究竟"④。众所周知,大师一贯主张五乘共学、八宗平等、各有殊胜,尝谓:"此之八宗,皆实非权,皆圆非偏,皆妙非粗;皆究竟菩提故,皆同一佛乘故。"且就学佛者言之:"始从八,最初方便学,门门入道;终成一,圆融无碍行,头头是佛。"⑤然则其尤重禅宗与唯识者,盖以大乘乃明诸法唯心,所求者为无上菩提,此尤合佛旨。一以直指人心,以得无上正等正觉、变五浊恶世为清净国土为究竟;另一以论证人心之转依,明正信正行获菩提之过程及原理,实为增上皈依者之坚信。

大师如此判教,既契合近现代中国佛教之现实,又可示笼统学佛者以门径,复可平息佛门中门派法派无谓之争执,团结一致以建设人生佛教。

大师在提出人生佛教并为之奋斗了数年后,又以

---

① 杨曾文:《太虚的人生佛教论》,《全书》第35卷,第119页。
② 太虚:《我的佛教改进运动略史》,《全书》第31卷,第63页。
③ 太虚:《我的佛教革命失败史》,《全书》第31卷,第57页。
④ 太虚:《佛乘宗要论》,《全书》第1卷,第143—158页。
⑤ 太虚:《整理僧伽制度论·宗依品第二》,《全书》第18卷,第34、27页。

"人间佛教"弘法。

1933年10月，大师在汉口市商会以"怎样来建设人间佛教"为题讲演。开宗明义就讲："人间佛教，是表明并非教人离开人类去做神做鬼，或皆出家到寺院山林里去做和尚的佛教，乃是以佛教的道理来改良社会，使人类进步，把世界改善的佛教。"并提出"从一般思想中来建设人间佛教""从国难救济中建设人间佛教""从世运转变中来建设人间佛教"。可以说，这篇讲演实际是他概括论述人间佛教的理论纲领。① 大师此前曾多次以通俗的世俗语言形容过人间净土，例如于1930年谓："佛学所谓的净土，意指一种良好之社会，或优美之世界。土，谓国土，指世界而言。凡世界这一切人事物象皆庄严清净优美良好者，即为净土。"② 则人间佛教者，盖依人间净土而命名。

据此看来，大师所示之"人间佛教"与前此一贯所用之"人生佛教"似乎并无差别。

若据此以观嗣后众高僧大德就人间佛教所论，似与大师略有差异。杨惠南先生对此曾有所论述，其意盖谓"即（既）不重'鬼'、'死'，又不重'天'，是印顺所最强调的；也是'人间佛教'和'人生佛教'的分野所在"。这"牵涉到太虚和印顺二人不同的佛身观"。即太虚的佛身观是"天"化、"神"化了的，而印顺则是"人间"的③。但是，大师曾就修成菩萨和佛说过这样的话："若以合理的思想，道德的行为，推动整个的人生向上进步、向上发达，就是菩萨，亦即一

---

① 《全书》第25卷，第354页。
② 《建设人间净土》之附录《创造人间净土》，《全书》第25卷，第348页。
③ 杨惠南：《从"人生佛教"到"人间佛教"》，见《全书》第35卷，第167、169页；按，对此杨曾文先生也有所论，见本卷，第111页。

般所谓的贤人君子；再向上进步到最高一层，就是佛，亦即一般所谓大圣人。故佛菩萨，并不是离奇古怪的、神秘的，而是人类生活向上进步的圣贤。""所谓佛果，即以全宇宙、尽虚空、遍法界究竟清净为身，也就是人生烦恼痛苦完全消灭，至于最合理最道德的和平安乐的境界。"①（这和他那首著名的偈语"仰止唯佛陀，完成在人格。人成即佛成，是名真现实"实在是同一个意思）那么，大师之有时"仍然存有'天'的色彩"，是人生佛教对治当时佛教之不足，还是一种方便法门？是吸收了中国儒家的思想，还是由印度后期佛教而来？或许，人生佛教给人的感觉偏重于个人的解脱，是个人生命时间的纵向延续，而人间佛教则偏重于社会的解救，是社会空间的横向拓展？

要之，人间佛教是从人生佛教演进而来，包括印顺大师在内的两岸高僧，都在根据当地当时的情况实践着、丰富着人生佛教/人间佛教的内涵，扩展着其外延。太虚大师留给后来者的，不仅是一个创新的理念和理论体系，更应该引起我们注意的，是他之所以提出人生佛教的机缘和为我们提供了发展其理念的广阔空间。

大师的人间佛教是他所发动的"佛教三种革命"的旗帜、目标。但是处在那样一个混乱、污浊的时代，他的理想不可能实现。为此，他写了《我的佛教革命失败史》，中云："我的失败，固然也由于反对方面障

---

① 《全书》第3卷，第208、210页；按，杨曾文先生亦引此，谓太虚"也尝试对佛、菩萨做现实化的解释"；见《全书》第35卷，第123—124页。复按，大师所示，原有所本，《增一阿含经》"等见品"："诸佛世尊皆出人间，非由天而得也。"又"听法品"："我身生于人间，长于人间，于人间得佛。"《华严经》"普贤生愿品"："人是福田，能生一切诸菩萨果故，""如是一切贤圣道果，皆依于人而能修证"。经中此类法语甚多，皆不证佛身之"天"化，大师岂肯悖之乎？

碍力的深广，而（我）本身的弱点，大抵因为我理论有余而实行不足，启导虽巧而统率无能……然我终自信我的理论和启导确有特长，如得实行好统率力充足的人，必可建立适应现代中国之佛教的学理和制度。""我失败弱点的由来，处于个人的性情气质固多，而由于境遇使然亦非少。……大抵皆出于偶然幸致，未经过熟谋深虑，劳力苦行，所以往往出于随缘应付的态度，轻易散漫，不能坚牢强毅，保持固执。""后起的人应知我的弱点及弱点的由来而自矫自勉，勿徒盼望我而苛责我，则我对于佛教的理论和启导，或犹不失其相当作用，以我的失败为来者的成功之母。"①

实际上，以今日之我们观之，大师并非失败者。他的近期目标固然未能实现，但他的理论和他的精神，已经在中华大地上逐步成为现实，虽然佛教的建设与改革是长期的事，即以今日大陆所为，在有些方面所取得的成果已经超出了大师的期望。值得我们深思的是，他在这篇自责的叙事中，反复从自身寻找原因，甚至有过度的地方。孟子说："仁者如射，射者正己而后发。发而不中，不怨胜己者，反求诸己而已矣。"②孟子所说的是作为习礼、用礼的"乡射"，射而不中则自反较易，而大师所面对的是残酷无情的现实社会，能如此深刻地自我解剖，则非彻底无我无执者孰能如此！

三　太虚伟大成就的内因

大师三种革命未能实现的外缘，固人所尽知，无

---

① 《全书》第31卷，第58—59页。
② 《孟子·公孙丑上》。

须多言；而辩证地看其时社会之凋敝，人民之苦难，实为促成其发愿弘扬佛法、为社会寻求解救之最大动力。大师自幼失怙，亲历艰苦，家族及亲人之悲惨、沉沦与皈依，均是其日后献身佛门、发大慈悲之宝贵资粮。

不可否认，大师天生歧嶷，为常人所难及。印顺大师在《太虚大师年谱》中说：太虚"以不世之资，外适时宜而内有所本"①。实为的论。但其多才多智亦一生勤苦之结果；而其简朴终生，辛劳过人，则又是幼时艰难困苦之所赐。如此众多因素造成其悟性超群，此则大师之为大师，既能随机随缘，又固守佛法真义之重因。其所宣示，皆自心深研所得，体验所悟，与仅依文献说教者异。其谓己"非研究佛书之学者"，"不为专承一宗之徒裔"，"无求实时成佛之贪心"，"为学菩萨发心而修行者"。②此为一般僧人、学者所难理解者，也是其卓尔于当世后世的原因。

也正是因为大师舍身为法为世，所以能以超越一般人的智慧，不拘于佛典自身，而是博览群书。四书、五经固在其熟读之列，举凡诸子百家、心理学、伦理学、哲学等内外名作、时人论著，莫不尽览。1914年10月—1917年2月，大师闭关于普陀。"在普陀闭关的三年中，一方面着重在个人身心（戒定慧）的修养工夫，同时对于律藏和小乘的经论，大乘曼殊、龙树的一系列经论，弥勒、世亲一系的经论，以及台、贤、净、密、禅诸部，都一一作有系统的研究。我国固有的诸子百家学说，和从西洋译来的新文化，亦时加浏览。由此种身心学术的修养而感发出来的思想，便演

---

① 《印顺法师佛学著作全集》第六卷，中华书局2009年版，第278页。
② 太虚：《〈优婆塞戒经〉讲录》，《全书》第17卷，第25—28页。

成了当时的各种论述"。"经过这番钻研的工夫后，所构成佛学整个体系思想，就和从前迥然不同了"①。观大师《自传》，其间阅读之广，写作之勤，思索之深，实为惊人②。虽广览博取以富我，然始终以佛为骨，于比较中愈显佛法之深刻，之切合人世。"欲行儒之行，而本之于佛而又归之于佛。"此于大师《墨子平议》《论荀子》《论周易》《论韩愈》等著述中即处处显示。且虽曰掩关，"亦仍不绝俗离世"，其《自传》引闭关时所作《却非痴剑自秣陵来有诗次其韵》句"幽居原异困砖磨，呼吸常通万里波"③，云"可想见其风度"。这"风度"是否即在于并非枯坐，或欲立地成佛，而是冥思万法，心灵体验？故有大师"在闻前寺开大静的一声钟下，忽然心断。心再觉，则光明月圆无际，从泯无内外能所中，渐现能所、内外、远近、久暂。回复根身座舍的原状，则心断后已坐过一长夜，心再觉系再闻前寺之晨钟矣"之对《楞严经》《大乘起信论》所揭示的证验④。此次闭关，对于大师此后之阐释教义、针砭时弊、开示人心俱有关键作用，确乎三年闭关大师已筑成其佛学体系大厦。

　　大师气质"和易近人，思想通泰"（鲁迅语），此盖亦出身寒苦、备尝艰辛所植种子，而精诚精进，朗然玄悟，熏染至极之果证。是以每为二众宣法，俱能深入浅出，通俗易懂。其接人待物既"和易"，且"通泰"，则人皆愿亲近之，服膺之，此大师弘法影响巨大之重要原因。

---

① 《我的佛教改进运动略史》，《全书》第31卷，第73—74页。
② 《全书》第31卷。
③ 原诗见《全书》第34卷《潮音草舍诗存》，第58页。
④ 《自传》，《全书》第31卷，第199页。

为弘法，为振兴中国佛教，大师除广泛结缘出家在家二众，且与其时政军要人多有过从。而于学术界思想界，则结交尤多。诸如章太炎、梁启超、鲁迅、蔡元培、张君劢、章士钊、邓演达、马寅初、李济深、黄祺祥、胡适之、顾颉刚、黎锦熙、梁漱溟、汤用彤、罗常培、罗庸、张大千、徐悲鸿等皆与之欢晤，乃至反复切磋。此非一般社交应酬之举，既是弘法所需，也是大师多方汲取营养、洞察时局之重要管道。其首推佛教于世界，其所谓净土乃指地球全体，如此宏阔视野，恐亦与此有关。

　　大师之天资，于其诗作中亦可窥见一斑，大师实为一代诗僧。其作也，随缘随机，即兴亦如宿构，要皆发自胸臆，一似不得不然者，故首首渗透禅意，既是抒怀，亦是对友朋、信徒的开示。然则大师之为诗，或亦一种方便。

　　不世之才，不世之勤，古往今来未必鲜见，而成一世大师者几人？盖不破我执法执，不怀慈悲之心，不立"地狱不空誓不成佛"之志，不能难为能为，难忍能忍，不转识成智，则才高识广亦无益于人世，难为众生师。今之求法者，不独于大师所宣示之经说，即由大师一生经坎坷而增上中，应该也得到很多很多重要的启示。

四　完成太虚大师未竟的事业

　　大师圆寂已逾六秩，中国和世界的情况已然发生天翻地覆的变化。适逢国运昌盛，民族和谐，佛教复兴，大师未竟的伟业，正应由今人继续完成之。

　　环顾宇内，与太虚在世时相比，现时五浊有过之而无不及，所不同者，不过是主要不用诉诸枪炮，而是利用人人喜悦的物质追求。经济全球化、科技快速发展，其负面结果则是环境恶化，社会分裂，冲突频发，天灾重重。长此以往，地球将毁灭、人类将消亡，这并非耸人之语。究其本根，还是五蕴遮蔽，信仰缺失，背离先圣先知，以物质享受为人生究竟，视精神净化为迂腐，于是贪嗔痴堂而皇之大行其道。概言之，21世纪，本应为充满希望的世纪，而希望则在拯救人心。应该说，这一艰难的事业比大师所引为痛苦的时代更为紧迫。无疑的，中国佛教责无旁贷，应该为国土清净、世界清净做出更多的贡献。

现在人类太浮躁了，忘记了自己是谁，忘记了祖先在历史长河中所积累的经验和总结出的教导。"时代变了"成了为奢靡贪欲辩解的口头禅。时代之变，不过只是物质丰富新奇，在于人类掠夺自然更为高效快捷，但是人之本性并没有变，人对身心安宁祥和的期望并没有变，人类需要宁静，需要反思，需要戒定慧并没有变！

当前，正是建设人间佛教的契机。一方面，深受科技迷信、物质迷信之害的人们开始觉察到如此的生活并不幸福，但又找不到出路；另一方面，各国的学者和思想家已经注意到了公元前东西方的圣哲们对世界、对人生观察的精辟，他们所提出的种种问题和解决的方案不但一直在指导着人类的生活和思考，而且其中很多核心理念对今天还是适用的。此时佛教的一切善举，在国内外都会事半功倍。

佛教要有更为宏阔的眼光，我们的责任不单在中国国土之内，而且应该秉承大师把佛教推广到全世界的遗志，和世界上其他体现着古老而年轻智慧的宗教和其他形态的文化紧密配合，互相学习，在把中国建成人间净土的同时，推动人类的和睦、洁净，止恶行善，离苦得乐。而这实际是在全面实现释尊创建佛教、普度众生的真谛，也是最大最重的功德。

为达此目的，中国佛教应自强。首先应该深研佛典，并且做出与时代相应的阐释，建立新时代的人间佛教教理体系。我们这个时代需要再出现太虚这样的大师，而且不是一个两个，而应该是一批，首尾相续，使法灯不仅不熄而且越燃越旺。其次，大师所奋力推行的僧制建设亟须加强，大陆和港澳台都有相关的法律法规，这也是大师那时百盼百呼而未见到的。有了法律法规的保障，佛教应该大有所为。在僧制建设中，以戒为师，根据当下的具体情况重新整理制定新的戒律是必要的。再次，继续破除社会上对佛教的误解和扭曲。其中最有效的法门还是加强佛典研究，深入众生弘法，关注社会，尤其是对弱势群体多予关爱，以身示法。最后，加快僧才的培养，尤其是杰出僧才、国际型僧才，更要培育、爱护、鼓励。大陆和香港、台湾，在这方面各有优长，现在两岸关系进入到一个新阶段，两岸佛教完全有可能在多年紧密合作的基础上再上一层楼。

大师早有所示，佛教是讲行证的宗教，今天我们纪念中国佛教百年，最好的纪念就是起而行之。当年大师行不得者今则已行。此路哪有尽头？我们个人对菩萨道的追求哪有终点？只要我们大家沿着大师的足迹永不停步，中国，乃至世界，终会建成人间净土！

禅宗※

——中外文化相融之范例

幸逢香港城市大学二十华诞，我首先对城市大学校董会、校长和全体教师、学生、职员表示热烈祝贺。能于如此盛大节日盛典之时来此演讲，乃我之荣幸。谨此对张信刚校长及其他学校领导表示感谢。

自以此题报与张校长始，即知所选为一甚为困难之题。世人皆知，宗教乃极其复杂之历史文化现象，数千年人类之智慧与文明，于宗教中得集中体现，研究宗教之论著汗牛充栋，几至非大师或专家则难以置喙。佛教自不例外，以我之学力功底，实无资格讲此题目。况城市大学一向提倡注重文化之学习与研究，造诣深高者多多，以禅宗为题，不啻班门弄斧。然所以仍大胆选之者，乃因我于研究思考中华语言以及文化诸问题时，常感若不晓佛理，不明佛教入华后之沿革，不晓禅宗之来龙去脉，则难以深入；再者，我于观察现实社会种种现象时，亦时须虑及宗教，否则于国内、国外纷繁事实难以透视；而佛教于中国文学、艺术、语言、生活、思想观念影响至巨。略叙浅见，引发议沦，甚有意义。然今日所讲，乃学习前贤时哲

※ 2004年10月18日在香港城市大学建校二十周年庆典上的演讲。

有关论著后之体会而已，如有所见，则或仅在略述由禅宗之兴衰应汲取之经验教训耳。论列未必得当，香港精于佛学者众，座中当有大德，尚望有以教我。

一　佛教要义

众所周知，佛教出现于公元前5世纪的古印度。创始人释迦牟尼（后世佛教信徒尊称为"释尊"）乃迦毗罗卫国君主净饭王之子，与孔子基本同时代[①]。佛教系自印度地区婆罗门教（印度教的前身）脱胎而出者。释迦牟尼贵为王子，然深为人民生活于严格种姓等级制度下之苦难所苦恼，遂思考解脱人生痛苦之法，终不顾家人反对，出家修行。经多年向婆罗门教诸教派请教，始终不能满足其求解脱愿望，乃于伽耶山苦行，亦未得解脱，其后于尼连禅河左近菩提树下沉思冥想，终于悟道。此后数十年中，释迦牟尼不懈说法布道，遂使佛教逐步传播达于印度各地。释迦牟尼80岁寂灭，时为公元前485年。其弟子伽叶、阿难等人及再传弟子继其遗志，传教不辍。佛教经其自身多次分化，形成多种教派。约公元前1世纪，大乘教兴起，不久几乎遍及印度全境。

佛教在其产生与完善过程中，吸收此前各教派哲学、伦理、文化等成果，经释迦牟尼及其传人之努力，佛教教义渐成一严密系统。综合各主要宗派之说言之，要点为：

（1）人生即苦，种种苦难皆由"业"积成；

（2）业报轮回，生生不已；

[①] 关于释迦牟尼的生年，说法不一。我国学者大多以公元前565年为其生年，早于孔子14年。

（3）脱离人生之苦，超出轮回，即需悟道，"一切众生皆具如来智慧德相，只因妄想执着，不能证得"，因此识得自性即得涅槃真如；

（4）"业"与"苦"非仅个人所有，故应慈悲为怀，普度众生，否则苦不离世，个人亦不得解脱。

就其哲学而言，主要观念为：四谛、五蕴、八正道、十二因缘、诸法无我。

四谛：苦谛、集谛（诸苦之因：贪欲）、灭谛（灭苦之源）、道谛（灭欲之道）。

五蕴：人之组成成分。其一，色蕴（地、水、风、火，即组成世界之四大元素和四大元素所组成的感觉器官、感觉对象）；其二，受蕴（感受）；其三，想蕴（抽象思维）；其四，行蕴（指导行为之意志）；其五，识蕴（控制思想活动之意识）。

八正道：寻求解脱之八种正确方法，即正见、正思、正语、正业、正命（生活方式）、正精进、正念、正定。

十二因缘：构成人生因缘关系之十二个环节，前者为后者之因，后者为前者之果。十二因缘为：无明、行、识、名色、六入（眼、耳、鼻、舌、身、意）、触、受、爱、取、有、生、老死。因缘之说实则否定世界为神所定耳。

诸法无我：万物均无精神实体，然则"我"亦因缘所生，乃无始无终、生生不息长河中之短暂现实，"我"非我，亦无我。

就修行之方法言，主要有：

（1）认真学习佛理；

（2）出家苦行；

（3）体悟自心；

（4）受戒、坐禅、入定。

释尊所说法，其时并无书面记录。寂灭后弟子所追记不一，理解亦有异。此派别之所以多也。若略去漫长复杂历史进程，依后世佛教情况，则注意大乘教与小乘教即可。命之曰大乘与小乘，乃大乘教观点，有贬小乘之意在。"乘"乃比喻，意为车、路，借指通向解脱目标之方法与路径。大乘教与小乘教的主要区别有以下几点。

小乘：

（1）以罗汉果位为最高追求（欲念断灭，从而解脱，不再轮回）；

（2）出家苦行（完全摆脱世俗）；

（3）自觉（自我解脱）；

（4）重伦理与心理，"我"为精神构成，无实在自体。

大乘：

（1）以菩萨果位为最高追求（历经千百次生命，不断修持，为众生渴求佛果）；

（2）出家、在家（居士）均可；

（3）自觉（悟道），觉人（以法普度众生）；

（4）虔敬玄奥——"空"（真如，无二实性，超越一切对立）。

二　佛教传入中国之过程

佛教自汉末传入中国，经历代高僧大德艰苦译经、传教，逐步流传，日见普及。

为译佛经为汉语，中、印诸国诸多僧人付出心血，甚或献身。如北朝中天竺昙无谶（意译法护）为译经而习汉语三年，以其时流传之《涅槃经》非为足本，还国更觅，前后八载始成；高昌僧道普求经途中受伤而亡。此类事不鲜。史谓佛经四大翻译家为：鸠摩罗什（344—413）、真谛（499—569）、玄奘（602—664）、义净（635—713）。或以不空（705—774）列于其中。

汉至三国，乃迄南北朝，佛教传播需依灵异。中原人士便常以灵异术数视之。一则中华大地之于外来宗教，常以为灵怪；二则中华文化久以儒家文化为根蒂，佛教教义与传统信仰相抵牾，难以接受，佛教如不以灵怪引人注目则难以推而广之。

佛教讲究灵异、众生或以灵异视之之风至南北朝犹然，以至影响民间至今尚或以高僧大德皆有特异。此类情景于《景德传灯录》《祖统记》《高僧传》《续高僧传》等中屡见不鲜。例如，《祖统记》载北魏竺道生"主一阐提①皆得成佛"之说，受疑于当时，竟遭摒除教外，道生遂入虎丘，聚石为徒，讲《涅槃经》，云："如我所说，契心否？"群石皆为点头。至今，"点头石"仍为该地之著名景点，信以为真者大有。

传播佛教者复因中国众生于佛教经文、经义隔膜甚大，遂以中土人士所熟悉之《老子》《庄子》乃至《易经》之意义理解之，时谓之"格义"。嗣后，经中土高僧大德努力，正确把握众经要旨者渐渐增多。复以事佛者多有中华文化及儒学根底或受其影响者，故其间渐有与儒、道结合之思维。

佛教教义与中华文化不能相合者有如下几点：一为中华文化为积极参与世事；佛教主要为超越世事

---

① 指善根已断绝之人。

（不可简单谓之"出世"）。二为中华文化看重继承与家庭伦理，以孝悌信义为做人准则；佛教需出家，断六根，弃父母妻子，于彼视为业根者，于此为最难割舍。三为中华文化形成于农耕时代，与之相应，需严格自家庭至社会之等级制度，始得以维系社会与家庭之稳定；佛教鉴于婆罗门教强调种姓阶级，内乱不断，百姓涂炭，故提倡人人平等、无君无臣以抗衡。佛教入华后发生数次儒、佛激烈争论，其核心问题即二者相悖处也。[①]

追乎隋唐，印度佛教各宗各派之经典已悉数译为汉文，中国及印度僧人钻研佛典，精义毕现，多有阐发。换言之，中华知识界已较透彻了解佛教教义，一者发现其中有与中华文化相近处，二者发现个中有中华文化所缺而应从中汲取补足处。例如，唐代文人中，固有如韩愈力排佛者（其与佛教中人亦有往还），然亦有如王维、孟浩然、韦应物、柳宗元、李翱、白居易等著名文士倾心学佛，不仅与僧人过往甚密，且时有涵蕴佛理之作，以禅入诗。即如王维，取字摩诘，与名合一则为"维摩诘"，乃古印度在家修行之著名居士之名。又如白居易，诗中寓禅者不计，仅题咏佛寺及因佛法而感赋之诗即达百首。高僧中复不乏精于儒道、善为诗文者，所谓以诗述禅也。今信手拈数诗为例。王维著名诗篇《辛夷坞》："木末芙蓉花，山中发红萼。涧户寂无人，纷纷开且落。"景中蕴含物我两忘、绝对自在禅意。又如白居易既有《读老子》《读庄子》，亦有《读禅经》，其诗曰："须知诸相皆非相，若住无余却有余。言下忘言一时了，梦中说梦两重虚。空花岂

[①] 参见范缜《神灭论》。

得兼求果，阳焰如何更觅鱼。摄动是禅禅是动，不禅不动即如如。"唐代著名高僧寒山诗曰："欲得安身处，寒山可长保。微风吹幽松，近听声逾好。下有斑白人，喃喃读黄老。十年归不得，忘却来时道。"诗中未用禅语，而全诗意境皆禅。（佛家亦"喃喃读黄老"，释、道相融之证也。）如深究此时之文化现象，则可知佛教已逐步吸收儒家学说中伦理道德、重视现世等内容，以及道家之玄思、崇尚自然等思想，道家之"贵无"与"重玄"亦与佛教之"空"论相互影响。儒学已吸收佛教形而上之思辨，于现实社会信仰之外，增加对生死、形神、心性及宇宙本体之探究。此于日后儒学之改革发展甚有启发。此一阶段实已为佛教与中华文化之完全融合准备充足理论及思想条件，所谓万事俱备只欠东风矣。

至唐，于中土主要有八宗流行。

三论宗（八不中道，真俗二谛）
天台宗（空、假、中三谛圆融，观心）
华严宗（法界缘起，事事事理无碍）
法相宗（唯识宗，唯识为中）
律宗
净土宗
禅宗
密宗（菩提心为因、悲为根本、方便为究竟，"三密"）

此八宗，乃以所宗经典不同、强调佛旨之重点有异及修道方法各具特色而别。各宗皆有高僧大德布法释经，佛教之不断变革前进，为历代学者精深研究之结果。

　　此八宗均有与中华文化相融之努力。尤以三论宗、天台宗与禅宗为最。如，南北朝清谈成为时尚，佛家遂以《老子》《庄子》所倡之"道""无"等概念释典（时谓之"格义"）。即如竺道生尝言："至像无形，至音无声，希微绝朕思之境，岂有形言者哉！"[①]其于《老子》所谓"大音希声，大象无形"[②]何其相似乃尔。再者，唯其佛理中有与儒、道学说近似者，故二者能相接相融；唯其有与儒、道学说异者，故能相补相辅。如，儒学号为"中庸"，即遇事应遵循事物规律，不取极端，所谓"过犹不及"是也；而佛教之"中论"大意亦如是，其所谓"八不"（"不生亦不灭，不常亦不断，不一亦不异，不来亦不出"），岂非中庸之道？道家崇尚自然，此与佛教之"不住"含义潜通。又如佛教谓"人人皆有佛性"，儒家言"人人皆可以为舜尧"，二者所异者，仅佛教重在追求个人心灵升华解脱，儒家重在社会伦理而已。

　　诸宗中获最终成功者，唯禅宗。至唐末以迄宋代，他宗或泯灭不闻，或虽存而不振，唯禅宗数百年繁盛，影响弥广。自11世纪起，中亚、中东民族不断入侵印度河流域，13世纪初，德里苏丹国建立，完全占领印度广大地域，佛教彻底衰微；待中世纪商羯罗改革婆罗门教，该教逐渐复兴，佛教则依然未能恢复元气。然佛教在中国却获新生，且远播韩、日、越诸国，此主要为禅宗之功也。是以学界谓印度所传为原始佛教，以别于中土所形成之禅宗等流派。

　　"禅"为梵语"禅那"之简称，意为冥思静虑，以

---

① 《法华经疏》。
② 《老子》第四十一章。

得智慧，乃释尊修行之一法，固非中国所始有。然以禅"学"来华，继而成其为"宗"，至唐构成近似禅"教"，则为中国所独。自禅宗兴，佛教遂逐渐影响城乡妇孺，千年不衰，影响中华固有文化至巨。是以考察禅宗发生、发展、兴旺、衰落过程及其所以然，实为研究中国历史之所必需，亦即为认识自己国家民族特性之必需。

禅之传入中国，始则小乘禅。译经则以安世高（安息国太子）在华译《安般守意经》等小乘禅经典为重要标志。南北朝时印度高僧鸠摩罗什来华所译所宣，乃大乘禅（《法华经》《大智度论》《中论》《十二门论》《百论》《维摩诘经》和大小品《般若经》等）。继其说者，竺道生等。《高僧传》等文献载道生"乃立善不受报，顿悟成佛"之说。东晋著名文学家谢灵运赞同之。与其同时之慧观、昙无谶则主渐悟。此时顿、渐之别实为后世禅宗南、北分野之先驱。自此，教中之禅法，势将成一具有特色之宗派，所仅缺者，为大师之出现及系统理论之形成耳，亦即我所谓"东风"耳。

唐之国力空前强大，非止农业，其手工业、农业社会之科学技术，均达到中国封建时代之顶峰。复以其承继南北朝及隋之业，兼之皇朝李姓与西北民族之血缘关系，朝廷开放意识浓厚，气度宏大，凡中原未有而有益于我者悉接纳吸收之。故完成佛教与中原文化融合之任务，必由有唐一代承担之。

三 佛教与中华文化之相融

如前所述，自汉至南北朝，可谓佛教引入及消化阶段；隋唐为融会贯通并使之本土化阶段。其时各宗各派均为在中国普及而努力不懈，其融会贯通之集中体现，即为禅宗之形成。

人类历史上一种民族文化与异质文化接触之方式，不外乎军事侵占与和平对话（商贸与移民为其要者）二途。前者双方牺牲既大，且受侵害一方必然反弹，反复斗争，贻害后世者无穷，其例不胜枚举；后者则为双方自愿，虽难免亦有摩擦，然终风平浪静，彼此影响亦易至深。何以故？盖不同文化相接，均不脱三阶段：一引进；二消化；三变为己物。其间双方之彼此抗拒亦属常态，固需长期安定、和平相处也，而固有文化即在此漫长行程中壮大，获得新鲜活力。

佛教之传来中华，及日后之入韩、入日、入越，均以和平方式。观佛教两千五百余年历史，其间可谓巨变者二：一为大乘、小乘之分，此乃于印度本土完成者；二为禅宗顿悟说之为宗，成为教之主流，此乃中国事也。此二变若非和平进行，则难以完成（此亦佛教教旨所决定）。

"顿悟"本为佛教本旨所有；禅宗开掘而提倡之，亦历数百年。此即禅宗成为中国佛教主流之过程，佛教文化与中华文化新生之过程，亦佛教与中华文化完全融合之过程。

自竺道生明确提出"顿悟"说后，虽至江南后有南朝帝王赞赏，然道生继其师鸠摩罗什之业，实开天台宗、成实宗之端绪，亦未特殊着力于顿悟学说之开发，其后继者有道猷、法瑗、法宝等，亦未能振其说于当时。顿悟之说久久未能成为主流，原因复杂，盖佛是佛、儒为儒，隋统一中国后北朝学术及宗教被视为非正统等恐为主因，而其时佛教主要为朝廷所提倡，且修行必出家之传统观念未破（实则原始佛教并未要求信奉修道者必出家，维摩诘即其明证）。要言之，佛教与儒学尚未深入融合，故而未为社会大众所倾心接受。

顿悟说未能大行，则渐悟说遂畅通于天下。加之唐代多位皇帝极力提倡，几成国教，顿悟说甚或被视为异端，难以公开传道。弘忍弟子神秀学兼内外，五十岁从弘忍学法，被誉为"东山（弘忍所宣被称为'东山法门'——引者注）之法，尽在秀矣"。后神秀为武则天所重，不仅诏征入京，且为"两京（长安、洛阳）法主，三帝（武则天、中宗、睿宗）国师"。所弘法，两京以及周边均行北宗之教，盛极一时。

北派主渐修，强调禅定。达摩之"二入四行"为北派所尊。"二入"为"理入"与"行入"。"理入"者，即明理，深信不疑，为此则需细读经典，体味其义。"行入"者，即弃欲践行，共四项：报怨行，遇苦遇难，即念缘起我过往之业，故尔毫无怨艾；随缘行，得失随缘，荣贵亦旧因所致，缘尽即无，不喜不惜；无所求行，无贪无恋，安心无为，所谓"有求皆苦，去求乃乐"；称法行，心与法等，性得净圆。

其说以"五方便"为主。"五方便门"为：

第一，总章（彰）佛体（亦名"离念门"），即"一念净心，顿超佛地"，引导修行人摄心静观，待"一物不见"，即已离念，亦即净心，即已成佛（智者，觉者）。

第二，开智慧门（亦名"不动门"），即闻声而六根不动，开智慧。

第三，显不思议门，与以下二门皆为悟念之深入。不思议，即口不议，心不思，客观世界一切平等。

第四，明诸法正性门，即无心、无意、无识，一切事物无别，得法正性。

第五，了无异门。既已无动念、无思维、无分别，则三法同体。永无染著，是为无碍解脱道。

此"五方便门"需坐禅，皈依应"开戒"，即所谓戒禅并举、二者合一。开戒有仪，坐禅需久，即使不能久住佛地，也需一七、二七坐禅。此皆来源于佛教经典，如《楞严经》《华严经》《金刚经》等。

至神秀于长安、洛阳弘法，禅宗可谓正式确立，亦即佛教与中华文化已经相融。

依禅宗南派顿悟说创始者慧能之弟子所定祖系，亦以菩提达摩为始祖，其下为慧可—僧璨—道信—弘忍—慧能。南派顿悟派与北派渐悟派所传述祖系仅孰为六祖有异（北派定为神秀）。姑且无论二祖系之是与非，如就顿悟说之形成考之，南派所定确非虚构。即以史乘所载事例证之。

（1）《景德传灯录》第三卷载慧可求道于达摩，"（慧可曰）'诸法印，可得闻乎？'师曰：'诸法印，匪从人得。'（慧可）曰：'我心未宁，乞师与安。'师曰：'将心来，与汝安。'（慧可）曰：'觅心了不可得。'师曰：'我与汝安心竟。'"

（2）又："有一居士，年逾四十，不言姓氏，聿来设礼，而问师（慧可）曰：'弟子身缠风恙，请和尚忏罪。'师曰：'将罪来，与汝忏。'居士良久曰：'觅罪不可得。'师曰：'我与汝忏罪竟，宜依佛法僧住。'曰：'今见和尚已知是僧。未审何名佛法？'师曰：'是心是佛，是心是法。法佛无二，僧宝亦然。'曰：'今日始知罪性不在内，不在外，不在中间。如其心然，佛法无二也。'大师深器之，即为剃法，云：'是吾宝也。宜名僧璨。'"

（3）又："至隋开皇十二年壬子岁，有沙弥道信，年始十四，来礼师曰：'愿和尚慈悲，乞与解脱法门。'师曰：'谁缚汝？'曰：'无人缚。'师曰：'何更求解脱乎？'信于是言下大悟。"

（4）又："（道信）一日往黄梅县，路逢一小儿，骨相奇秀，异乎常童。师问曰：'子何姓？'答曰：'姓即有，不是常姓。'师曰：'是何姓？'答曰：'是佛性。'师曰：'汝无姓耶。'答曰：'性空故。'师默识其法器，即俾侍者至其家，于父母所，乞令出家。父母以宿缘故，殊无难色，遂舍为弟子，名曰弘忍。"

（5）据《坛经》载，慧能谒弘忍，入碓房，服劳于杵臼之间，八月有余。弘忍集弟子，命各作一偈。其时弟子神秀为上座，学通内外，为众所仰，乃于廊壁书偈云："身是菩提树，心如明镜台。时时勤拂拭，莫使惹（一作'有'）尘埃。"弘忍谓其"只到门前，尚未得入"。慧能闻之，知其未见本性，至夜，请人于壁上书一偈云："菩提本无树，明镜亦非台。本来无一物（一作'佛性常清净'），何处惹（一作'染'）尘埃？"弘忍知之，遂夜至碓房，密授慧能《金刚经》、顿悟之法及法衣，命其速去以避害。慧能遂南返。

此数则，多有后人附会者，然恐难俱伪。观其义理，一以贯于其间者，"不立文字""一切法皆是法""见性成佛""无念为宗"等佛家教义耳。而此等教义，概非起自弘忍，更非慧能独造，实存在于释迦牟尼所传法之中，且为前代诸宗所尝宣布者。试逐项言之。

"不立文字"者，源出关于释迦牟尼寂灭时情景之传说。《五灯会元》及《无门关》（禅宗公案书）等文献云，释尊于灵山会上拈花示众，是时众皆默然，唯迦叶尊者破颜微笑。释尊云：吾有正法眼藏，涅槃妙心，实相无相，微妙法门，不立文字，教外别传，付嘱摩诃迦叶。此其意指性全在自悟，若修行未到一定境界则语言文字亦不能启之；设若双方达到同一层次，则尤不需语言文字，亦非语言文字所能表达，心心相印方可沟通。至竺道生，亦谓："象以尽意，得意则象忘；言以诠理，入理则言息。"① 则是以语言文字为"理入"之工具，至若领悟真谛，则非语言文字所能为。

"一切法皆是法"，此为《金刚经》语，意谓法非在虚无缥缈中，而在现实生活；万事万物皆是法，人应于日常饮食起居、劳作言谈中除却迷妄，成就佛道；人亦在万法中，故人人皆有佛性，人人皆可成佛。

"见性成佛"。"性"者"自性"，"自性"本自清净，本来空寂，亦即是佛。然众生为世间诸色所迷，不能见性。修行体悟，即可达到"识自心，见自性"。所谓"心"，人体与出自本能之意识相当，潜意识应亦在其中。"心"与"性"相近，依佛家说，"本心"是"本性"所有之"本觉性"②。

"无相为体，无住为本，无念为宗"。"无相为体"：世间万物皆有相，众生观相即著相，著相即迷障，失却自性；"无相"即无著于相，无著于相则见本性清净。"无住为本"：世人思绪总为绵绵不断，通常坐禅则心定，心定则执着；"无住"则于日常坐卧动静念念不住中见得本性。"无念为宗"：人人皆念念不住，亦随外境而起，亦随外境流转，贪嗔由此而起，是为妄念；如念念不受外境影响，则念念解脱自在。

---

① 《高僧传》第四章。
② 参见印顺《中国禅宗史》，江西人民出版社1999年版，第八章。

若谓"见性成佛"为顿悟说之总纲,则"三无"可谓是途径与方法。

"三无"之法来源于佛教之"三学":戒、定、慧。戒者,行为之约束;定者,心专注于一,通常以坐禅方式入定;慧者,悟也,既戒矣、定矣,由定而得悟。南宗既谓人人可自悟,故不强调三者之别,谓"定、慧等"。所谓"无念",即"见一切法,不著一切法;遍一切处,不著一切处。常净自性"[①]。此言生活如常,无须坐禅入定,能不执着即得慧。

今以《坛经》所载慧能之说法以明上述诸点。

般若品第二

一切处所,一切时中,念念不愚,常行智慧,即是般若行。

佛法在世间,不离世间觉。离世觅菩提,恰如求兔角。

不悟,即佛是众生;一念悟时,众生是佛。

诀疑品第三

自性迷,即是众生;自性觉,即是佛。

若欲修行,在家亦得,不由在寺。

心平何劳持戒?行直何用修禅?恩则亲养父母,义则上下相怜……苦口的是良药,逆耳必是忠言。改过必生智慧,护短心内非贤。

定慧品第四

一行三昧者,于一切处,行、住、坐、卧,

---

① 《坛经》。

常行一直心是也。如《净名经》云："直心是道场，直心是净土。"莫心行谄曲，口但说直，口说一行三昧，不行直心。

妙行品第五

何名坐禅？……心念不起，名为坐；内见自性不动，名为禅……何名禅定？外离相为禅，内不乱为定。

忏悔品第六

自性起一念恶，灭万劫善因；自性起一念善，得恒沙恶尽，直至无上菩提。

拟将修福欲灭罪，后世得福罪还在。但向心中除罪缘，各自性中真忏悔。忽悟大乘真忏悔，除邪行正即无罪。

由以上所述可知，禅宗无论南北，其教义相同。其异仅在修行方式及路径而已。其教义相同之要点为：

（1）人人有诸般苦，皆因为"五蕴"所蔽，所谓"一切众生悉有佛性"[1]。

（2）如能知一切皆空（万事皆为因缘），破除障蔽，则可解脱。

（3）人人俱有佛性，唯凡人不自知耳。即便善根断绝、行为极恶之人（"一阐提"）亦不例外。此即民间"放下屠刀，立地成佛"之来源也。

（4）如能悟得自性，即所谓证得真如，即可成佛。

二者修行方式与路径之异，简言之，即：一在教

---

[1] 《大涅槃经》。

人凝心人定，住心看净，起心外照，摄心内证；一在单刀直入，直了见性，顿见佛性。相对于北宗，南宗顿悟之法至简至易。一则无须多年苦苦读经；二则无须久久坐禅；三则既然坐卧动静皆可见性，则无须出家脱离凡俗生活亦可成佛。此既与慧能出身贫苦，不识一字，在家悟道，更知劳苦者欲求解脱必须简易有关，复符合封建时代多数人无识字机会，然仍需精神归宿之现实。此次讲座海报所示禅诗两首，即禅宗思想之生动表达。寒山大师诗："千年石上古人踪，万丈岩前一点空。明月照时常皎洁，不劳寻讨问西东。"仰山禅师诗："滔滔不持戒，兀兀不坐禅。酽茶三两碗，意在镢头边。"两首诗禅意均甚通俗了然：万法自在，不需外求；戒禅未必能定，坐卧动静亦得智慧。

　　学界谓禅宗历史可分为酝酿、形成、南北分立、南宗独步及禅门分宗五个阶段。

　　（1）酝酿期：宽泛言之，可自禅学传入中国计；从严而言，则自达摩来华始。

　　（2）形成期：应自道信始，至神秀、慧能弘法时止。

　　（3）南北分立期：起自弘忍入灭、慧能与神秀分别于南、北说法，至慧能弟子神会在滑台（今河南滑县）与北宗辩论，顿悟说得胜（732）。

　　（4）南宗独步期：应自732年神会取得辩论胜利至9世纪中叶禅宗再分宗止。

　　（5）禅门分宗期：笼统言之，亦南宗独步期之新阶段。

　　禅宗之形成，即其分宗之始；禅宗之一统，即南宗兴盛，北宗衰微，亦即南宗再分宗之始。

四　禅宗之一统

慧能自幼失怙失学，虽不识字，但生性聪颖，砍柴赡母，偶闻人诵《金刚经》而有所悟。后投至弘忍门下，弘忍密授慧能《金刚经》义，即密传心法，复授达摩以来所传法衣（继承衣钵之凭证），恐其被他人所害，嘱其速去。慧能遂潜返曹溪，隐居数年，始出弘法。

神秀、慧能相继寂灭，神秀弟子普寂继续弘法于北，而慧能之弟子神会离南北上，弘扬慧能之法。其始，屡遭北宗挤压。732年，神会于滑台办大型法会，与北宗辩论，一举获胜。自此，南宗开始行于北方。

嗣后，神会曾遭北宗诬告而被朝廷贬逐，是时北宗势力犹强。安史之乱（755—763）起，神会以度僧尼筹集军费有功，乱平，朝廷表彰之。796年，即神会去世36年后，德宗敕封神会为禅宗七祖。此时北宗已几乎寂然无闻，南宗独步之势形成。南宗祖统逐渐为众所公认，后世甚至称南宗为"顿教"。

南宗顿悟之旨，既为竺道生顿悟说之继承，复为其发展。竺道生倡顿悟之时，渐悟、顿悟之争已盛[①]。然道生所谓顿悟，实为"渐修顿悟"，顿悟所得仅为初悟，此后尚须经若干途径（例如"五方便门"），依次历经若干阶位方能成佛，此乃一切大乘教共同经义。而南宗则更进一步，主张"顿见佛性，渐修因缘，不离是生，而得解脱。譬如母顿生子，与乳，渐渐养育，其子智慧自然增长。顿悟见佛性者，亦复如是，智慧

---

① 详见汤用彤《汉魏两晋南北朝佛教史》，北京大学出版社1997年版，第十六章。

自然渐渐增长"①。道生与神会仅一步之遥矣，此或道生未能成顿悟始祖之故与？

凡学术或思想，如一统而无流派，则必尚不发达；然若门派林立而不能互取他派之长，且渐归一统，亦其停滞之表现。禅宗之兴旺，因就佛教诸宗汲取其要，渐取儒与道之长而成。成宗后又有南北之分，分后不久，复合而为一。就表面言之，似纷然至赜，然确为事物发展之共同规律。

禅宗既已一统，约至9世纪中叶，由慧能之再传与三传弟子先后开创沩仰宗、临济宗、曹洞宗、云门宗、法眼宗，史称"禅门五宗"。今观禅宗语录及僧传，五宗于佛教宗旨并无区别，所不同者为开悟人心与自悟己心手法之异。法眼宗之建立者文益谓："曹洞则敲唱为用，临济则互换为机，韶阳（即云门宗）则函盖截流，沩仰则方圆默契，如谷应韵，似关合符。②"其手法如临济宗之"三句"（"三要印开朱点侧，未容拟议主宾分"；"妙解岂容无著问，沤和争负截流机"；"看取棚头弄傀儡，抽牵全借里头人"），沩仰宗与曹洞宗之侧面回答或不答反诘，云门宗之以粗詈代答、答非所问等，均名于世。然应予重视者，五宗均为阐发慧能、神会之旨，于教义并无发展，是则虽五家纷呈，或有利于宣法，而无益于深化也。此则禅宗势必衰落之征。

禅宗至宋，虽号称秉承六祖之法，然或埋首语录公案，或全凭恶詈棒打、呵斥，鲜有能弘扬发展禅学者。虽名传后世之高僧大德迭出，然谓其自身得道、传法益广则可，欲求禅宗再进之力则无。故有宋一代

---

① 《神会和尚遗集》。
② 《宗门十规论》。

禅宗虽盛，若以佛教发展史言，则仅有普及而无提高矣。既尤继续前进之动力，则即兴盛于一时，亦难持久，故此时之旺也，已伏衰落之机。而儒学则由禅宗中汲取研究"心""性"及关于本体之成果与思辨方法，形成宋明理学。理学盛而禅宗衰，亦学术及思想发展演变的必然之道。

五　范例之启示

1. 民族文化时时与异质文化相遇，所从来远矣。以战争方式相见者，代价极大，而双方文化相斥之力亦巨；以和平方式接触者，虽亦有相斥一面，然终将以共处共容、相得益彰而相融。中华民族与异质文化大规模接触、冲撞，盖仅两次：一即为佛教之传入，二为19世纪末之沦为半殖民地。禅宗之产生、壮大（以及传至越、韩、日），即为后者；而19世纪国门之开，则为前者。佛教以和平方式来，故影响远大于19世纪西学之输入。今日之改革虽为19世纪以来中西相接之继续，然既以和平方式进行，故其于中华文化之影响则二十五年远胜前百年矣。佛教于中华文化影响最显者，为对"心""性"之思考。宋明理学之较汉唐儒学细腻完善者，主要在"心""性"之探索，而此即得自禅宗也。今日西学影响最巨者为何，尚待时日方可有所结论。其间又有说焉。马克思主义之于中国，亦西学也，其来亦以和平方式，且关乎社会生活，故至今其于西学诸项中乃影响为最者。"马克思主义中国化"之提出，亦为吸收中华民族历史经验所得启示也。

2. 就民族文化自身言之，则需不断自异质文化选取己之所需、所缺，方能获得前进之营养；如仅靠自身之完善，则时既久而危殆。禅宗自传至五代而后逐渐平平，乃至以棒喝与怪诞竞相标榜，即因无异质文化可借鉴。明清禁海，闭关自守，"祖训不可易"，固不能获得新生，故国愈弱而民愈贫矣。非止中国如此也，佛教之在印度，始则因汲取婆罗门等教学说而革新之，顺应时代，故生气勃勃；至其宗派既多，教仪教规繁复琐碎，即一蹶不振。鸠摩梨罗和商羯罗改革婆罗门教，则吸收佛教、伊斯兰教诸教部分思想，遂成日后之印度教，其生命力至今犹盛。以是观人类自古及今之文化史，概莫不如是焉。

3. 民族文化与异质文化相融，关键在乎化为己有。文化之最易变革、最易吸收异质者，为表层，即衣食住行及其所体现之情趣爱好；最难以变革、最难以吸收异质者，为底层，即价值观念及哲学观（所谓哲学观，包括世界观、人生观、伦理观及审美观）。至若中层，即风俗、礼仪、艺术、法律、制度、宗教等，其变异及吸收外来因素之速度，则介乎表、底二层之间。二层之分固非截然，上下层关系亦至为紧密。所谓化为己有，要在底层；所谓已有，需民族成员不觉其为外物也。试观今日吾人之衣食住行，除西装、西餐尚有"西"字以标之外，孰人尚谓楼为"洋楼"，谓人力车为洋车，"番茄""番薯""西瓜"等虽有"番""西"字，世已鲜有知其为外来者矣。此即已为己有。表层如是，中、底二层亦然。试观佛教及禅宗，恐亦鲜有以为印度文化者。虽然，孔子"不语怪力乱神"之观念，"孝悌忠信"之为人准则，和谐合作、兼容并蓄之胸怀，不爱极端、处事适中之心理，表里如一、协调对称之审美习惯犹未为所变，是中华民族文化之底层尚无巨大动摇也。

4. 民族文化之变，外来文化之被吸收，所需时间其长应以百年计。即如佛教之中国化，几经千年。19世纪以来之学习吸收西方文化，至今已逾百年，然犹方兴未艾，所化为己有者尚鲜。何以如此之缓慢也？盖以文化即生活方式、思维方式，乃全社会之共识，而决定人之意识者，为社会生活，为经济环境。而社会生活之变，经济环境之变，全民族习惯观念之变，皆绝非立时可奏效者。且社会成员数量愈大则其吸收异质文化愈难，此欲"西化"我之不易也。

5. 文化之兴衰，执政者与知识界之态度至关重要。佛教之传入，即得汉明帝之助；南北朝佛经之大量翻译，与多朝皇室之重视及文士之参与直接相关；禅宗之兴，端赖唐皇朝之支持；南宗之盛行，德宗与有力焉，众多文士之爱好与有力焉。与此相反者，即"三武灭佛"（北魏太武帝、北周武帝、唐武宗）。故余曰：文化振兴须"文化自觉"。所谓"文化自觉"者，在执政者与知识精英耳。

以上所述，或喜佛者之所共知，或为吾之鄙见，既浅且陋，此之谓矣，尚望大德高仁不吝赐教。

深研经典，环顾宇内，振兴道家[※]

各位大师，各位道长，各位高道大德，各位嘉宾：

非常荣幸能够参加2008年崂山论道暨首届玄门讲经活动，这将是我学习道学的大好机会。佛门讲经，玄门论道，这是宗教自身生存和发展的需要，是建设社会主义和谐社会的需要，也是中国人民和世界人民一道消除"欧洲中心论"，抵御"物质至上""科技迷信"等现代世界性疾病，共同建立适合人类未来发展需要的伦理观、世界观，促进世界和谐的需要。

道家对中华文化、对人类最大的贡献就在于建立了以"道"为核心的一整套世界观、人生观、伦理观的价值体系，并且成为中华文化的脊骨。这次的论道和讲经，将有各大宫观的高道就《道德经》一展多年学道、修道的收获和体验，无疑将对中国道教界的自身建设、对学界今后的研究起到巨大的推动作用。在这里，我要向道教协会邀请我参加这一盛会表示衷心的感谢，预祝崂山论道和讲经活动圆满成功！

中华民族在两千五百年前出现了老子，接着又出现了孔子和孟子，这是中华民族的幸运。虽然两千多

[※] 2008年10月11日在"崂山论道暨首届玄门讲经活动"上的讲话。

年来历代都有兵荒马乱，都有饥馑流离，但是循道以求"和"、求善、求真的思想始终支撑着无数中国人的心灵，在无形无声中抵消着不和、不善之行，维系着中华民族的生存和一统。当前，经济全球化挟裹着消费主义、贪欲膨胀等违背人生、社会和自然规律的意识形态滚滚而来，侵蚀着人们的灵魂，腐蚀着人们本应亲切和谐的关系，扭曲了人本来纯朴善良的性格。照此下去，社会不得安宁，世界不得安宁。无论是伊拉克战争，还是近来惊骇全球的金融危机，究其实质，无不是悖"道"而行之的结果。在混乱不安的当今世界，唯有中国"风景这边独好"，呈现出一片祥和安定，即使我们遇到了自然的灾害和人为的干扰，我们都能沉着应对，使挑衅失败，变难关为不难。这是偶然的吗？不，这是因为我们的制度优越、我们的领导力量坚强、我们的人民可爱；而贯穿于制度、领导和人民心理意识中的，是中华优秀传统文化和社会主义的时代精神。在飘忽不定、动荡不安的世界风云中，中国要立于不败之地，要对世界的和平与繁荣作出我们独特的贡献，就必须弘扬中华民族优秀的文化传统，就需要充分发挥宗教在构建和谐社会主义社会和促进中国与世界各国人民交流对话的作用，而要做到这一点，我们就必须深入研究各个宗教的经典，强化宗教的戒律和仪轨，加强宗教与社会的结合。

　　道家的核心教义和信仰，集中蕴含在《道德经》这短短的五千文中。《道德经》言简意赅、博大精深，世人皆知。论道、讲经，首先就应该从这部伟大的元典开始。回顾历史，世界上不同文化源头的经典，几乎都是每当社会发生变革时都要出现结合当时的社会情况和需求而重新进行阐释的浪潮。欧洲文艺复兴以来，西方社会对《圣经》的重新阐释几乎每隔三四十年就要进行一次。我国历代对中华文化元典的阐释一直在进行，但真正大范围的潮流，大约需要经过几百年才出现一次。现在当我们面对麦当劳式文化的挑战和逼迫的时候，站在今天的高度，以全球的视野，在前人研究的基础上再来一次对《道德经》的认识和阐发，无疑已经紧迫地提到了所有出家人和在家人的道学研究者的面前。对此，我们必须积极应对，否则就要落伍，就有可能被时代所淘汰。概言之，时代需要道学道教，道学道教需要理论，理论需要创新，创新需要继承。我之所以说这次论道和讲经"对中国道教界的自身建设、对学界今后的研究起到巨大的推动作用"就是因为这个缘故。

我认为，在当前以这次论道和讲经作为一个非常好的开始的标志，在道教和道学今后的发展壮大中，需要注意并处理好以下几个关系，我冒昧说出来，请各位高道、大德不吝赐教。

一　学道与修道的关系

学道对于出家人的重要性，无须多说。但是，学道，亦即以钻研经典为中心的学习代替不了修道。《道德经》说："道可道，非常道；名可名，非常名。"这是说，老君所发现并坚持的道，是无法用语言表述清楚的。我认为开宗明义先把"道不可道"说在开卷第一章，是有深义的，是一开始就告诫后人，要在实践中用心去体验，而不应该拘于语言和文字。按照中国古代哲人的观察认识，人类的语言有着很大的局限性，人的思想感情不是语言概念，所以没有给它下过西方式的定义；颜渊在称颂老师的时候也只是用了"仰之弥高，钻之弥坚；瞻之在前，忽焉在后"这类语句来作模糊的描述。佛家"拈花微笑"的故事，固然是为禅宗"不立文字，教外别传"确立依据，但却也符合语言的实际。这是中国古代圣哲绝顶聪明的地方。但是，多么深奥的道理总还是要用语言作为传递的媒介，因此《道德经》又说："有物混成，先天地生。寂兮寥兮。独立而不改（垓），周行不殆，可以为天地母。吾不知其名，字之曰'道'，强为之名曰'大'。"这是说"道"这个词充其量只是"先天地生""可以为天下母""惚兮忽兮"之"物"的别名，称之为"道"，也是不得已而名之。

　　因此我认为，我们学道，在钻研经典时，既不可人人斤斤于一字一音的考证，也不可只停留在文句的表面，而应该静思沉虑，体悟道之至大永恒，道之为一切的本源；同时还应该结合参与社会和谐的构建和社会各界人民意气风发的生活实际，体味道之无穷。《内观经》说："道不可见，因生以明之。"而"生"就在我们眼前、身边，无处不在。我高兴地看到，"生活道教"的理念已经得到越来越多教内人士的赞同。我想，"生活道教"既符合党的宗教政策，也符合道教的教义和悠久的历史传统，同时有利于道教中人士对教义的领悟。宗教的神圣性在很大程度上来源于它的纯洁性，而纯洁性又主要来源于出家人严守戒律，"诸恶莫作，诸善奉行"。持戒，这也是修道必需的环节，归根结底，是让奉道者清静寡欲，能够"道心不二"，深入体验"道"的真谛。只有这样，受箓者才能成为信道众生的表率。毋庸讳言，现在全世界处处弥漫着浮躁，出家人清正宁静的表率作用太有意义了。要之，戒律保证了道教的纯洁性，宗教所应有的神圣性也就自然而升了。

二　道与儒、佛的关系

儒、释、道是中华文化的三大支柱。在儒学突破了董仲舒及其末流的束缚、佛教在经历了六七百年对中土的适应过程中，道教同时走过了创立、发展、理论系统化的几个阶段，三家已经是我中有你，你中有我，而又各自保持着自己的特色了。三家曾经有过对立、冲撞，彼此的每一次挑战都诱导着对方认真思考、建树、进一步完善自身。兴盛于明代的三教合流论，不管其科学不科学，可行不可行，却是三教异中有同、同中有异的反映。我曾经说过，中国三大宗教的相融共生，是人类历史上的奇迹，也是中华文化包容大度的表现。正是因为三教自古相融共存，更增强了中华民族对异质文化包括外来宗教的包容能力，所以此后陆续进入中国的基督教、伊斯兰教和天主教，也都能在不同程度上中国化，在中国生根、开花。现在，三教的教职人员和信徒彼此间融洽相处，正是大家在享受着自古以来无数先哲的遗泽。

在这样的环境下，我一直在思考，处在新时代、发展新阶段的儒、释、道，还有没有继续互相研究、彼此学习的必要？我的结论是还有这个必要，而且是非常必要。因为第一，大家都在进行重新阐释经典的工作，各有自己的体会，在这些收获中也是有异有同，彼此应该了解，相互学习。第二，各家经典中，本来就存在着前人汲取他家营养后的创造，如果我们只读本教经典而对外典不知不晓，就只能知其然而不知其所以然，难得真谛。第三，相互比照，彼所云者的含义或可帮助我们对本教教义获得新的理解。例如，无论是道家、佛家都讲宗教体验，讲开悟，也就是经过修为，用心去领悟那无形无声、不可言说的真谛。其实，儒家何尝不是如此？儒家讲言—行—思合一，而其最高级的境界也是不可言说的。云何孔子说："知者乐水，仁者乐山；知者动，仁者静；知者乐，仁者寿。"对这句话，其弟子和后人也只能仔细地慢慢地领会。所以子贡说："夫子之文章，可得而闻也；夫子之言性与天道，不可得而闻也。"不是孔子不关心性和天道，而是他无法用语言表述，学生只能从老师的所行和所言中，从自己达到"告诸往而知来者"的过程中去开悟了。在这点上，三家是不是可以交流呢？又如，道家讲"气"，孟子则有"浩然之气"；丘处机高道主张"直下见性"，禅宗则讲"明心见性"，理学讲究一个"理"字，其实三家都是主张要寻觅自性的；儒家和道家都讲"和"，等等，这中间是否有宋儒所说的"理一分殊"的道理在？这"一"是什么？"殊"在何处？何以"殊"？如何分？都是只有在研究了他家学说和教义之后才能得出答案的。

　　基于以上的思考，所以我曾向各大宗教的领袖们建议，大家不要满足于各教之间的和睦相处，还应该进行宗教的"对话"。"对话"，意味着对对方了解、理解、尊重、学习，其间当然也会出现彼此辩难，而辩难正是交流深入的手段和表现。对话的结果不仅仅是自己视野的开阔，更重要的是携手并进，大家都像古代大德那样进入到一个更高的层次。在《道藏》中有不少儒家乃至墨、农、兵、医等家的经典，意即在此。古人没有社会发展规律和文化演变的自觉，因而三教的交流基本上是被动的；现在的我们就应该自觉地实现相互对话，加强交流。今年4月，我和澳门中华文化交流协会合作，在道教协会、佛教协会的支持下，在澳门大学举办了"儒释道对话暨论坛"，取得了初步试验的成功。我希望这类活动今后能继续下去。但是，这种向社会公开的对话还是有很大局限的，我们可以把这种对话日常化、生活化，使交流和辩难成为各方必不可少的求学求道和生活的内容。

三　出家与在家的关系

近年来，一个可喜的现象是在家的道学学者多起来了，著述日丰；同时，在家居士也渐渐增多，其中不乏对道教经典有较高造诣者。这对道教今后的兴盛无疑是重要的辅助力量。如何加强出家、在家人的联系，对未来道教促进社会和谐发挥更大的作用，是摆在我们面前的重要问题。

出家人与在家人的联系既要体现在对教理教义研究方面的默契分工合作，也要有合适的组织形式。先说前者。出家人和在家人对道教经典的研究是彼此不能替代的。如上所述，出家人有自己的信仰和宗教体验；在家人，特别是宗教学学者，自有其冷静、客观的心态和一套研究的"工具"。二者各有其长，应该紧密联系，互补互促。现在各大宫观与各地大学和研究院所中的宗教学者的关系都良好，但双方主要是在各种研讨会上见面，也有些学者到宫观讲学，或高道到高校任教。前一种方式双方接触时间既少；后一种方式彼此接触面也不够大。建议大家继续探索新的方式和渠道，促进两支力量形成更大的合力。

道教要为促进社会和谐做出更大贡献，除了发挥宫观的作用外，修道之人还应该走进社会；而在家人本来就在不同社群中生活。二者如何合作，帮助社会需要物质和精神帮助的人们，如何以道教教义使更多的人精神有所依归，也是值得研究的问题。我在经过一些调查研究后认为，无论佛、道，居士和居士林都可以在这方面发挥很大的作用。但是，居士林怎样管理，要不要发展，是需要认真研究的。上海佛教居士林由宗教局为主管单位，组织运行良好，是可以借鉴的经验。

中国道教要振兴，提高对道教经典和教义的研究水平，就需要走出国门，和各种宗教进行交流切磋。在这方面，出家人和在家人也是可以紧密合作配合的。应该承认，迄今我国本土宗教——道教和佛教，乃至儒学，在世界上的话语权很小。我们应该发下宏愿，让道教和佛教真正成为世界显学，中国的出家人和在家人真正成为这一显学的主力，同时本着"自觉觉他""度己度人"的精神，成为世界和谐和安宁的有生力量。现在比较急迫的是努力培养出一批（而不是一个两个）精通一两种外语，在哲学、历史、文学等有关领域具有一定修养的国际型的出家人和在家学者。为此，我曾经做过一点点试验，先后在澳门和北京组织或单独进行儒—释—道以及儒—犹、儒—耶面对面的对话。这些对话虽然是初步的，还不够深入，但已经增强了中国宗教和儒学完全可以在新的时代以一个新的视角、新的高度与异质文化和宗教进行对话的信心。在山东省有关部门的支持和配合下，明年9月我将在曲阜主持国际性的首届"尼山论坛"。希望这一论坛在各方共同努力下逐步成为我国主办的世界不同文明对话的主要平台，也成为帮助我国学者和出家人成为国际型人才的一股力量。"尼山论坛"基本上两年举行一次，明年拟先进行儒—耶对话，可能以宗教与社会伦理为年度主题；以后还会开展儒—伊、佛—印、道—犹等对话。每届我们都将尽量多邀请一些世界著名的学者和神职人员，他们将带来西方和中东、印度研究宗教和文化问题的最新思路和成果。希望在座各位对这个论坛给予大力支持，踊跃参加。

要培养一批国际型人才，只靠请进来还是远远不够的，还应该走出去。去年在西安和香港举行国际论坛，我看到不少外国求道者，身着道服，甚为虔诚。经了解，其中有些人经常到中国来，有些还曾经长期居住在中国。我想，我所说的"走出去"，也应该包括像人家那样到某个国家去住上几年这样的方式。

四　道教和哲学的关系

任何宗教都有自己的哲学。丰富的道教经典中同样包含着深刻的哲学思想和成果。《道德经》《南华经》当然是道教哲学的源头，而历代高道居士也有很多人为丰富道家的哲学宝库做出了杰出贡献。我们钻研经典不能不就其中的哲学，也就是形而上深入思考。所谓冥思静虑，也就包括了对经典中不可道不可名、玄之又玄的"道"作深刻的领悟。

中国的哲学，特别是道家的哲学，与西方哲学有着出发点、旨趣和归宿的不同。古代贤哲所创立的哲学是从自然、人生、社会中经过体验/经验，通过关联性思维，把宇宙、社会、人身作为整体进行观察分析而总结出来的，不管是哪一代的哲人，其学说最终都要面对现实。西方哲学则是先验的,是从推论圣父圣子圣灵之有无以及三者的关系、从神的启示的内涵及其内在逻辑开始的。基督教哲学与希腊哲学(同样与神有着极其密不可分的关系)结合,逐步完善,体系博大,分支迭出。但他们历代的哲学家总离不开基督教的影子。人神对立,天人对立,心身对立,现象和本质对立,好与坏对立,以致在家里夫妻对立、父子对立,等等。总之,一切事物都由对立物组成,施之于自然科学,即二分法,原以为分之又分,等到认识了部分也就认识了整体,亦即所谓还原论。但实践证明,只有二分法,缺了整体论,就还原不成。扩至人文社会,则也是一概以二元对立思考,于是一味竞争、斗争,乃至进行战争,再加上把自然科学的达尔文主义移到人类社会,于是种族优胜劣汰、适者生存作为侵略他人的理论依据。天人的对立,造成二百多年来大自然的急速毁坏;人与人的对立,造成家庭、社会、国家、世界的分裂,心身的对立,促使多少人获得了物质,丢失了灵魂,抑郁症、分裂症患者越来越多。长此下去,人何以堪,社会何以堪,世界何以堪!救之之道,唯有东西方文化互相尊重、学习、吸收,经过若干时间的努力,形成一种新的哲学理念,贯彻于万事万物,恢复世界的整体,人与自然的整体,心与身的整体。显然在这方面道家大有可为。但是如果我们只限于历代经典的表层意思,而不能归纳提升到哲学层面,是难以服人的,也是经不起主客观世界的纷繁复杂考验的。西方有的学者以爱护心情说道,中国的哲学和科学、经济等领域一样,已经被殖民化,希望中国哲学摆脱"欧洲中心论"的羁绊,从自己传统哲学中汲取营养,建成中国现代的哲学体系。我想,这番话是客观的、冷静的、严肃的，很值得我们参考。

五　道家与其他科学

中国古代的种种学说，大多出于老君。史书上说诸子中的许多家出于史官，而老君就是位史官，他的学说实际上是历史的总结。因为"道"的思想揭示的是主客观的规律，所以先秦诸子几乎无不与之有着渊源或借鉴关系。《道藏》中收有许多其他家的典籍是有道理的。认识事物和道理的规律就是这样，仅仅在本系统内认识是不够的，常常需要环顾其周围，特别是与之有亲缘关系的领域。时至今日，由于受了近代西学的影响，学校和科研单位里学科越分越细，连我们的宗教钻研的范围也越来越窄，大概只有藏传佛教还保留着原来的传统，每位喇嘛除了佛典，还要学习医、数、天文、地理、艺术，等等。回顾道教的历史，历代有多少高道不但精通道学，而且是高明的医学家、数术家、诗人。这个道理，只要我们温习一下《南华经》的《天下》篇，就能够不言自明。

历史的经验值得注意。我希望各个宫观在普遍提高出家人素质的同时，要鼓励一些基础较好、悟性较强的道士，涉猎道家经典之外的学问。也许再过若干年，在我们广大的道众和居士中就会涌现出一批道义专精，又饱学其他学科的杰出人才。这同样是道教的需要，国家的需要，世界的需要。

各位大师，各位道长，各位高道大德，各位嘉宾：

我是一个学中国古代语言学的人。虽然也有近五十年的教龄，但是由于社会的原因，加上不知用功，可谓先天不足，后天失调，自己的本行都没有精通，今天在这里却信口谈论道教和道学，实为不自量力，班门弄斧。因此所言不当应属必然。但请相信，我是以一种热爱道教道学，崇敬道教道学的心情，以一种知无不言的态度在向大家请教，诚恳地希望听到高道大德的批评指教，以帮助我今后继续学习道家经典和精神。

谢谢！

道教的未来[※]

道教，和世界上一切伟大宗教一样，其所以出现，是要回答人们最重要的、最切身的关切，包括人是从哪里来的，最终要走到哪里去以及如何解释和解决现实生活中的苦恼与灾难；实质上，是人类为了回答这些问题而创造了宗教。2500年前的伟大智者老子和稍后的庄子，以及1800年以来道教众多的先行者张角、张鲁和历代高道，都根据他们那个时代的渴望和需求，用自己的智慧和实践为世人提供他们所能给出的答案。他们先后相承，形成了道学道教顺应自然、尊重生命、关注人生的传统。这次论坛的分议题，围绕着诚信、慈爱、养生和生态，以及笼罩着这些议题的总主题"行道立德，济世利人"，在我看来，都符合先圣先道的学说和理念，且与当前地球上的形势相合。

如果我们重新审视2000多年来的道教历史，是不是可以说，道家思想和道教都是在社会危机极其严重的时代出现的；道教兴衰相间，大体也是与国家文化与精神的失据和繁盛相应的。现在地球上的情况呢？我以为颇为类似中国春秋时期和魏晋六朝时的情形：

[※] 2014年11月25日，龙虎山。

物欲横流，"奇物滋起"；朴真毁弃，狡诈遍地；腐鼠成金，奢泰流行；强梁称雄，冲突不断。面对全球的乱象，深受老庄和道教影响的中国人，很自然地、符合民族思维传统地，要回到先圣先哲那里寻求几乎已经"冷藏"了的民族智慧。道教之呈现复兴之势，不能不说与此有着密切关系。

但是，道教也因此而需要应对一系列挑战，主要有以下两个方面。一是后世道教渐渐与老庄之学的核心理念和宗旨在一定程度上有所疏离；二是世界已经进入现代和后现代，科技高度发达，文化多样性逐步为人所知并认同，相应地，人文社会科学和哲学也发生了重要的转型。这对道教从宇宙观、神仙道，到符箓、斋醮形成了无形的压力。

先说第一个问题。老庄之学的核心，简约地说，就是人们耳熟能详的《老子》的"人法地，地法天，天法道，道法自然"和"道生一，一生二，二生三，三生万物"等精辟论说。在关于现象界的描述的虚拟，包括庄子恣肆驰骋、无御遨游的想象和对世俗束缚、名利龌龊的厌弃，无不由此生发又得到极大升华。原始道家的出现与形成，就是因为"以身观身，以家观家，以乡观乡，以国观国，以天下观天下"而"知天下之然"，也就是洞察了人类自走出原始状态后，就被日益膨胀的一己之私迷惑着、折磨着、相互残杀着，而人类却身陷炼狱而自鸣得意。老庄自赋的使命就是唤醒世人，回归天道。换言之，他们始终关怀的，是当下社会，是现实人生，是人们的心灵，是人类的未来。

世隔近十个世纪，历经了种种曲折而诞生的道教，由于当时社会动荡不已，人们深感人生之无常，于是

· 624 ·

顺应其势，逐步将教义的重点偏移到个人的长生久视，同时又吸纳了自古就有的巫觋信仰和神仙之说，于是对宇宙/地球的关怀、对社会本质的分析和对人类的挽救逐渐淡化。时至今日，这种状况，和世界宗教界、学术思想界的走势有着相当的距离，而且似乎距离越来越大。现在，世界已经进入后现代，人类对宇宙、对社会、对文化、对宗教的反思越来越广泛，越来越深入，不仅对有些宗教的创世说、原罪说、救赎说等等根本性教义发出质疑的声音，而且对自文艺复兴以来形成的所谓绝对真理，包括自由、平等、博爱以及人权都进行了解构和批判。这一浪潮中的出发点，也是当下和未来的世界、社会和人生。相对而言，这一趋向反而越来越更近似于老子和庄子的初衷。

至于第二点，即世界科学发展对道教形成的压力，也需要高度重视。近代天文学、宇宙学、力学、物理学、生理学、医学，地质学、考古学、人类学、历史学等的成果都在对各个宗教教义的"合法性"产生很大影响，其过程是一个否定—肯定—再否定的曲折回环的道路，至今没有终结。受此影响，近几十年来希伯来系列宗教，包括犹太教、基督教、基督新教和伊斯兰教都在不同程度上进行改革，从对元典的诠释，到介入社会生活的方式方法、场所建设、服饰仪轨，都在逐渐演变。我们从美国著名神学家约翰·F. 威尔逊的《当代美国的宗教》、德国犹太教哲学家赫尔曼·柯恩的《理性宗教》和汉斯·昆（孔汉思）的《作基督徒》（汉译《基督徒》）等著作中可以窥其一斑。综而观之，似乎这种改革的理论和实践在美国境内所呈现的力度以及在社会层面收到的效果，要比欧洲和亚洲显著，美国宗教的这股变革之风已经波及非希伯来系列宗教范围，例如墨西哥、亚洲移民所带进去的各种宗教和信仰。这也许是欧洲宗教日渐衰落而美国信仰宗教的人和虔诚教徒增加较快的原因之一吧。

现在是不是中国的宗教也要考虑这一问题了呢？

从世界思想界的走向看，现代科学越来越理解到，宇宙的事物间有着极其复杂的、微妙的关系；研究任何事物都应该注意它与其他事物的关系，有人甚至提出研究事物要首先分析它所涉及的"关系"；又如，科学证明"时间"（历史）并不像有些宗教所认为的那样，以某一事件为起点，以另一事件为终点，而是无始无终的，可能还是循环往复的；历史的发展也不是线型的，而是有跳跃、有回流、有反复、有平行的。在诸如此类的问题上，似乎科学的新成果正在引导着人们缓慢地向着中国哲学，具体说，向着道家哲学移动。在我看来，这种情况对道教提出了两道考题：一个是如何用科学的进展进一步解读道教教义，特别是老庄和后世高道大德的智慧结晶；另一个是如何对待民间依然存在着并且有此需要的巫觋崇拜，如何在陈撄宁先生研究的基础上重新解释神仙道？既要顺应并引导信众的心理，又要随时符合并运用世界范围内科学研究的假设与结论。在我看来，虽然如威尔逊所说，"宗教关于世界的看法，无论它们为何种传统或来自何种传统，便在个人和社会中保护民众免受通常被称为现代性腐蚀酸的侵害方面，有着极其重要的意义"，但是如果忽略了或漠视了世界的变化和动态，我们就将拉开与不断变动着的时代的距离，疏远了受到越来越多科学技术训练的人们，特别是年轻人。换言之，正如菲利普克莱顿所说的，科学与宗教之间的对立使得人类无法回应人类的危机。

道教如何应对剧烈变动着而且灾难深重的现代世界？道教如何参与对世界灾难的拯救？我认为，关键是进一步改革，更大更深的开放。陈撄宁先生几十年前就说过："宗教这个东西，在以后的世界上，若不改头换面，他本身就立不住。无论道教佛教耶教天主教，以及其他的鬼神教乩坛教，一概都要被科学打倒。岂但宗教如此，连空谈的哲学也无存在之价值。"我所谓的改革和开放，落在具体面上，可以概括为三个拟人化的"对话"（dialogue）。

一　古—今对话

为建起古—今对话的通道，首先回归元典，即更深入地研究和大力弘扬老庄原著的精义，所谓深刻，是指以今天的视野和各领域的知识诠释其原理。哲学家告诉我们，每一个时期的历史都在对以往的历史叙事进行过滤，也就是后代对以前的遗产总会遗漏或丢弃了什么，同时也会添加进一些后世人的发现和创造。在道教元典的深入研究中，根据先圣先哲所没有领略过、思考过的现象中发现他们的先见之明和未及顾上论述的东西，也就是有所创造，超越传统，同时，要像老庄那样，用同时代人极易懂得的话语进行表述，以回应当下社会和人们的关切，否则，也就违背了"道"生生之厚的本质追求。

二　教—科对话

道学道教留给后人的经典，是历代大德高道根据他们面对社会和自然观察和冥思所得出的智慧之果。

现在我们不能丢弃他们的实践经验，只在遗产文本里生活，对现代科学技术的迅速发展而视而不见。"道""太极""自然""冲和"等这些道教最根本、最普通的理念，实际上在不同程度上、从不同角度在印证或质疑着那些更为古老的教诲。今天，我们在关怀社会的时候，特别是在面对受过较多正规教育的人群时，须知人们的苦恼几乎都是内心背离了道家的教诲、吞下了备受诟病的"现代性"的结果；他们更易接受的是现代科学的所谓最新成果，甚至可以说，"现代化"和科技在以他们为"刍狗"。如果宗教与科学技术的动态发生隔膜，就无异于我们远离了最需要关心的人群。而这也是不符合老庄以及道学道教的原旨以及所有宗教都应具有"终极关怀"的品格的。顺便说一句，由道教所哺育和滋养的中国医道，用西方术语说，是人体科学、病理学、传染病学、环境科学、气象学、宇宙学、哲学、心理学、伦理学等的综合性学问，可能会成为道学、道教与现代科学对话既便利又适宜的载体和通道。现在中医正在走出国门，我们是不是应该积极参与？

三　中—外对话

世界在变，各个学科在变，各个宗教也在变。任何宗教和学科只有高度关注各国相关领域的动向、与国外同行对话，甚至进入他国社会、文化和宗教生活，相互尊重，相互理解，才能比较透彻地了解正在发生的种种事情，把握他者的新思考、新成果，以供道教进一步改革和开放、适应当下的参考。在对话中，我们完全有资格奉献道教道学的伟大智慧，例如中国

"三教"相克相融的经验，足可供自古及今因宗教问题而未停杀戮的国家和民族参考；再如，我们自古对自然、对地球、对宇宙的关怀，完全可以成为人类共同挽救地球的精神支柱；又如，我们"法自然"式的自由，可用来纠正新自由主义的偏差；如此等等。这些都有赖中—外的对话。同时，就像我在前面已经谈到的，世界所有著名的古老宗教从教义到外部形式都在静悄悄变化着。它们为什么变了？怎么变的？在变化过程中，它们依据的学理和实践体悟是什么？一旦对这些问题有了我们自己的答案，一定会有助于对自己宗教的反思和提高。

现在，"中国应该承担起超常的责任"的声音不绝于耳，但政治家和一些学者在发出这一声音时，只想到了政治，最多再添上经济，其中甚至有"中国应该顺从世界既有的秩序"的暗示。而我们，作为宗教家和学者，我们深刻地懂得，政治，其实也是文化的重要组成部分，而文化则是政治最坚实的基础。因此我们认为首先应该想到的，是在人类道德重建过程中中国应当而且可以有的担当。五千年的中华文明，两千五百多年的道学智慧，1800多年的宗教体验，足可以担当起挽救世人之心，挽救地球之灾的重任。

这次论坛主题中的"济世"的"世"，应是世界之"世"；"利人"之"人"则是"人类"之"人"。这样，道教自然不仅是中国的，也是世界的。

2014年11月23日于
日读一卷书屋

我的人生道路与中国儒家思想[※]

我这次由于时间的限制，只和基督教中的洛杉矶的主要教派和犹太教进行交流。同时我在协助中国的孔子学院总部，在全世界帮助设立孔子学院和进行汉语教学以及中华文化的介绍，所以我这次到洛杉矶来，理所应当到孔子学院看一看。本来就是想来了解情况，孔子学院运营的教学效果如何，老师和学生有哪些困难，还有哪些问题需要研究。当通知我们孔子学院的时候，孔子学院的院长、老师提出让我在这里做一场报告，这个时候离我离开中国到美国来已经很近了，由于时间匆忙我就定了一个可以不用做准备的题目，就是《我的人生道路和儒家思想、儒家文化》。我没有想到今天来听这个报告的人有这么多，目前还没有纯汉语的听众，那么我就采取一种不是真正的学术报告的形式，而是一种我们彼此谈话的形式来进行。

在前面我在讲我的题目的时候少用一些时间，留更多的时间给各位，就着我们个人的人生道路，和儒家文化之间的关系进行讨论。如果王教授和各位对我这样一个考虑没有很多反对意见，我们现在就开始进

[※] 2009年1月12日在美国洛杉矶大学洛杉矶分校孔子学院的讲演。

行。为了说明我的人生道路和儒家文化的关系，我需要简要地介绍我的一生。我出生在一个知识分子的家庭，也可以说是一个教师的家庭，我上的是北京师范大学。当时没有现在年轻人考虑的那么多，上哪个大学，学哪个专业，将来工作更容易找，收入更多。那个时候在中国是计划经济，大家的工资都是一样，你大学毕业无论到哪里工作都是一样的，那么选什么专业呢，完全凭自己的兴趣。我的兴趣受到了家庭的影响，也受到了我的老师的影响，就在老师的鼓励下，选择了中国语言和文化这个专业。

但是，请朋友们想一想，一个17岁的少年，对于语言学和文化的距离有多远，所以我可以说，自己也莫名其妙地就把五年的大学读下来了。因为那个时候中国没有设学位制度，1949年以前的学位制度被废除了，我们只有本科，大学本科毕业，要想获得更高的知识和技能，那就要在工作中学习和锻炼。我是1959年大学毕业的，那个时候中国正准备大规模地发展大学教育。大学急需一批年轻的新的老师，于是我就被留在学校任教，我是我们这个年级里年龄最小的，也是留在学校做老师年龄最小的。但是由于学习成绩优异，所以被留校了。现在的年轻朋友，包括从中国来的年轻朋友，都难以想象我们年轻的时候遇到的是什么样的社会状况。1959年我毕业，马上就碰到了中国国内的三年困难时期，物资匮乏，城市和农村不要说其他的生活用品了，就是粮食、蔬菜、油类、肉类、蛋类都非常缺乏，每个人每个月消耗的粮食、食油和肉、糖都是定量的。由于营养不良，很多自己的同事就患浮肿的疾病，面、腿、脚肿起来了，领导决定，哪一个发现了浮肿就停止工作。

那么，工作的担子就落到了没有浮肿的人的肩上。我也莫名其妙，我始终都没有浮肿。这样本来我是教两个班的课程，某一位同事病了，他的两个班就交给我，变成四个班。又有同事病了，最后我就教八个班的课，虽然是同一个课程，我讲若干遍，但是毕竟要上很多很多的课，看很多很多的作业，当时脑子非常简单，根本没有抱怨，也没有感到劳累。事后过了这段时间我才发现，这一段的经历对我是非常有好处的。什么道理呢，我后面再讲。这以后在中国就一个政治运动接一个政治运动，例如，要对农村的农民进行教育，于是我们就需要带着学生停止课程，到乡下去住。大家想想，40多年前，中国的农村还没有现在的生产力这样发达，交通也不发达，农村的耕作基本上是手工耕作，农民的收入也很低，因此下去生活是很苦的。

我给大家举一个例子，我住在北京南部地区一个村里，我和两个学生住在一个农民家，这农民家只有一个老婆婆。农村没有自来水，我们就学习用挑水的办法到井里打水。我们对下乡到农村去的老师和学生有一个要求，一定和农民一起吃饭，一起住，一起劳动；同时又学习军队，住在谁家，要负责谁家院子里的卫生扫除，我记得当时正是冬天，我虽然是老师，但是比我的学生大不了多少，说来很惭愧，到现在我还在工作，和我一起下乡的那批学生，现在完全退休了。我就去给我的房东，就是那位老婆婆挑水，这是一个平地上的井口，要把桶放下去，桶是轻的，打不上水来。学会一种技术，摇摇，突然一动这桶里就装满水了。再高明的技术总有些水要流出来，流到井口的周围就冻成冰，你流一点冻一点，他流一点冻一点，于是这个井口周围都是冰，这是没有经验。没有经验在哪里呢？冰上遇到的水，在新的水没有结冰的时候，等于放上了油，它是滑的，我站在那里，当40公斤的水挑到肩上，脚底下有水了，一下子就滑倒，我两只桶就飞出去了，最重要的是我的眼镜也飞出去了，根本看不到了。摔得痛就不要说了，需要到处找眼镜，忍着痛找到眼镜戴上。就这样走了吗？不行，我住的房子的水的容器没有满呢，要继续打。过了不久我又到山西，住在山西的山区农村里。仍然是这个办法，要给农民家挑水。住在山村，在山上打一个井，我现在记得是用一种原始的工具（摇），绳子续下去，打好水之后要摇上来，这样粗的轴绳子就在外面，盘上，我记得当时那绳子是32圈，大家算算多深。挑上水以后要走一公里，山路不是平路，要上山再平走，再上山再平走。因此，经过多次的下乡，我手里都是老茧，我的右肩就生成这么厚的一块肉，这块肉如果用手捏它我不知道疼。

今天，我们是座谈，我不便于把衣服脱掉（笑），否则我要给大家看一看。虽然事情过了40年了，我的肉茧开始消除，但是现在还有一点。就这样到农村去，当时我所获得的是什么，是农民对一个大学生、大学老师的那一片尊敬、真诚的爱护和关心，这种关心、爱护是我在大学和老师相处、和同学相处没有经历过的。例如，和我们住在一起的老婆婆，她孤苦伶仃一个人，就把我和我的学生看成是自己的孩子。当时生活水平差，她所吃的是玉米磨成面做的饼，像我手掌这样大，这样厚，贴在锅上，锅底放上一些水，底下烧火，盖上盖子。当小米煮成稀饭了，这些贴的饼也熟了，贴到锅的这一面是焦的，非常好吃。我们每天出去，这位老婆婆到时候就一定要做一锅这样的饭菜。

我们不回来她不吃，她就把锅盖好，一定等我们回来。

那个时候一进门就闻到玉米烤焦的香味，然后她给我们盛到碗里，让我们先吃。晚上天冷了，她要起来给我们关窗户，进到我们的房间，看我们的被子是不是盖好。这样的事情几乎是说不完。所以我所获得的是人间难得的一种亲情。我也懂得了他们需要什么？他们需要很多、很多物质的东西，同时他们需要文化。我不可能在这里用简短的时间把我一年一年的经历介绍给大家，我只好跳跃式的。后来就发生了大家都知道的"文化大革命"，在"文化大革命"里我也变得糊涂了，不知道发生了什么事情，为什么这样做，将来可能怎么样，我都不知道，但是人人都卷入了，人人都要有一种态度，于是我就本着从家里受到的熏陶，我在小学、中学、大学所受的教育，那就是说真的话，我的口应该说我的心，对事物有公正的看法。

于是我就直言，在"文革"每个单位都形成几派的时候，你怎么说都是一家之言，没有关系。当这几派消除了，每个单位形成权威领导的时候，如果你认为你说的对，你坚持，而和领导的意见不一致的时候，这就要倒霉了。虽然已经到了"文化大革命"的后期，可是这个阶段终于来了。我仍然是依照刚才所说的原则发表看法，其实这些看法集中起来，现在我给大家介绍，就是很简单的一点，我认为在学校里，不应该对教师和学生这样残酷，不应该认为他们是反对政权的。就是说了这样的话，当然我是反复地讲，用各种形式讲。突然有一天，我正在开会，有人叫我出来，在另外一间屋子里已经坐了好几个人，通知我，从现在起你不能回家了。但是我也没离开学校，就在学校找了一个地方，一个区域，里面住的都是我这样的人，我一个人住进去，有十几个人陪我，要我交代，这个那个的。

同时，每天有五个人作为我的"保镖"。我的房间里要设一个人，右面房间是两个，我对外的窗子要锁上，怕我从高楼上跳下去，关了我一年零两个月，就是14个月。和我同样命运的人的确有几位，我认识的和我不认识的都有。我的太太也很担心我一时觉得自己的人格受到了侮辱，会自杀。其实我的400天的时间，丝毫没动过自杀的念头。因为我在里面反思我所说的一切话，我所做的一切事情。我怎么想的就怎么说了，我本着公正，本着事物发展的规律说话，这样一想心里很平静。那时候我就做出一个判断，虽然是领导把我关起来了，但是真理不在他手里，我是对的，关我是错的，既然我是对的，他是错的，早晚有一天对和错要大白于天下。

果然，关我是从1971年到1972年，到了1976年邓小平先生拨乱反正，一切都改正过来了。这时候给我的一个很深的印象就是，一个人在不好的环境下，只要你反思，你自我检查，无情地解剖自己，解剖结果发现你是对的，你不是出于私心，你没有觉得自己错，那你就不要改变，你要坚持。这以后，特别是从1978年以后，我就又过上了另外一种生活，这就是繁忙、劳累、焦急、生气和愉快。我用了五个词，首先是繁忙，中国要建设，中国的学术要发展，中国的教育要培养更多的高水平的人才，于是像我这样的教学和科研的骨干，很自然地就繁忙起来。曾经有几年，按照当时所规定的一个大学教师所应该承担的工作的量来衡量我一年所做的，我一个人做的相当于五个人的工作量，现在回想我都不知道自己怎么过来的，自然是繁忙加劳累。

为什么生气呢，因为我看到了中国教育系统的弊病，大学管理方法的弊病，我就要改革。后来我做了中国语言文化系的系主任，又做了北京师范大学的副校长，后来又做了国务院国家语言文字工作委员会的主任，这是一个部级干部。我所到之处，我都感到我们的制度有很多是不合理的，不适合人才培养，不适合学术的发展。当我提出改革和改革的方案的时候，没有人反对，但是要实施的时候处处遇到阻力，我就生气。但是经过一段时间之后我发现，我生气是不对的。因为所谓改革最根本的是观念的改革，而一个人的观念不是做出一个决定，开一次会就可以解决的，人们都是要看在实践中，这样改了以后确实有好处，对提高教学和工作的效率有好处他才赞成呢。所以我如果生气，就等于我是堂·吉诃德对着风车生气。因此，后来我就想通了，我就不停地去改革，可以说我是从一个大学的副教授，一路走改革走到国务院的（笑）。这样一来，大家看到了成绩，也看到了全国通过改革——像国有企业改革、农村的改革、城市管理的改革等取得的成效，当然是非常愉快。

这样走过了30年，我回想了一下，我真正过得比较轻松的时代，大家想不到，我可以下下棋，打打桥牌，到公园里去玩一玩，各位都想不到是什么时候，就是"文化大革命"时，没有人管很自由。当然把我关起来以后我就不自由了，等到不关我了，关我的人承认他们错了，我又自由了，那段时间也可以轻松了，除去这当中大概6年的时间，我稍微地轻松一点，我可以跟大家说，从1958年开始到今年是51年，我没有在夜里一点半钟以前睡过觉，包括这几天在洛杉矶。因此有人问我，你工作如此繁忙，你什么时间看书？不好意思，我的书就在问我这个问题的人睡得最甜香的时候读的。在我担当了领导职务之后，我对自己只有一个要求，就是在学术上，用中国的成语上就叫"不绝如缕"，缕就是丝线，要翻译恐怕要翻译成像一根绳一样不断绝。也就是说我可以随时从领导岗位上退下来，延续我的学术研究，如果我断了，我即使是退下来也接续不上。只要不断，经常了解我学科的前沿情况，我随时可以拿起来。

我自己也没有想到，从我做国家部委的领导开始，到现在我发表和出的书加在一起有300多万字，这其中包括我的一些重要的讲演。我还有一个特点，我所有口头发表的和书面发表的东西，每个字都是我自己写，不让任何人给我代笔，一直到现在。这就是我简单介绍我的几十年的生活。作为这段介绍的结束语，我想引用一些我在回答香港凤凰卫视记者提问时候的一句话。她说："你有很多著作，你也为国家做出了很大贡献，你的家庭很幸福，你有什么遗憾没有？"你们晓得记者提问常常是乘你不备，先给你个提纲让你有准备地答，这不是高明的记者。采访我的是著名的主持人吴小莉，她突然问我这个问题，我没有加以思索，我回答她说，唯一的遗憾是对不起我太太，因为我几乎没有时间陪她。也只有每年夏天我能抽出四五天陪她到海边去走一走，因为她喜欢大海。我说我退下来之后，我会多陪她到公园里走一走，那么今天我在离家万里之外，我要告诉大家，这个遗憾仍然是我现在的遗憾。我那次的采访，世界各国都看得到的，在国内是收视率很高的一个节目，我等于是向公众做出了承诺，到现在一年多了，我只陪我太太去了一次北京的植物园。有一次我陪她在家里院子里散步的时候，她说你在电视上撒谎（笑）。为什么？2008年这一年刚刚过去，我的秘书做了一个粗略的统计，一年365天，我不在北京，包括出国访问，包括到各省视察、调查研究，到别的地方高等学校去了解情况，将近190天；我参加的各种社会公益活动，一年500多次。我问，你们统计得准确吗？365天我参加500多场活动，相当于一天一场半，我没感觉啊。但是确实有数字。

所以今天也可以说，我带着遗憾和大家座谈（笑）。现在我要谈我的题目的后半段——儒家思想。是什么使我从一个17岁的少年，糊里糊涂地大学毕业了，糊里糊涂地做了大学教师，糊里糊涂地到襄阳，然后也居然失去了一年零两个月的自由，然后又很劳累地走了这30年。我想过，就像我刚才一开始所说的，我是受到了家庭的影响，受到了社会的教育，而抛开每一次给我启发、每一次教育的事情的表面，是这样几点。

第一点，和孔夫子齐名的孟夫子说过这样一段话：上天要给一个人加上很重的担子、历史的任务，一定磨炼他的意志，让他身体感到饥饿，皮肤感到疼痛，一定让他的筋骨受到劳累，一定要增加他本来没有的本领。这个咱们中国的同学都知道。"天将降大任于斯人也，必将苦其心志，劳其筋骨，饿其体肤，空乏其身，增益其所不能。"外国朋友知道用现代汉语表达。因此当我遇到困难，遇到挫折的时候，我都把它看成是上天，也就是大自然和人类的社会在磨炼我，只要我坚持正确的人生目标、做人的准则，我就愉快地接受这种磨炼。自己也不知道磨炼了以后将来做什么，我在被关的时候我绝对没有想到做中国国家领导人啊。

但是我觉得人生就难免遇到这种，你是消极还是积极把它当成增加自己本领的机会。我一上大学，第一学期13门课程，到最后考试我全是A，怎么回事呢？不仅这个学期，我每个学期几乎都是这样，有一个秘密，至今我的同班同学，现在都是70多岁了，他们也没有明白。当时我的同班同学里有少数民族同学，汉语还说不好，就来学中国语言文学，要学之乎者也，要学哲学、逻辑学，你想困难不困难。我们感情特别好，住在一个房间，我就主动承担起帮他的任务。还有一个同班同学年岁比我大十岁，他已经参加工作了，当然就不如我从高中毕业知识准备充足，我也来主动帮助他。我脑子里有两个同学要帮助，因此我上课的时候注意力特别集中，我记笔记就特别地详细，我不明白的问题马上就跟教师请教，课上没有时间，课下要讨论，多请教老师我就多获得了信息。这还不行，我回去赶快整理笔记，来分析教师上的这一课讲的主要是什么东西，他的方法是什么，还有哪些漏洞。我这样以后才好给第一个同学讲一遍，这一讲发现有的地方我没搞清楚。再给第二个同学一讲，发现老师讲的有漏洞，我没想清楚，我继续去查资料把它搞清楚，想办法从文献里去解决它，我又前进了。因此，当到期末考试的时候，我就得了A，当时我们中国不叫A，叫五分，一、二、三、四、五，就是A、B、C、D、E，我们是五级。到考试的时候有笔试，有口试，口试就是抽签，抽一个什么签是什么题，你就准备什么答案来回答。我最不怕考试，因为我给同学都讲过，我再给老师讲一遍就完了。三个考官听，老师就故意刁难我，提问题，就相当于我同学提问题，我再给回答一样。可是我的确比别的同学多付出，所以这就是天没降此任于我，我自己找了一个担子。从这个时候开始，我养成一个习惯，做事情挑最难的做。容易做的往往被别人挑走了，选走了，剩下是难的。在我人生的道路上几次的转折都是遇到这种情况。例如，在我做学校的副校长的时候，有几项工作别的领导曾经做过，失败了，退下阵来。轮到我了，我可以躲开。当时我在学校里所主管的是九个系，九个学院，十个研究所，还有六七个处级单位。其中有一个是出版社。我说我来。你们想想在美国恐怕也是这样，一个所要拆掉一个，要取消一个，把它合并起来，你说难不难，即使有校长的决定、校长办公会的决定。这样的事情我干了两三年，根据国家的需要有的系要压缩招生名额，而我拨经费是根据招生的名额拨的，要压缩等于要断这个学院的财路啊，费劲了。但是我把它解决了。1992年，我要改革北京师范大学的出版社，反对声音不绝于耳，就坚决改，我亲自当社长，制定了一系列的新的规章制度。然后审计原有的社长，查出来当时这个社的资产只有92万元，包括书库里存的书，在印刷厂存的纸，以及没有追回的债。经过我的改革，一年半，我的资产增到1.2亿元，中国的经济十年翻一番，我几乎是每一个月翻一番，那时我们的财务笑得合不拢嘴，天天有汇款进来，几十万上百万元。每天集装箱在我的出版社进进出出的，热闹得很，我专门有固定人员到火车站收发货。到第三年我的营业额已经达到了4.5亿元。

我的第二个收益，就是坚持。人们在困难面前失败，常常就在最关键的时刻，其实下定决心咬咬牙，闯过这个最关键时刻，来的就是收获了。这是第二支撑我的。

第三，在改革的过程中，在过去中国瞎折腾的阶段，就是"文革"和以前，自己受到过一些伤害。给我伤害的，体现这种伤害的是一个个具体的活人。拨乱反正了，邓小平领着我们进行建设和改革了，对过去画了句号。事实证明有一些朋友错了，我对了。怎么对待别人，我一律本着与人为善，站在历史的高度看，这不是个人问题，是社会的问题，是历史的问题，这些人有的是我的同事，有的是我的师兄们，有的是我的学生。他们的心都是善良的，只不过受到一些尘埃的污染，当整体的事情清楚之后，他们会自我反省的。人是反思的动物，我们的宠物猫、狗只有一些机械记忆的能力，它们没有反思的能力。人的特点是反思的，反思之后自己对和错人人心里清楚。他会自责的，他已经在自责了。

果然，用《论语》上的话说，就是"以直"。《论语》上有人问孔夫子，"以德"，用自己正确的行为准则来回报对你的怨恨怎么样？孔子说可以，但是不如"以直抱怨"。什么叫直，直就是正，就是以高尚的、正确的、不带着私人的任何成分，也不带任何偏见的这种行为，去回报。德是指我对我自己内心的一种要求，表现出来符合社会的利益，这是谓之德。比如讲诚信，讲廉洁是自己对自己的要求，直是一个客观的。于是无论我是做什么领导，对什么样的朋友，我都是应该怎样做就怎样做。比如科研经费，那就完全是在阳光下，大家来评议，公平。直是竖向，作为横向的直就是平。当然这里面有的人水平高，能力高，有的水平低、能力低，有的人每一次都可以拿到基金（在国内不叫基金，叫科研经费），甚至可以申请到出国的经费，有的人就很难得到。我有这个权力，我就觉得有些人，虽然他能力比较低，但是作为科学研究，作为对外交流，你给他创造机会，他就提高了，他就增加了他的竞争力，于是在公平当中我再加权，适当地倾斜，而受到倾斜的就有当初对不起我的人，我一样给他，因此后来这些人跟我关系都特别好。

如果我利用我做领导的权力，对他不好，任何人不会责怪我，可是他心里不舒服，就影响到他的工作，最后吃亏的是谁——学生。所以我们就"以直抱怨"。

第四，我始终记得孔夫子的这样一句话，他评论他自己，说自己学习永远不知道疲倦，永远不知道满足，教别人永远不知道疲倦，甚至不知道自己已经快老了。"学而不厌，诲人不倦，不知老之将至云尔。"我不是刻意地去学孔夫子，我有的时候突然想起自己的年龄，才恍然大悟，哎呀，我有点像孔夫子。多少朋友都劝我，你注意节劳，不要睡太晚，不要做这么多的社会工作。今年中国农历25日是除夕，26日就是下一年的初一，今天是12号，距离25号还有13天，再过13天就是我的本命年，也就是我72岁。如果我的太太或者是我的朋友提醒我注意你什么年龄，我真是"不知老之将至云尔"，其实老之已至云尔，我不知道，忘了年龄。

有的学生和朋友也给我一些称赞之辞，我不接受。尽管表面我不表现出来，实际上我的心里对自己是有怀疑的。佛家讲"自知者明"，自己了解自己才是真的明，因为在佛家要解脱，就是要解决"无明"问题。所谓"无明"就是一些世俗的东西遮蔽了自己的心灵，又说"自知者明"，自己了解自己就不是"无明"了，是最高的智慧之一。当然佛家所说的自知指的不是我的学术水平多高，是指的自性——心性，这是比较抽象的东西，但是我们可以借用，了解自己就是聪明的智慧。我现在在宣传号召，大家重温孔夫子、孟夫子、释迦牟尼、耶稣基督给人们的教诲。在号召大家重温这些东西的时候，我自己做事情不能违背这些先知先觉者的教诲。孔夫子拒绝称他为仁者和圣者，他说"若圣与仁，则吾岂敢"，说到仁和圣，我怎么敢当呢，但是后人坚持称他为孔圣人。其实他本人一直拒绝，这就是我们学习的榜样。圣是中国人心里一代代不断追求的精神境界，作为个人来说永远达不到。因为在整个社会道德提高的时候，圣的标准又提高了，所以我的第三点体会就是，这些思想要求我自己的精神境界对自己的道德的追求，对自己知识的追求是无止境的，永不止息。

当然我受儒家影响也有不好的一面，例如，我年轻的时候也有很多爱好，游泳、下围棋、听音乐，音乐我是兼收中西，西方古典音乐和中国的古代音乐和民间乐曲。后来发现这个太占时间，影响我的学术追求，于是一项一项切断。我曾经将近20年没有下过水，后来就又下水游泳，但是在6年前下水游了一段，发现我的心脏不舒服，后来检查是心脏供血不足，于是从那个时候起我就不再下水了。围棋从"文革"之前放下，到现在只有我的小孙子在七八岁的时候跟我下过五子棋，最后一次打桥牌，恐怕是"文革"当中。我现在在国内的事情很多，有一样成绩很不好，就是你问我歌星、电影明星、电视明星，我不知道，因为我不看电视。我把这个作为反面给大家说，人还是需要娱乐的，还应该有点爱好。我是切断了一切的爱好用全部的时间来读书。这样的结果好处是什么呢？事物都是有好有坏的，我最初是研究古代汉语的。后来我跨出了一步，跨出了5000公里，进入到现在生活里的语言文字管理，也就是现代汉语、汉字。后来一不小心又跨出了5000公里，我跨入了计算机对汉语汉字进行自动化处理的领域。第一个5000公里就跨到了做国家语委主任，第二个5000公里一跨到现在还在进行。我的研究，有的成果已经达到世界先进水平。有些成果已经在中国国内广泛地使用。后来又跨出了5000公里，跨入到了世界各国宗教，特别是中国的佛教、道教的研究以及受中国各种宗教关系的影响而研究跨文化的交际问题。这样5000公里，5000公里，5000公里，15000公里，这一步今天跨到了洛杉矶，来和犹太教、基督教进行跨文化的交际。

　　但是现在想想，我在学术上的这几个大跨步，没有一样是我完全凭自己兴趣出发的。改革开放以后，中国的语言、文字出现了一片混乱，需要整顿、规范化，从我一做这个工作，我就既抓现实的问题，又抓学术研究，同时也促进立法。后来全国人大制定了通用语言文字，现在我的继任者，一届一届的继任者都是在贯彻这个法律，依法治理。信息社会来了，在屏幕上可以显示汉字了，但是对于文本和自然语言不能进行自动化的处理，急需要研究，于是我还是进入。我的研究是从用286开始的，我不知道报废了多少计算机了，我的成果解决了国家急需的几个问题。从20世纪90年代开始，经济全球化开始真正地实现了，发展迅速。这个时候经济全球化是经济方面的，但是随之而来的就是不同方面的交流，这个时候首先中国人要了解自己的文化，接着要了解他人的文化，只有这样才能在尊重对方的前提下，增进要了解的欲望，还要会交流，要从对方身上汲取营养。

我觉得这不仅仅是中国的需要，也是人类的需要。因此，我以前做的事我不说了，我今年九月要在山东举办一个论坛，而且想把这个论坛变成一个固定的世界不同文明对话交流的论坛。为什么定在山东呢？因为山东是孔夫子的家乡，我就定在他的出生地，论坛的名字就叫"尼山论坛"。今年九月举行第一届，我要邀请世界著名的汉学家、神学家和宗教领袖前去对话、讨论，讨论不同信仰的伦理和社会责任。不管是信什么神，都有个社会责任问题，这是大家的共性。昨天我已经向水晶大教堂的舒乐博士正式发出邀请，希望他在九月能到孔夫子的家乡去讲一讲耶稣基督对人类的希望。这个工作可以说刚刚开始，对这样一个事情我的太太有意见，说你那一件事情没有做完，又开始了新的事情，你的雪球越滚越大，别忘了你的年龄。我说我老之已至，老年已经到了，但是说完又忘了，为什么呢？在我接到汉办和孔子学院总部的电话，就是让我来讲讲中文的时候，我就想到这个题目，我就想到原来我无意中又在实践孔夫子的教导，《论语》说："士不可以不弘毅。"读书人，有知识的人，他的为人，他的性格不可以不弘——弘大，毅——坚毅，因为什么？任重，他肩上承担的任务，非常的重。这肩担的什么任务呢？是面对所有人的任务，当然弘了，不可以不坚毅，为什么呢？道远啊，挑着重担走很远很远的路。为什么说任务很重呢？以仁为己任，把仁作为自己的范本。何为仁呢？爱所有的人，把仁作为自己的担子不重吗，不要以为我们捐一点钱，领养一个孩子你就做到仁了，天下这么多的人，有各种的问题，你都要去关心，要解决，担子重了。为什么说远呢？是承担着把爱送到每一个人心里、身上，这个担子要走很远的路，走多远呢？走到死才停止，难道不远吗？所以"士不可以不弘毅"。

我不是按照孔子的语录去做事，但做了以后，当我到72岁了，回头想一想，多多少少我还是符合孔夫子的教导的。我不敢说已经做到了弘和毅，但是回想我所受的挫折，和我走过的路，我是把仁作为己任的。72岁本来可以悠闲地生活的，我不知道什么时候才可以停下脚步，大概也是死而后已。

今天在远离祖国的地方，见到这么多的朋友和亲人，我第一次这样坦率跟你们说说我的生活道路和我的心理状态，我希望孔子学院在教汉语的同时，也能够让我们华裔的后代，让各国在美国生活的朋友，学汉语的人了解，中国的文化也许能够补足西方文化的不足。东西方文化的交流可以催生22世纪新的人类文化，这是世界的需要，和平的需要，也是人类的未来，我们的子子孙孙过上比我们安宁幸福生活的需要。孔子学院的老师们责任重大。所有在孔子学院学习的、参加孔子学院文化生活的人的责任也重大，我想当美国人民更多地了解了中华文化的时候，中美两国的关系会更加密切、融洽，那将是世界之福，两国人民之福，我今天就简单说这些，谢谢大家！（掌声）

提问：我想问一个问题，您刚才提到中西方文明的结合，可以走上一个更好的道路，您觉得应该怎么结合呢？

许嘉璐：这个药方开不了，我只觉得西方文化创造了一个整整300年的当代社会，科学技术飞速发展，人类生活的品质提高了千百倍，但是也带来问题，就是启蒙思想家所渴望提倡的平等、博爱、自由，等等，也没有真正地实现。中国的文化有它的不足，但是也有宝贵的地方。所以中华民族凭着这样的文化能延续上万年，有文字记载的文化3400多年，没有中断。这么长时间积累下的文化，有些是在处理人和人之间的关系，人和大自然的关系，在这些方面，有它的优势。如果两种文化碰撞，采取对话的方式，而不是抗争的方式，所谓对话就是对对方的尊重认可和虚心学习的态度。我们的后代就可以提出来一些新的补充的力量，这时候同时也开始了互相尊重的培养，世界的和平和大自然的保护，以及人心灵的安静。举个例子说，中国人提倡节俭，克己复礼。现在奢侈，超前消费，过度消费，其结果不仅仅是经济危机，也是大自然资源的过度消耗。这样下去，人类自己的地球就养活不了人类了。但是一味地克己复礼，我们拿树皮围着上街准不行。怎么样在追求物质生活的提高和克己上把握一个度，这既不是东方文化，也不是中华文化，当然也不是一加一等于二，再对二赋予一个新的意义，这是一个很复杂的问题，这需要人类的智慧。（掌声）

人类是同父同母的兄弟※

——我的宗教观

尊敬的来自五大洲各个国家的朋友，尊敬的来自中国各省的教育部门和大学的教授们：

非常荣幸，能在今年的孔子学院大会闭幕式上向大家奉献我最近思考的一个问题。我在和世界各国宗教领袖进行对话时，常常会问我：你和全体中国人信仰什么？我在这里声明：我没皈依任何一个宗教，我是一个无神论者，但是我尊重所有合法的、引人向上的宗教，我信仰的不是人格神，而是儒家思想。和各国宗教领袖的交往促使我进一步反思，清理一下自己的想法：我们应该信仰什么？实际上，在中国960万平方公里的土地上，人们都在反思。这个时代是一个混乱的时代，我们的确应该由反思而找回自己千百年来所信仰的东西。

德国哲学家伽达默尔曾经引用德国哲学家海德格尔的话说：最值得珍惜的不是我们记忆中的东西，而恰恰是我们忘记了的东西。我想，他是说当我们重新恢复记忆，发现了我们遗忘的东西，才觉得它弥足珍

※ 2011年12月14日在"第六届孔子学院大会闭幕式"上的演讲。

贵，因为它弥补了历史瞬间与瞬间似乎已经失去的联系，历史才成为历史。下面我就把我的回忆和反思以及由此串联起来的想法毫无保留地奉献给大家，希望能听到共同从事孔子学院事业的同道们的批评、指正。

中国有一个几乎是独有的词："同胞"。在英语中，也有 born of the same parents 或用 full brothers/sisters 表示同父同母所生的兄弟或姐妹。那么，为什么我说"同胞"一词是中国"独有"的呢？因为"胞"是母亲的"衣胞"，这种诉诸比喻的说法很独特；而且"同胞"一词最通常的意义是指全体中国人，这在世界各种语言中是很少见的现象。

记得我上小学的时候，听到"同胞"这个词，不懂它的意思，父亲告诉我，同胞就是指我们国家的人。后来我知道，父亲解释的并不很准确，大概他那时也只能这样应付自己七八岁的儿子吧。长大后才知道，"同胞"是说全国人都像是从同一个母亲的衣胞里生出来的。词的意思知道了，但是每天见到那么多不相识的人，我并没有和他们是同母所生的感觉；相反，在日常生活中所见的，除了陌生者，甚至还有同学之间或大人之间的争吵。我真正理解了"同胞"的含义，即不但懂得了它的字面显示的基本意义，而且懂得了其中深邃的隐喻意义，是在学了更多的自然科学和人文社会科学知识，特别是中国儒家和道家学说，并有了心灵的感悟之后了。等到学了哲学和宗教学，更有了难以名状的心灵升华的感觉。

在儒家和道家看来，天地（即宇宙、大自然）是人类的父母；作为人类，我们是宇宙的一个组成部分，一个独具灵气、最为宝贵的部分；我们和宇宙命运相连，人和人之间看似无关，实际上血脉紧密相连；远隔千里的两个国家或民族,他们之间的肉体和心灵的联系,虽然还是人类的感觉器官无法察觉、近代技术手段也无法检测的,但是某种关联却实实在在地存在着。在儒道两家众多的古代经典中留存着数不清的这方面的论述。其实,如果我们考察一下其他古老而且影响了人类从古到今社会生活的文明,特别是几个影响巨大的宗教,几乎都有着和儒家相差不多的观念。例如,在《旧约》中亚当、夏娃的故事,如果我们不把注意力集中在他们偷吃禁果构成原罪的启示上,而是就着人类的内部关联看,岂不是也在暗示我们,后来的人们都是同一父母所生吗?婆罗门教以"梵"为最高崇拜的对象,而人类却都是从"原人"身体中产生的,从其口中生出的最为高贵,即婆罗门;从其双臂生出的是刹帝利;从其双腿生出的是吠舍;从其脚生出的是首陀罗,属最低贱的阶层。这本是从古老的民族习俗中演变出来的等级森严的种姓制度,但仍然显示了所有人都是出自一体的原始认识。又如,如果我们对现在还存有遗迹的原始宗教(如多灵崇拜、图腾崇拜、萨满教等)做粗略的观察,也会发现人们在崇拜万物的同时,同样有着人与万物同出一源的观念。

如果说,古代先哲先知是朴素的认识和思辨,那么,近代以来的自然科学和人文社会科学的研究成果,无意中已经利用高度发达的技术手段证明了古人的判断,大量的社会生活现象也生动地告诉人类,表面上我们可能远隔重洋,从未谋面,但是却来自同一胚胎,有着同一的命运。例如,从生物学的角度看,五大洲居民的DNA竟然有99%以上是相同的——可惜现在的生物学家更为关注的是不到1%的不同点,例如用DNA检测是不是直系血亲,其实这部分基因只占全部基因的不到0.1%，却忽略了可以让我们认识人类都是亲人的那99%以上，用中国话说就是"只见树木，不见森林"；又如，血缘相隔数代，居然遗传特征仍然极其相似，不是也应该对我们理解这一问题有所启发吗？从传染病学角度看，一国出现流感，远在另一洲的一国也会发现，20世纪末流行的禽流感、"非典型性流感"以及艾滋病等就是人所共知的例子。从气象环境看，西方200多年的工业化、自上个世纪中叶以来新兴国家的工业化，造成了大气中的二氧化碳接近了地球上生物所能承受的极限，谁能分得清自己头顶上的污浊、粉尘和二氧化碳是从哪里和在什么时候释放的？亚马逊热带雨林的超量砍伐竟然影响了万里之外的几大洲。再从现实经济的情况看，美国的次贷危机引发了全球的衰退，欧盟债务危机从一国迅速扩散到并不邻界的他国，进而几乎影响了整个欧洲乃至世界。社会层面上也是如此，"占领华尔街"运动，很难说与突尼斯、埃及的社会危机没有关系，也很难说欧洲多国的社会动荡没有受"占领华尔街"的影响。现在人们只注意到这些事实和电子信息发达、交通便利有关，而没有向着人与自然、人与人本属一体、谁也离不开谁的方向去深思。

上述的古代圣哲思维的情形，既发生在宗教发生、发展的过程中，也存在于并非宗教的儒家学说里。为什么人类在其童年时代，分居地球各个角落，但是在对人和宇宙、人和人关系的观察中却得出了相差不多的结论？我认为，这是因为人类在游牧生活，特别是在农耕生活里，为了适应客观环境，以便安全地、稳定地、持续地生产，便在劳作的同时不断地观察天地万物、反省自身，并且体验到人与宇宙万物有着极其密切的关系。从日月星辰的运行与气候季节转换的关联以及四季寒暖燥湿与人体疾病的相应（在这方面中国医学有着突出的表现），到血缘疏远却遗传特征犹存等等，都促使人类思考并认识到人与人同源，人与自然密不可分。

为什么在那种我们难以想象的艰难困苦的原始耕作时期，先哲先知居然能够得出和今天十分相近的判断？在我看来，恐怕主要是由于以下原因：

古代观察体验主观和客观世界的主要工具，最初只有自己的感官和四肢脏腑，因此他们无法对更宏大的视域和更精微的世界探其究竟。但是，任何事物，无论是宏观、微观还是"中观"，其中所包含的规律是一样的。我们可以姑且说，古人的认识是"中观"的。后代的人们，眼睛和手脚都不断延伸了，我指的是一代一代制作出了新的、越来越精密而方便的仪器。这样就可以对宏观和微观世界仔细观察和研究了。这正如中国医学可以从人体的局部，例如耳朵、足底或脸色、舌苔以及腕部脉搏的跳动，就可以判断身体内部的病征一样，这一判断如果用西方医学的先进设备检测，多数情况下二者结论相同，甚至对有些病症中国医学的判断更为准确。现在医学可以抽取10毫升血验出身体是否患有癌症；佛家说，从一滴水可以看到大千世界，又说一粒芥子可以装下整座须弥山（释迦牟尼讲道的极大的山），意思是事物从极巨大到极精微，里面所含的基因（即规律）是一样的。我想中国的古人，西方的古人，印度的古人之所以得出了人与人同源的结论，就是抽取了宇宙的10毫升血液，或者抓到了能够反映宇宙规律的一粒芥子。

令我惊奇的是，中国人的祖先居然在2500多年前就得出了大自然和人是一体、天为父地为母、人与人息息相关的哲学命题。相比之下，像我这样的后来者却需要经过长时间的学习、体验才能领会其中大体的意思——我们的智慧实在不如古代的贤哲。从这一点，我们就可以更准确地理解孔夫子所说的"四海之内皆兄弟"的丰富含义了，他并不是空泛地论说应该对所有的人友爱而已，而是有着对自身和宇宙的深刻醒悟和哲学思考，有着理性和感性相结合而生的对人类全体的深切热爱和关怀。

因此，现在的人类绝不可以轻视、更不应该讥笑自己的童年。古代先哲先知当时所提出的问题至今仍然在困惑着人类，例如宇宙的起源，人体何以如此复杂而精妙，人类最终要走向哪里，等等。虽然天文学、物理学、力学等众多学科对宇宙起源的探讨几百年来从没有中断过，成果也十分丰富，但是科学家们所得出的种种结论几乎都还是假设，还远远没有得到"证实"。而古代先哲先知所得出的结论，也是今天的人们无法推翻的。例如佛教认为宇宙既"无始"，也"无终"；道家主张宇宙的本体是"道"，它先于宇宙而存在。说它不对吗？现代科学也不能对它进行"证伪"。何况，就像美国社会学家罗贝特·贝拉不久前在北京师范大学人文宗教高等研究院演讲时所指出的，现代科学提出了或造成了许多问题，而科学却解决不了。我想，寻求可以说服我们自己的答案，恐怕还是要靠人文社会科学。

说到这里，我们不能不关注宗教起源问题。研究这个问题的著作无数，但是至今还没有完全一致的解释。我同意这样的说法：它起源于人类对于自己无法解释的客观和主观现象的好奇、恐惧和依赖。由恐惧和依赖而生出信仰，群体的信仰催生了祭祀及其仪轨和祭祀文。当具有同一信仰的人超越了固有的人群时，宗教就出现了。在宗教发展和扩散的过程中，一方面为人们创造并保留了许多经典，其中不乏记录宗教的"史前史"，也汇集了很多基于适应环境之需而形成的风俗和人群内部世代相传的约定。这些经典就是后代文学、史学、哲学和自然科学的胚胎。所以可以说，没有宗教就没有人类的文化，而宗教本身也是一种文化。

宗教随着人类和社会的发展而不停地演化着。在几千年的时间长河里，宗教一方面在尽量本土化，另一方面在吸收着于己有用的其他文化的营养。在演变过程中，难免发生"异化"的现象。例如宗教孕育了科学，而科学常常得出了和宗教经典相反的结论。因为科学是在实验室里或田野中进行的，能够并且必须得到重复的验证，事事要"证据确凿"，因此可以对宗教的某些教义"证伪"，而宗教教义自己往往不能"证实"。例如佛教和道教对去世者的"超度"，或犹太教、婆罗门教关于神创造了人的叙说。这些常常影响了信徒的虔诚。所以近几十年欧洲虔诚的基督徒和天主教徒大量减少也就不奇怪了。

但是信仰是人人不可须臾离的，因此对包括宗教在内的种种信仰不会因为科学的发达而衰落，更不可能消失。实际上宗教具有适应时代变迁，进行自我调整的本能，科学发展了，宗教也在演变。佛教，由释迦牟尼直接传授的"原始佛教"，到进入中国后出现了禅宗，就适合了中国的风土人情，实现"中国化"了；基督教在经历了中世纪之后先后出现了马丁·路德和加尔文等人的改革，适应了资本主义的出现和新兴阶级的心理,这都是成功的事例。

现在,科学又一次自我"异化"了,或者说出现了自己所造成的悖论,因而宗教也又一次遇到了挑战,只要适应了这个新的环境,并且适时、适当而巧妙地应战,宗教衰落的情况就可以改观。这次的悖论与挑战就是,科学在一定意义上本是反宗教的,但现在它自己却成了一种无形的宗教:许多人以为科学和技术可以解决地球上的所有问题,自由、平等、和平、繁荣、环境恶化、贫富差距,等等,于是形成了几乎遍及全球的"技术崇拜"。科学技术的确极大地提高了生产率和人类的生活质量,尤其是在20世纪的100年中。但是,在技术和资本结合的背后,却是变本加厉的贪婪和盘剥。通用的办法是,不断的战争以及用层出不穷的各种新奇产品刺激社会消费。工业化要求全球化,资本的本性决定了它更渴望着全球化。追逐超额利润的信条和本能促使资本不断选择成本低廉、利润丰厚的地区,同时不断创造新的赢利手段,主要的办法是制造"广告消费""时尚消费"和"虚荣消费"。广告制造刺激,时尚令人疯狂,消费满足虚荣,循环往复,不可遏止。物质产品的利润仍然满足不了无底的欲望之壑,于是又拼尽全力在虚拟的经济里攫取,创造出谁也弄不明白的种种金融衍生产品(奥巴马总统语)。这样,极少数人的财富急剧增长了,而物质和刺激成为越来越多的一般人的唯一欲望,原有的或本该有的信仰"缺失"了,就社会和历史而言,则是道德沦丧了。这种挑战本来是西方资本发出的,但是受害者也包括了西方自身。在人和人、国和国关系更为紧密的今天,在经济全球化的今天,哪个国家和民族都不能幸免。

信仰真的"缺失"了吗？依我看并没有。人类的信仰不外三类：神、德、物。中国大部分人没有皈依宗教，他们信仰的是中华民族公认的德行（和亚里士多德反复强调的德行非常相近）。在中国人心目中，对德的追求和修养永无止境，德行最好的人就是圣人，他们是民族崇拜的对象，例如孔夫子。孔夫子和上帝、安拉等的区别只在于他不是超验的、绝对的人格神而已，而揭示人生与世界的奥秘、对世人进行引导则是一样的。因而有的学者称儒家为带有宗教性质的学说，是有道理的。至于对"物"的信仰，也就是人们常说的"拜物教"，既不接受神灵的启示，也不接受哲人的劝导和道德的约束，因而为所欲为，肆无忌惮，害了自己，也造祸社会。

我认为，面对这种社会现状，宗教以及像儒家这样的学说应该发挥作用，挽救人心，挽救社会。我所接触的世界各国的许多宗教领袖都在为现在的世界忧心忡忡。例如我的好朋友，美国水晶大教堂创始人罗伯特·舒乐博士在和我对话时就说："我最担心的危机是精神和物质上的冲突，是让世俗的理念来控制我们的精神，人在物质上的消耗会影响到他精神上的价值和质量，因此我们需要探索和学习，进一步增强世界的活力。"他所说的"探索和学习"，就是指宗教和儒学为了"救世"必须"与时俱进"。事实上这种顺应时代的变革过去一直在进行，现在也已在进行。例如中国的佛教提出了"人生佛教""人间佛教"和"生活佛教"的理念，基督教不再坚持《创世记》的历史观，对God有了新的解释，等等。

大家应该一起"与时俱进"，这就需要不同文明之间，尤其是不同宗教之间不断地进行对话，增进相互的了解，携手共同为这个世界更为美好而努力。我这些年来用了很大精力促进中国儒家文明和基督教文明的对话，我自己也先后和基督教、犹太教、伊斯兰教，在中国内部和佛教、道教进行对话。我的感受是，不同文化、不同宗教的人士通过面对面的交谈，无论是在小房子里个别交谈，还是在论坛上当众做一对几的交谈，都可以发现彼此共同和相近之点，起码可以知道双方都在为人类的危机而焦虑。不同文明、不同宗教之间的对话多了，民族或国家之间的相互了解就加深了，彼此和睦相处的可能性就更大了。我发起并于去年9月孔子诞辰之际在他的出生地举办了"尼山论坛"。波恩大学的顾彬（Wolfgang Kubin）教授在论文中说，孔子的理想世界是个乌托邦。那么我所想的，通过不同文明和宗教的对话促进世界的和谐和睦，是不是也是乌托邦呢？可能也是吧。孔子曾经被人说是"知其不可而为之"，我也想追随他这样做下去，鞠躬尽瘁，死而后已。

我认为，不同文化之间的交流大体可以分为三类：政府间的，学术界与宗教界的和一般公众的。政府间的交流，是为处理当前的政治问题、国家间的利益均衡问题，话题是一时的，随时需要转移，而话题有时远离人民大众的日常所思所念；一般公众间的交流，例如商贸、旅游、演出、访问、竞赛，等等，其特点是"一过性"的，可以给双方造成印象，甚至是强烈的印象，但不能持久，并且一般不触及宗教和信仰等深层次问题；唯有学术界和宗教界间的交流对话，直插文化的根底，深刻而持久，而且上可以影响政府的决策，下可以为大众提供思想的食粮。因此我多次呼吁，各国都应该加强这一领域的交流。

孔子学院就是很好的中华文化和世界各国文化进行对话的最好渠道和平台，它用文化最重要的载体——语言搭建起不同文明的交流之桥，持久而牢固；而语言又是一种特殊的文化形式，通过掌握汉语，就可以接触和理解中国人的心理、性格和爱好；孔子学院还可以兼顾大众的和学术的两个方面，除了进行日常的汉语教学之外，还可以举办各种学术交流和讲座，甚至开展有益于双方的学术研究。虽然在有些国家和地区，在孔子学院内部谈论或涉及宗教问题是不合适的，但是，对由宗教千百年所辐射出的民族理念和风俗习惯，却必然成为彼此关心并且可以进行交流的重要内容，仍然可以达到促进相互了解的效果。这些年来，我之所以心甘情愿地坚持为孔子学院事业做义工，而且乐此不疲，原因之一就是觉得这是一个涉及更为广泛、影响更为深远的不同文明、不同信仰间的对话，这种对话是人类走向友爱、和平与幸福的必经之途。

信仰神，就必须摒弃必然遵循神的启示；信仰德，就必须摒弃必然遵循圣人的教导。这二者是同胞兄弟，共同的父母就是向我们展示出奥妙无穷、启迪我们一代一代去思索、探讨的天和地。只有对物的无限崇拜才是邪恶，神的后代和圣人的子孙，不应该对立，相反，应该相互尊重，联起手来，一起把陷入邪恶的人们从对物的盲目崇拜中拉回来，让他们生活得真正尊严，更有意义，因为他们也是我们的同胞。

这就是我的宗教观。

汉语汉字与哲学（上）※

我先说说为什么讲这个题目。因为我发现研究语言的人，无论是研究本体还是研究语言的应用，或者是研究按照索绪尔所说的外部语言学的人，大家常常是就事论事。在你们的发言和你们的作业当中也是这种情况。过去在我从事语言文字规范化工作、中文信息处理工作时，在我和一些学者接触的时候，也有这种感觉。与此同时，在我读外国语言学著作的时候——读外国学者的著作，一开始，时时有一种不太习惯的感觉——发现外国的语言学家分析语言现象的时候，思辨的成分比较多。北京师范大学出版社出语言学译著丛书，是我写的序言。为写这篇序，我是把那些书像蚂蚁啃骨头一样啃过来的，有的非常艰涩。其实这五本都是哲学著作。由以上的经历，我想到一个问题：中国的文化造成中国人的思维方式，思辨成分少，形而上学在中国的历史传统中一向不发达。其实不但是中国，韩国、日本、越南、印度尼西亚、马来西亚、泰国几乎都如此。这恐怕是东方人的共性。为什么中国古老的文化这些民族能够吸收？这里有一

※ 2001年9月21日在民进中央的演讲，听众为北京师范大学中文系、汉语文化学院应用语言学专业博士生及部分教师、访问学者。

个本民族的根基问题，就是大家思维模式差不多。这样的思维模式有它的优势，我们的思维比较直观，与人类的社会有直接的关系。缺点是什么？由于没有思辨，哲学的比例小，考虑问题常常是就事论事，影响了深入。所以我曾经在多篇文章和多次讲话里提倡：大家要学会哲学的思辨。通过去年的教学，听你们讨论的发言，看你们的东西，我觉得你们也欠缺。这样，我就萌生了这个想法。不久前，暑假期间我给香港的那个班就讲了一点这方面的问题，但不能全面展开。为什么？因为他们的水平有限。他们都是大学毕业生，可是他们在香港所学的中文的东西，比起大陆来，差得太多；同时当了教师之后，教课任务很重，一般中学老师都是每周上三十多节，很难有时间系统读书。我只能讲一点，不能太展开，也不能讲得太深。

出于以上种种感觉，我决定讲这样一个题目。

第一个小题目：

关于哲学

先把我所说的哲学讲清楚，因为哲学太广泛了。哲学的研究的核心，或者说是基本问题，自古到今大概是三方面的内容：第一是人和天的关系；第二是人与人的关系；第三是现实与理想的关系。其他的哲学内容都是由这三个问题派生的。无论是哲学当中的逻辑，还是哲学当中的美学，也都不出这个范围。逻辑就是思考这些问题的方法，美学就是主客观的结合——审美。中国古代的哲学，从春秋时期起到董仲舒，注重的也是人际关系、天人之间的关系。那么看看西方，西方的哲学是从基督教派生出来的，在这之前，希腊的哲学，它是追求事物的规律，也是研究主客观的关系，有的还有神，希腊是多神的社会，到中世纪，发展成为经院哲学。

　　语言文字中的哲学是体现在很多方面的。举例来说，中国的文字改革问题，不是毛泽东一下命令就改革了，而是当时的学者顺应时代的要求提出来的，回过头再看这"文字改革"的三大内容，非常符合时代要求。有了拼音方案，就有了未来拼音文字基础，要想用文字是拼音的，大家语言就要相通。三，普通话来拼是"sān"，广东人不会普通话，看的时候像看英文一样。为了未来的拼音化，现在就要推广普通话。拼音化还是很遥远的，眼前怎么办？汉字太难了，作为一个过渡，简化一点。过了四十年，人们开始逐步认识到汉字走拼音化的道路是行不通的，违背了客观规律。为什么？汉字是形音义的结合体，见形而知音，见形而晓义，知道什么意思。如果不是汉字，拼出来，本来这一个词有三个意思，已经是多义词了，结果同音的双音词有十五个，都是风马牛不相及的，让人们怎么掌握？让孩子和外国人怎么掌握？假定一个外国留学生是刚刚来中国，或者刚刚学汉语，我给拼上一个"xíngshì"，告诉你，这个"xíngshì"就是做事情的意思（行事）；这个"xíngshì"是和内容相对的外部的"形式"；这个"xíngshì"就是整个一个社会或者一个环境里的总的状态（形势）；这个"xíngshì"就是一个人抢了东西，杀了人，这算"刑事"。你让这样一个外国学生怎么记？一个"rénshì"，告诉他，比如说文学界"人士"，这是对文学界人的尊称；"人事处"是管干部管理和调动的部门；如果不标声调，"认识"是对事物的了解，让人怎么学，怎么记？汉字是形音义的结合体，同音字、同音词多。而且那么多的文化古籍，都改成拼音，谁都不懂。汉字拼音化所以是不可行的。当时还有一个理由，就是拼音文字的机械打字机（那时还没有电脑），26个字母加上符号，"劈劈啪啪"文章就出来了。中国的打字机，是几千字的一个盘，按一下是一下，赶不上世界的速度。现在，电脑一能显示汉字，没什么问题了，中文输入比外文还快。再往下位的内容上看，一些字简化了，简化的时候，更注重笔画的减少，却忽略了两个问题：一个问题，字和字的笔画结构的不同，它本身是一种区别性的特征，笔画减少后，区别的特征减少，容易闹混。比如说建设的"设"和没有的"没"，在手写的时候就极易混淆，因为"没"只要第二笔和第三笔稍微连起来，就跟"设"一样。第二个，忽略了汉字的书写是一种艺术，有的字一改了之后，无论怎么写都不好看，甚至使书法家不知道从哪里下笔。比如说，"仅""长"。又比如，工厂的"厂"，里面空了，间架结构向这边倾斜，怎么写都不好布局。当然还有别的字。比如，尸体的"尸"，在古代是尸位的"尸"。现在祭祖时是放一个牌位，古代是坐一个孩子，假装成祖先，这个人就叫"尸"。这个字书法里很少写。现在一简化，用得多了，怎么写也不好看。"户"，也跟"尸"差不多，但是上面有一个点，底下这个"尸"下移，补救了一些。唯独这个"厂"字不好办。还有广东的"广"，更糟糕，多了一点，上边更重了。长短的"长"，说老实话，我领着他们编字典，都列出笔顺了，我到现在还不知道这"长"字先写哪一笔。先一撇，再一横，再从上边贯下来，再写最后一捺，你说这有多难写吧。无凭无据，没有基准。先来一撇，这边有撇好办，再来一横，歪一点整个字就歪了，而且写出来的确不好看。我觉得这些都违背了汉字的规律。

再说语音。当时有审音的制度，成果就是《审音表》①。那是很多的学者根据古音的流传，特别根据《广韵》的反切，考虑到方言，最后反反复复斟酌定下来的。可是当时考虑反切的因素太多，就是考虑中古（唐宋）的时候读什么音，按语音学来推现在该读什么音这方面的成分多，考虑在人们口中的读音，实际流传的读音，也就是人们认可的读音的分量小。比如说，暂时的"暂"，在北方人口里，都是"zhànshí"，卷舌，但是规范音是"zàn"。于是出现这种情况，我上课讲"zànshí"，我底下聊天、回家说话都是"zhànshí"。当时来不及做一个抽样的统计调查。

我没有丝毫责怪我的前辈的意思，他们的学问都比我大得多。当时急需要推广普通话，因为大规模建设开始了，急需要简化汉字，急需要拼音方案。为什么？我小的时候，中国人百分之八十五是文盲。现在需要让人们尽快地掌握文化，字太难了。当时中国是三亿多农民，将近四亿，扫盲的时候，"农"字繁体字太难了，"业"也非常难，拖拉机的"机"、粮食的"粮"也非常难写，拿惯了锄头的手，拿那个笔很重，不会拐弯的，他没有这个基本训练。写自己常用的字，笔画这么繁，不是难为了那三亿多人吗？所以，简化汉字一推行之后，农民纷纷给中央写信，表示感谢，这次好写了，"农"字几笔就行了，"业"字五笔就行了，"机"字的右半边是个"几"就行了。我说这个例子，就是要说明，我们主观决定了的东西，如果背离

---

① 即《普通话异读词审音表》，1985年12月由国家语言文字工作委员会、国家教育委员会、广播电视部发布。

了事物的规律，就容易做错。我在这里也举韩国的例子，我说这话，绝没有大汉字主义的意思。韩国跟中国的文化不可分，在有些领域，比如说，佛教禅宗方面，中国受到过韩国禅宗的影响。禅宗是从中国学去的，一些大禅宗师回过头再到中国传道。但是在汉字这个问题上，它是一种工具，韩国人借过去了，很多文献都是汉字写的。他们三次废除汉字，两次恢复，废除了恢复了。对朝鲜民族的文化传承造成了损失。这个道理就和我们汉语拼音化是一样的。一看这个字读出音，就可以知道它的意思，让小孩子完全用谚文写，他不知道原来汉字是什么，看不出意思来，只能记。这样民族的文化素质要降低。当初搞简化汉字的时候，我正在读大学，看过一些资料，郭沫若先生专门写了一篇文章，后来出了单行本，文章的主题是中国的简化汉字要向日本学习。这些东西都是工具，它本身不带民族性，不会对民族感情造成伤害，实际上我们的简化字有很多是学日本的。

在西方，语言学和哲学从来是不可分的。我建议你们将来翻一翻西方的哲学著作，波兰的沙夫写的《语义学》，都以为是语言学著作，打开来看，哲学著作。无论是过去的还是现代西方的一些哲学流派，全把语言作为一个重要的研究对象。中国的语言学一向以实用为目的，对于其中的哲学因素思考得很少，也不是没有。比如《墨子》，王充的《论衡》，到后来理学家的著作里，对儒家经典剖析得非常细致，其中也包含着对"概念"等的深入思考。最后是戴震，像他所作的《孟子字义疏证》，好像是训诂学著作，其实是哲学著作，也是从字义这儿出来的。他是就一本书，谈他的理学思想，味道有一点和沙夫是很相近的。

我在这里讲语言文字和哲学，也是试探性的，我想替语言学界探路，为年轻人探路，我也不知道能不能成功。我所说的哲学——今天所说的哲学，和叶斯佩森的《语法哲学》当中所论的哲学不是一回事。《语法哲学》讲的是叶斯佩森的语法观点和体系。他这本书，最初叫《英语语法导论》，他也曾经想把书命名为《语法逻辑》。他在书的最前头，引用了卢梭的话："即使对司空见惯的事物进行观察，也需要具有哲学的头脑。"卢梭的这句话对我的启发相当大。哲学本来的意义是一切事物的总规律，它覆盖着我们的日常生活、我们学术的各个领域。"各个领域"就包括了量子力学，包括原子、中子、质子，这里都有哲学——事物的可分性。那么语言更是司空见惯的事情，研究它、观察它要有哲学的头脑。事实上，叶斯佩森书里面的很多地方，闯入了逻辑学的若干领域。例如，专用名称的定义，名词、形容词的关系，作为连系式"抽象词"的定义，主语和谓语的关系等，以及他对句子的三分法，就是"品"，"三品说"。这样看来，他更偏重于用逻辑的思维、用逻辑的思维解释英语语法的现象，和我这里所说的哲学不是一回事。我所说的哲学是什么呢？是指通过对语言文字现象的观察，揭示存在于其中的哲学的规律；或者说是用哲学的眼光来观察语言文字的现象。哲学是一个民族的文化的最深层、最核心的内容，是文化的最后的结晶，因此语言文字中的哲学，反映着民族思维的特性，是研究民族文化不可不深入思考的。用哲学眼光看待语言文字现象，就可以发现更多的文化内涵。语言里蕴含的哲学，不止汉语如此，各种语言都有，都是一样的。各种语言的差别，作为搞语言学的人，最容易感受到的各种语言的差别，首先是发音的不同，语音的不同，进而再学习就发现，词跟事物的对应不同。比如，"基督徒"和"文明人"在英语中是一个词，这个我讲文化时也要讲到。中国人难以理解，怎么文明人和基督徒连在一起？我们怎么不说文明人就是佛教徒？完全不相干么。你深入研究，这个词本身反映了盎格鲁人的一个观念。原来在基督教在英伦三岛占统治地位之前，他是野蛮的，野蛮人，没有文化，都是牧羊人，是基督教把欧洲大陆的文化带到了英国，于是办学校、办教堂了，牧师传道了，也有了礼仪、规矩了，有了基督教英国才走上了文明的道路。当时基督教徒非常受尊重，意味着有文化，这两个概念，就用一个词来表示，它反映的是英国的文化过程、状况。

观察语言文字中的哲学，还有另一面要注意，不能牵强。为什么呢？事实上一个民族在发展自己的语言文字的时候，不是有意识地、自觉地用哲学来观照语言文字的所有现象：造一个词，符合不符合哲学？没有这回事。观察北京的社区语言就能发现这个问题，它在传出某一种"说法"的时候——有的我也不懂——它想到哲学了吗？网络上的语言（最近于根元先生要出一本书——《网络语言研究》），也没有一个什么逻辑。语言经过自净之后形成的规范语言，它就符合总规律。就语言总体说，它是从民族的心理当中，自然而然地发生、发展，让语言文字适合于本民族的思维习惯和方式。民族的心理是一个巨大的牵引力。

现在我把刚才说的再归纳一下：第一，所有事物都有它的规律，这个规律上升到最高，就是哲学。第二，我所说的哲学跟叶斯佩森的不一样。第三，我所说的哲学是宏观的，不要拿一个语言现象牵强附会，那会说得热闹但却站不住脚。这是我首先想讲的，等于是一个导语，先把几个概念和界限闹清楚，下面就好讨论了。

第二个问题：

汉字中的哲学

我举出这样几个现象，是从小说到大。首先是汉字的构成，第一个方面就是有独体和合体。我觉得独体跟合体两种构成汉字的方式就是一对矛盾，无独体字，就无所谓合体字，那只是笔画的组成。合体是由两个独体合成的，没独体就没有合体，就像一堆柴，不能说是合体。反过来，没有合体字也就不会有独体字，这是一个道理的两个方面。但是后面这句话"没有合体字就没有独体字"还有另外一个含义，没有合体字，都剩独体了，每出现一个事物——在古代是单音节的，就造一个字。鸡，造一个字；小鸡，造一个字；母鸡造一个字；公鸡造一个字；花鸡造一个字；黑鸡造一个字，字和字都不同。这样下来每一个事物出现就造一个字——当然我举的是极端。客观事物多了，于是独体字就无限制地膨胀。在文化不发达的时候，造那么多字，谁也学不来，于是变成了文字不存在。当然这只是想像，事实上，人不会那么笨，于是就出现合体了。像天、人、水、山、一、二、三、四、五、六、七、八、九都是独体字，有了一批独体字做基础，就好滋生了。画一棵树，这是"木"；好多棵树，再写一个，就是"林"；看不到边，多极了，再写一个，"森"。三个事物三个字，其实是一个字。合体字是独体字的逻辑发展，是人类用有限的字形应对无限事物的一种巧妙的方法。合体字的产生在中国的文字史上应该是一件大事。

第二个小方面，合体字的左右。"林"是二合法；"森"，是三合法。汉字的合体字以二合为主，在两部分合成一个字的时候，又以左右结构为主，在这些合体字当中，又以形声字为主。还说"木""林""森"。"木"一个；"林"，合体，二合，左右结构；"森"，可以说三个"木"，也可以说一个"木"，一个"林"，其实也是二合。什么道理呢？"森"与"林"的古音，都收"m"，闭口韵，这不是偶然的。汉字以二合为主，二合当中以左右结构为主，二合当中还以形声字为主。再者二合在写、读的时候，视觉容易平衡，为什么以左右结构为主？因为眼睛是一左一右。同时二合容易识别，又符合汉族人喜欢对称、平衡的审美观点、审美习惯。后来，中国写书法，写对联，古代写书、刻书，都是竖的，这是当初受书写工具的局限形成的习惯。为什么不横着呢？因为它要编成册，编成册都是竖着，就是那时的书。从左卷到右，系个绳子，适合人拿，左右对称，力是平衡的。一旦到习惯形成，这是最可怕的力量，就改不了了，等到在丝绢上写，纸上写，也都这样下来了。

形声字是在二合的基础上左右进一步分工，"林"是两个并列的"木"，这是一种形式。另一种形式的字更多，这就是形声字，一边偏重于管音，另一边偏重于管义，这是很聪明的。这两边相辅相成，相得益彰。一边管音，另一边管义，字有了读音，又有了它的意义的大概范围。但不止如此，音中可能还有义，其义是意义范畴，不是确切的意思。比如，村庄的"村"，"寸"是声音，有义。"寸"的本意是手腕上号脉的地方，是脉搏跳动最明显的地方，但这里用的不是它的这个意思，它实际是"屯"，同音借用。"屯"指的是一个幼芽突破了种子的壳往上长，因为人聚居就像一个种子包的壳。于是以"屯"表示人聚居之地。现在东北还称"村"为"屯子"。后来又加上一个"大耳"，写为"邨"，"大耳"就是"邑"，也是聚居点的意思。为什么后来造字造这么一个"村"呢？因为"屯"原来的意义不明显了，"屯、村"一变，干脆造一个从"寸"，造得非常巧，和"屯"有时代前后的关系。为什么从"木"呢？中国人的习惯，有住家就种树，木是村的标志，城市也一样。《孟子》中说："所谓故国者，非谓有乔木之谓也。"可见都有乔木。音中有义，义是什么呢？是它的意义范畴，左边的"木"这个义又和右边的音联着，它所表示的义是意义的类别。从"木"，和树有关；从"水"，和水有关；"亻"和人事有关；肉"月"总是和肉有关；旁边是"骨"，和骨头有关；"足"和走路有关；旁边是一个"彳"，和走路有关。一个意义类别，另一个意义范畴，这两个就像是坐标图上的两根曲线，两根线的交点就是字义。拿"村"来说，"村"既和树有关系，又表示是什么东西"屯"在一起，合起来就是人住的地方。所有的形声字，大部分是这样。

我们反证一下，不要一边管音，另一边管义。如果都是形符，都表义，那就无异于独体的加繁，偶尔的可以，双水为"沝"，双火为"炎"，三人为"众"，这都可以，多了不行。三间屋子怎么办？而三个聚在一起，又有汉民族的一个特点，以三为多，于是凡是表示多的就用"三"。如果两个都管音呢？重叠，仍然是标了音，显示不了意义类别。一个管音就行了。所以说形声字是很聪明的，把已有的独体排列组合，标了音——大致的音，又有意义类别，两个合在一起，能够让人知道比较确切的意思，还躲开了都造独体的麻烦。所以"秀才读半边"有点道理。这里面，有造字的时候字和语言的关系，有以有限的形体适应无限的语言、无限的客观事物的关系，有字和人的生理的关系，有字的形体和人的认识规律的关系。

第三个方面，合体字当中的相反相成。这是一个很奇怪的现象，形声字当中，有半边主要是管义，就是所谓的形符；一边偏重于管音，音中又有义，就是音符，二者必须相应。可是，在形声字当中有这样一种现象，主要管音而又带义的，那个义和这个合体字的义相反，这是很奇怪的现象。我举几个例子，一个是祭祀的"祀"，右半边是"巳"，也就是已经的"已"。在中国古文字中，"己、巳、已"，最初是一个形体，后来觉得混，逐步地分开，分开得不高明，区别性特征太小。"已"是什么意思？完了。但是"祀"是什么意思呢？《说文解字》上说："祭无已也。"表音的部分，有个"完了"，合成后变成"没有完了"，"祭"和"祀"有这个区别，比如说祭天、地，一年就祭一次，祀是没有一定时间的，祭完一个还可再祭一个，对祖先、鬼神就是祀。发展到极端，就是东汉末年的淫祀。淫本来是水的浸润，太多了，乱祀，就是淫祀。这也证明"祀"是无休止的，是不计数量的。"祀"是"祭无已也"，可是声旁是"已"，这是矛盾的。再如，讲话的"讲"，繁体是"講"，它的意思是"和解也"，[1] 两个人两个国家和解叫"讲"，这是在古

---

[1] 见《说文解字·三篇上·言部·講》。

代文献中可找到证明的,两国打仗,通过"講"就和平了。但是它的右半边,是"冓","冓"是什么意思呢?《说文》上说:"交积柴也。"① 交积,堆积,一堆木柴乱七八糟堆在一起交叉着。乱七八糟的木柴交叉在一起是不解的,可是"講"是解的,从"冓"的字,如沟通的"沟(溝)",交叉纵横,和交积柴的形象一样。"遘",是路上相遇,从不同方向碰到一起,都和"講""把黏着在一起的分开"相反。第三个例子,"趚",什么意思呢?《说文》上说,"走顿也",② 跑路时突然跌倒,谓之"趚"。同时也可以看成是颠覆的"颠","颠"是头顶,也可以扩大到头。脪,"齐人谓臞脪也",③ 而"臞,少肉也",④ 是消瘦的意思。"脪"是羊身上的毛卷曲,用羊皮做成衣服,毛朝外,也称"脪",无论是卷曲的羊毛,还是羊毛朝外做的衣服,给你的形象是圆乎乎的,可是加上肉月就变成瘦了,圆总是和瘦连不到一起吧?

再有一个例子,"臠",也是"臞也",⑤ 还有第二个意思,《说文》上说:"一曰切肉也",这个"臠"当"臞也",也和上半边那个"緣"意思相反,因为凡是从"緣"的字,都是不瘦,圆的感觉,所以有"团圞","圞"就是圆。还有一个字,"膘",什么意思呢?"牛胁后髀前合革肉也",⑥ 臀部之前那块肉,跟"票"暗含的意思相反,从"票"得声的字都有"表皮、轻"的意思,如"漂、飘"。还有一个字更有意思了,"臾",一

---

① 见《说文解字·四篇下·冓部》。
② 见《说文解字·二篇下·走部·趚》。
③ 见《说文解字·四篇下·肉部·脪》。
④ 见《说文解字·四篇下·肉部·臞》。
⑤ 见《说文解字·四篇下·肉部·臠》。
⑥ 见《说文解字·四篇下·肉部·膘》。

个大，大就是个人，张开双臂，两个腋下各有一个代表眼睛的目，表示一个人有两只眼睛。《说文》上说："目邪也"，①眼睛斜，两只眼睛没有一大一小，两个是平衡的，解释是斜，意思相反。相辅相成本身就是哲学当中归纳客观事物的一条规律，阴与阳是相反的，但是相成。阴与阳组合才成一座山，一堵墙、一棵树，阴与阳才组成一个和谐的家庭。所以，相反相成是大自然的规律。但是，其中有一些给我们一些信息，可能我们所说的意义相反是后来人的感觉，不是造字时古人的想法。比如"颠"，本来是头顶，在上，那么走顿，古人的意思是要突出头的位置，这就是为什么后来有双音词"颠覆"，就是朝上的头朝下了。"講"从"冓"，可能古人加上一个"冓"表示双方的和解，是想取右边那个"冓"字所表示的事情涉及到双方的交叉与矛盾这个特点，取了它这个意思，是要强调"讲"的内容就是我们之间的矛盾，我们的交叉，"讲"的结果才是矛盾的解决，而不是用它来表示不交叉。在我们看来相反，在古人造字时不认为相反，这是我的一种揣测。有的字似乎它的构成是相反相成，比如说"伪"，形声兼会意字，合起来就是人做事情或人所做的事情，"为"和后来的"伪"部分相反，其实不相反。这是因为在古人的观念里，天然的是真的，凡是人有所作为，就失真了。一个山是自然，我开出一条路来，破坏了原来的形象，再造出一个亭子，美则美矣，不是原来的样子。在我小的时候，在大陆，"写真"就是照相、画像，你原来的样子进到这张纸上。所谓失真，就是失去原来的样子，不是失去真正，只要人做了就失真，由这儿引申就变成假的。《说文》："伪，

---

① 见《说文解字·四篇上·䀠部·奭》。

诈也。"①《说文》到南唐，小徐本注："人为之，非天真也。"天是自然。《荀子》："不可学，不可事而在人者谓之性；可学而能，可事而成之在人者谓之伪。"② 凡是人做的就失去了本来面貌，成了"伪"，音符所含的意义和合体字不矛盾。我刚才说的"祀""膡""伪"，在汉字总体当中，包括古代汉字当中，很少，没有引起人们的注意。但是这点的确很有意思，是值得注意的，因为这里面包含着一些哲学观点。

第四个方面，汉字发展演变中的消长相依。我主要给大家讲转注和假借。即使我们摆脱了独体字的局限发明了合体的办法，合体字又以形声字为主，但是，文字的数量和客观事物发展速度之间的差距总是越来越大，依照客观事物的需要，依照人们表达客观事物的需要，造字越造越多。到现在为止，没有一个人说得清楚中国有多少字。《中华字海》③，八万多字。湖南的一个公司，做了一个全汉字的软件，十万多字。我的意见是不要做，你敢称全汉字库吗？而且有什么意义？我有一篇文章，已经收在《未辍集》里，谈到从汉朝到现在，在一个时代里常用的汉字就是三千多。事物发展有了这么大的变化，还是三千多。过去有用现在没用的，有些字就死亡了。所以那十万字是把那些死了的，甚至于出现过但是文献里从来没有用过的，见一个收一个，乃至道教里的字，那是图画，也收进来，包括"招财进宝""日进斗金"这些合体的也都收进来。常用汉字就三千多，什么道理？让汉字的总体

---

① 见《说文解字·八篇上·人部·伪》。
② 见《荀子·性恶》。
③ 冷玉龙、韦一心等编撰，中华书局、中国友谊出版公司出版，收字八万五千多。

永远保持一个常量，这可不是谁下的命令，不是计划经济。为什么？这就是文字里面的哲学在起作用，不知不觉，符合这个规律。一个办法，就是在原有的字上，我再加一种符号。比如，刚才我们举的例子，表示头顶就用"颠"；表示我走顿，把"页"去掉，加一个"走"，"赿"；表示山顶，不是人顶，再加上山，"巅"；疯癫，再加一个病字旁。"赿""巅""癫"都有相关性，就在"颠"的基础上进行变换。宽泛地说，或者粗略地说，用训诂学的术语说，这就是字的孳乳，"孳"是滋生，"乳"是孩子吃乳，养育。这样，汉字将越造越多，于是古人又发明另一种做法，不造字，一个字既代表这个又代表那个，这就是假借。为了说明孳乳，我再举例子。比如说，菊花的"菊"去掉草字头，"匊"，念"jú"，什么意思呢？就是手捧着米。后来人们发现秋天开的那种黄色的花，圆的，很像手捧起来，于是称它为"菊"花，加一个草字头。形体变成隶书之后，不懂的"勹"这是个"包"，是圆曲之物里面包着东西，又造了一个"掬"，表示这个动作、形象是用的手，所以又加个提手，"一掬离乡泪"，其实"掬"就是没有提手的那个"匊"。后来，人们发明一种游戏，就是现在的球，是皮子做的，"鞠"；后来又用于"鞠躬"，躬是身体，鞠躬就是弯身体。这么多，都和圆有关，和弯曲有关。每遇到一个相关事物造一个字，造多了。再一个，弟弟的"弟"。汉语里有"女弟"这个说法，"女弟"就是妹妹，"女弟"说起来麻烦，造出"娣"。这个字用在什么上呢？不是一般的"女弟"，是春秋时期的一种礼，这国诸侯娶那国诸侯的女儿，这个女儿嫁过来要带两个自己的姐妹陪嫁，叫"娣"，又叫"媵"；中国讲人伦，做弟弟的就得像个做弟弟的,对兄长尽自己的义务,这是种心理状态,叫"悌"。造了一堆字,都和弟弟的"弟"有关,甚至于"考试考第几"的"第",也是从弟弟的"弟"出来的,因为有弟弟就有哥哥,没有弟弟无所谓哥哥,或者说没有哥哥就没有弟弟,有哥哥有弟弟就有个次序,"第"就是这么来的。这种孳乳,多了。我说的都是形体上能看清的,添一个零件在上面,就像一个娃娃,妈妈给买一顶帽子,爸爸买一个手套,奶奶买一个斗篷,爷爷给买一双靴子,往孩子身上加吧,孩子还是孩子。有的不能看清。比如说"分",由它孳乳出"班","班",就是当中一个"刀",把一块玉分开,还是"分"的意思。又和斑点的"斑"有联系,斑点就不是成片的,全身都是一个颜色就无所谓"斑"了,斑马就是一条一条的,同一个颜色分开,这个"斑"也是从"分"发展来的。瘢痕的"瘢"也是。辨别的"辨"也是"分"的意思,把同类的事物区分开谓之"辨",辩论的"辩"也是它孳乳出来的,辩论是用言词把是与非、真与伪、好与坏区分开。包括辫子的"辫"也是"分"的意思。还有一个,颁奖的"颁","颁"本来是大头的意思,颁奖的"颁",就是"分"。我再归纳一下,通俗地说,孳乳就是客观出现一事就造一字以标志之,这样的话,字就会越来越多,造不胜造,人不胜其烦,凡事到了太烦了,对字的功能的发挥不利。所以繁的同时必须趋简,这就是我刚才所说的假借,实际上假借是不造字的造字,也就是让一个字多兼几个功能,没有造字,但是事物有了一个字来标志它,是控制造字数量的有效方法。比如说,人们最常举的例子,早晨的"早"用跳蚤的"蚤"来代替，《诗经》上，"四之日其蚤"，① 就是早晨的意思，直到"五四"时期的小说还有用这个"蚤"的，这是卖弄了。其实，刚才我所说的斑点的"斑"也借用颁奖的"颁"，也就是说颁奖的"颁"还有一个义项，就是"斑点"，但是颁奖的"颁"已经有了自己固定的意思，就是"分"，就是上对下来分，和最初的"分"，和人体、兽体或客观上色彩的斑斓毫无关系，用颁奖的"颁"代替花斑的"斑"，这就是假借。比如，《孟子·梁惠王上》，"颁白者不负戴于道路也"，"颁白"，这就是假借，这是假借字和孳乳字共存。古人写诗，说自己年龄大，常常说自己的双鬓已染，其实人的头发变白不是从双鬓开始，实际上是说我连双鬓都白了，头顶上就更不用说了，"颁白者"应该用"斑"，但是他用了"颁"，这是假借。语言发展了，于是有孳乳，但是常用的汉字却基本没有变化，就是因为有假借。二者相互抵消，相互补充，这就是哲学上的相反相成。

第五个方面，字体演变中的哲学。汉字有些是增繁的，如"介"成为"界"，"礼"成为"禮"，"云"成为"雲"，但是同时它又有趋简的一面。比如说"雷"，原来底下是四个雷形，写出来是四个"田"，后来变成一个，因为有一个就代表了，这就是趋简。再如，尘土的"尘"，繁体字"塵"，原来的古字是"三只鹿"，去掉两个，就变成繁体的"塵"，后来又改成"小土"，这个简化字造得非常高明。还有的改变字形，笔画太繁的不要了，另造笔画简单的。比如粗细的"粗"，原来是三只鹿代表粗细的"粗"，写起来麻烦，改变的最后的结果是一个"米"、一个"且"。"且"

---

① 见《诗经·豳风·七月》。

是今天的读音，最初就是祖先的"祖"，"米"加"且"是指的小米外面的皮没完全去掉，就是"粗"，是专指米的，后来用来指一切的粗，又是假借。从三个鹿，到从"米"字边的"粗"，笔画简单了，而且变成形声字了。趋简是一个主流，该繁就繁，该简就简，相反相成，这是文字在演变中形体上变化的哲学。而且我们再引申来看，如果汉字一律是笔画非常繁，无论是古人书写、抄写，还是后来有了印刷术排印，还是今天记笔记，每个字都很繁，每个字都是一个黑疙瘩。汉字作为一个方块，是双维的字形，拼音文字是一维的，只有横向没有纵向，它是线性的，我们是块状的。这样的字形就决定了必须是繁简疏密相间才好看，只写笔画少的，一、丁、厂、广，你写一篇，绝对不好看，有笔画多的有笔画少的才好看。所以，没有书法家写红模子来卖钱的，为什么？人、手、刀、尺、一、二、三、四，构不成一个布局。汉字发展中的趋简趋繁和汉民族的审美有关。一些书法作品，本来常用的"一"，至少有三种写法，一个是"一"，另一个是繁体"弌"，还有一个是大写的"壹"。不同书法家在不同作品里，他选择不同的字体，他是在考虑整个的面上的疏密布局。过去人们谈趋繁趋简，是从语言计划这个角度讲的，我也讲过。有人说简化汉字把我们的文化传统弄丢了，我说从甲骨文就开始简化了。有人说也有增繁的，统计一下，趋繁的少，趋简的多，趋简是主流，但要承认它是双向的。因此，我们现在的简化字是符合汉字发展规律的，虽然有缺点。从这方面看，从汉字趋繁趋简的相反相成，然后再引申到审美，和汉字写出来的特性，没有人谈到这个问题。既然谈哲学，我们必须想到这一层。

汉语汉字与哲学（下）※

第三个问题：

汉语句子中的哲学

中国的句法学一直没有出现，《马氏文通》是1898年出版的，《马氏文通》的伟大在于开创了汉语语法，开创了句法和词法研究的时代。是不是中国人的智力和思维方式有所欠缺，因而不能构建句法学呢？显然不是。在长达几十个世纪的历史中，有那么多发明创造的民族，不可能连自己的语言构词成句的规律也发现不了，不可能的；因为那些发明创造是要以发现客观事物的规律为前提的。不说别的，就说中国古代的天文，二十八宿，基本上在战国的时候就具备了，以及二十八宿中恒星之间的距离，都清楚。星空的规律，日食的预测，夏至和冬至两个时间点的测定。测定到什么呢？不是哪天是冬至，哪天是夏至，而是哪天的某一个时辰，几分几秒都能测定出来。有这样科学智慧的民族，难道连自己说的话都没发现规律？何况早

※ 2001年9月29日在民进中央的演讲，听众为北京师范大学中文系、汉语文化学院应用语言学专业博士生及部分老师。

在先秦哲人那里已经对语言的本质。句子的构成，概念的内涵外延，名与实的关系，都有研究，在形式逻辑等领域也有了较深的研究。语法学不见得比语言的本质、概念的内涵、外延更抽象。思考中国语法学不发达的最基本原因，我们只能得出这样的结论：是中国古代的学问太讲实用性，而汉语的使用者，就是说汉语的人、写汉语的人，不需要词的分类，不需要研究和分析句法。应该看到，这是从中国的人文思维产生的结果，有它产生的背景，有它产生的依据。但这不一定就是好的，就我说，这是缺点，没有语法就是缺点。因为由于没有语法学，特别是没有句法学，妨碍了对语言更为细密系统的思考，这就是对语言学、语言本身，更为系统的思考；对语言之外呢？影响了形而上学的发展，也就是抽象科学的发展；再扩大来看呢，制约了中国整个哲学社会科学的发展。造成这种后果的因素是多方面的，语言学是它的一个方面。那么，中国人是怎么把握或者说理解句子的呢？这是很值得几个学科共同研究的问题，单一个语言学得不到最终的结论。简单地说，我就从语用说，中国人对句子是以意义为核心，从整体上把握，从整体上理解，主要是要表达和理解"是什么""怎么样""为什么"也包括在"怎么样"里，"怎么样"是回答，"为什么"是提问。我举个例子。注意我的例子是逐渐放大的：

> 我们是学生。
> 我们是北京师范大学的学生。
> 我们是北京师范大学中文系的学生。
> 我们是北京师范大学中文系语言学专业的

学生。

我们是北京师范大学中文系语言学专业攻读博士学位的学生。

我们是北京师范大学中文系语言学专业攻读博士学位已经读到二年级的学生……

在座的各位，包括外国的同学，大概你们更习惯于"我们是学生"或"我们是北师大的学生"，恐怕不习惯于我最后的一句，对不对？因为汉语已经成为你们的第二语言了，开始用汉语进行思维了，已经沾染上习惯了。我的这个句子可以无限地扩大延长，扩大延长的手段是不断地添加附加语，附加语不一定是状语和定语，还可以是小分句，是插话。而在中国人的语言习惯里，不喜欢这种扩大延长，所以历来中国人留下的文献里长句很少，因为中国人最关心的是"是什么"和"怎么样"，这是句子的主要内容，或者说是主要矛盾，在"是什么"和"怎么样"当中，"怎么样"又是更重要的，所以句子的主语往往省略，特别是在对话中。

外国的同学，特别是初学汉语的同学，又特别是印欧语系的同学，在开始用汉语跟中国人对话的时候，主语是不省略的，听着特别别扭。留学生说"你到哪里去"？中国学生说"上哪儿"？留学生说"我到图书馆去"。中国学生说"图书馆"。对话当中，主语在一定的语境下，有语境的预设，有暗示，那就省略了。但是事物是复杂的，光是"我们是学生"那就太简单了，生活里有很多学校，有很多种学生，要想表达复杂的内容怎么办？如果要说的内容很多，对"是什么"和"怎么样"有许多说明的话，那就分成若干个小句，逐步地和逐层地展开，比如刚才的那个句子，一般表述或小说里都是这样表述：

> 我是学生，在北京师范大学读书，学应用语言学的，现在在读研究生，博士，二年级了。

是不是这样去说？他绝不会把内容集中在一个句子里，如果句子长长的，"是什么"和"怎么样"听了半天才揭晓，中国人就会觉得"怪"，所以从20世纪30年代起人们就把这种句子称为"欧式句"。有些作家专门学这种句式，认为中国语言不精密，恨不得一篇文章就写一句。这是说汉民族思维习惯就是以意义为核心，要很快地把握"是什么"和"怎么样"。这是单句，下面我们说复句。

汉语的复句常常不是靠关联词语进行连接，而是靠上下文的环境予以暗示。这就是所谓"意合法"。比如说："天凉了，要多穿些"，其实是"因为天凉了，所以要多穿衣服"。它是"因果"，但没有关联词。"十月我有空，和你们一起出去玩儿"，如果只是这么写，这里可能是因果："因为十月我有空，所以可以和你们一起出去玩儿。"也可以是条件，可实现的那种假设，也可以是假设句："如果我有空，我就可以和你们一起出去玩儿。"那么靠什么区分？语调、语气。"他约我了，我没去"，这一般来说是转折，"他约我了，但是我没去"；"虽然他约我了，但是我没去"。再有，"课也上了，会也开了，人也见了"，我一人一来，课也上了，会也开了，人也见了，并列。但这里有个"也"字，它起到关联作用，当我把"也"字去掉也是一样的，"课上了，会开了，人见了"。然后，下面这个句子比较复杂,"打电话叫车",是方式?用打电话的方法叫车。是目的?"打电话、叫车",递进?连动?一个句子,五个字可以有三种理解,也是靠语调和语气,因为口语里用意合法多,意合法这个说法是不确切的,它不仅是意思本来有一种相合,它还有一种语气和语调的暗示,是手段。既是意合又是语调合,又是语气合,所以我说它不确切。书面语丢掉了语调和语气,因此汉语的书面语关联词语多,不然会产生歧义。

另外,拿因果句说,总是因在前,果在后,因为什么,所以什么。按事物的发展也确是因在前,果在后。佛教的因缘说也是说因有现世因,还有前世因,前世之因是此世之果。如果倒过来,先说果后说因,又成了欧式句。"我不去了,因为没有空",咱们这么说,因为看书看惯了不觉得奇怪,你要是跟北京的老工人说话,他就觉得你在掉书袋,文绉绉。"我们现在生活提高了很多,尽管还有贫困的人口",人家会说你说的不是中国话。因果是如此,条件、假设也是如此。自从西方的学问传过来,人们发现欧式句可以表达原来不易表达的感情。什么感情呢?如果是在一个长句里,把要说的话都浓缩在一个句子里,一气读下来,它有一种气势。包括因果句倒过来,也表达一种特殊的感情(我们不去分析这些感情,这又是另一个领域)。于是文人就把它引进到自己的作品里,丰富了汉语的句式,但是至今还只是停留在一部分作家和学者笔下,没有进入全民语言。这里有个问题我要说,就是,截止到目前,现在汉语语法的研究,它的材料主要是书面语,特别20世纪80年代期间。情况有一些好转,但还是不理想。这是脱离实际的。我从三个角度说:第一,脱离语言实际。语言本身是丰富多彩的,书面语，它只是语言的一种表现形式，例句或分析的材料都是某作家的，毛泽东的，鲁迅的，这是不全面的。第二，脱离实际，语法学的目的之一是教人使用这种语言，教留学生书面语，用《人民日报》来教，结果留学生上街全用《人民日报》的语言跟老太婆、老年人说话，人们会觉得你说话怪怪的，但能原谅，你说自己是俄国人、是韩国人，别人就更能理解了——外国人说话就是这个味道。但老是这样毕竟你不能融进中国社会。第三，面向计算机，计算机如果只能处理书面语，计算机的用处就太小了。现在计算机还不能处理口语；不仅仅口语处理不了，真拿一本小说来也处理不了，因为小说里的口语是丰富的。为什么计算机处理不了口语？——严格地说，现在还没有进入语言处理的阶段。因为语言学还没把关于口语的知识教给它。为什么不教给它？因为语言学还没怎么研究口语！

我这里说的是现代。古代呢？自古以来我们对语法学、句法学不注重研究，但是也有语法。中国古代语法基本上局限于对虚词的研究。为什么呢？因为虚词既有组词成句的功能，又对句子的神态起着重要的作用。下面我举例子，因为大家不是学古汉语的，外国同学古汉语的根底不行，所以不举太深的，举个明显的例子，让你们体味。一句是《庄子·逍遥游》上的，"野马也，尘埃也，生物之以息相吹也"。三个"也"字，我们去掉它——"野马，尘埃，生物之以息相吹"，这是一种感觉。"野马也，尘埃也，生物之以息相吹也"，有三个"也"字又是另一种感觉。这句意思是什么呢？"野马"不是真正的"野马"，是风经过大地吹起的土，从上面看，就像一匹野马在远远地奔跑，龙卷风最典型。"尘埃也"是扬起的尘土，不是在田野上跑的了，庄子说这是什么东西，哪里来的？这是生物，活的东西"以息相吹"的结果。他说"野马也，尘埃也，生物之以息相吹也"，有前面两个"也"字，就让语气缓荡，语气缓荡就给对方一个时间，脑子里想：野马怎么样？尘埃怎么样？等你的答案，这时得出结论："生物之以息相吹也"。现在给你们讲，我就很随便地一口气说出来是这个内容。给本科生讲我常常不是这样，你们上中小学的时候老师们恐怕也是常问"这是什么道理呢"？他停几秒，停几秒做什么？让每个人想"什么道理呢"？每个孩子脑子里转，最后没找出来，"现在我告诉你，这不过就是一个什么什么作用"。再给你们举个例子，你就明白了。韩愈的《师说》："生乎吾前，其闻道也固先乎吾，吾从而师之；生乎吾后，其闻道也亦先乎吾，吾从而师之。吾师道也，夫庸知其年之先后生于吾乎？"除了最后一个"乎"，其余的"乎"都是"于"，"介乎二者之间"，就是"介于二者之间"。为什么韩愈不用"于"而用"乎"？我改一下："生于吾前，其闻道也固先于吾，吾从而师之；生于吾后，其闻道也亦先于吾，吾从而师之。吾师道也，夫庸知其年之先后生于吾乎？"你们听了有什么感觉？他在最后一句用的"于"，有什么道理？"乎"和"于"在上古的时候，在先秦西汉的时候，声音相近，差不多，但是到唐代，中古时，这两个音已经分化，今天我们听起来"乎""于"差得远了。如果用"于"的话，只起一个作用，那就是"生于吾前"，生在我的前面；"生乎吾前"，用了这样一个声音的语气词，缓荡，把"生"和"前"或"后"在时间的感觉上分开，连续几个"乎"字一用就起到一个神态的作用,这是一种自己理直而气壮的神态。因为在韩愈那个时代,谁是老师?谁主考,比如我是今年的主考官,你考上了,事先我跟那几个主考官已经分了,这批卷子是我看,于是录取了你们,我就是门师。所以柳宗元少年露头角以后,那些当官的都争着让他"出自我门下",一考就是由我选他。当然当大官的都是年龄比较大的,社会上有声望的。现在韩愈反其道而行之,他写文章时是四十来岁,二十几岁的人,某个道理他懂我不懂,"闻道"比我早,我"从而师之",我要学,这是逆潮流的,他要表达这种感情,就要摆出理很直,气很壮的样子。下面举更简单的例子:成语"锲而不舍","锲,不舍"够了,干吗"锲而不舍"?"锲,刻也",而且是刻金,刻铜,都很坚硬。"锲"是一种动作,"不舍"是一种状态,本来它们没有关系,"锲"可以"舍"也可以"不舍",没有必然关系。我用一个"而",把"不舍"这种情况跟"锲"就联系得紧了,形成了"锲而不舍"。不多读古文,基础差,就读不出"味儿"来,读古文,不是坐在台灯底下,夜深人静,摇头晃脑地读,光我说,也说不出味来,我只能大概地说一说。

我再举现代汉语,最简单的例子:"我呀,还没看完呢!"本来是"我还没看完",但是要在"我"后加"呀",其中神态可以领会。还有,"我也就是叫了他一声外号,他就不高兴了",本来可以说"我就是叫了他一声外号,他就不高兴了",意思完整了吧?但话里加了一个"也"。这一个"也"字隐含着带有点儿"不过"的意思,把我的错误降到最低,来突出他不高兴是不对的,后面的话一定是很轻的,重的绝对不能说。"嗨,我也就是把他的腰打折了,他就不高兴了"。行吗？"也就是这样"，你再重一点，不就把头砍下来了？古今是一个道理，汉语的虚词，不管是语气词，还是关联词，都是组字成句的手段，同时也表达一种神情。可惜的是你们没人研究这个。至今研究古汉语的人和研究现代汉语的人都忽视了虚词在表达很深层的、微妙的感情的时候的巨大作用。

那么有的同学就说了，你说虚词，虚词里还有一类，代词，起什么作用？"代词嘛，代词就是代替名词，没有多大其他作用。"不然。代词介于实词、虚词之间，放到虚词是不得已，为什么说"实"？因为代词都非常实，都有所指，除非是说话时有毛病，"这个，这个，这个……"，剩下的"这个""那个"都很实，而且在句子里做正式的成分。虚词的特点是不做成分。语气词做什么成分？没它的位置。正因为代词这样的特点，汉语对它有特殊的态度，什么态度呢？在表示尊敬的时候不用代词，只是在一般情况下和不大礼貌的情况下使用。其实这也是文化，常常用称呼代替那个代词，代词常常空缺，这个空缺和对话里省略代词不一样。比如说，到现在为止，我的儿子、女儿在家里跟我和我老伴说话很少说"你"，但我们又不是北京人，所以也不说"您"，往往用"爸爸""妈妈"来代替；而背着我们的时候，比如说，我的儿子和儿媳妇谈到我们的时候，都是"爸爸怎么样，妈妈怎么样"，有时候开玩笑说"老太太怎么样"，都不会用"他""她"来代表。这是自古而然的。在古代，第三人称代词不发达，有个"其"，不是真正的人称代词，它是在特殊句式下才用的，它不等于"他""她""它"，等于"他之"，"其为人也"，不是"他为人"，是"他之为人"。"彼"，有时候用，也不是人称代词，而且说的时候带有感情,不是尊敬的感情。"吾""我""余"第一人称代词有好几个,第二人称代词"尔""汝"也有好几个,唯独第三人称,没有。同时,下对上的时候,从前严格,根本就不许用第二人称代词,一个大臣跟皇帝说话,"尔",等着掉脑袋吧。儿子对父亲也不能说,上对下也不说。有一个"卿",这不是人称代词,后来尊重对方,本来他是个卖烧饼的,对他的徒弟要表示尊重,他也可以说"卿",后来到了中古才变成个代词,《世说新语》上有。丈夫对妻子说"卿",妻子对丈夫自称"我",于是形成了一个成语"卿卿我我",这个成语就是这么来的。那么,上对下怎么办?称名,有时称字,称官衔。不严肃或表示亲近的时候,才称"尔""汝"这一类,用代词。这是汉民族人文关系在语言中的反映。

  可以毫不夸张地说,一个句子,如果懂得了每个词的意义,掌握了句子里的虚词,他就可以理解全句的意思了。实词是建筑材料,虚词是黏合剂和装饰材料,黏合剂指关联词语,起关联的作用;装饰材料指的是副词、语气词,增添感情色彩。中国句法的这种情况,单句、复句这种情况,是符合中国人的思维习惯的。中国人的思维是综合性的,和西方的分析性极不相同。中国人不大在意概念的精确性,因而对句子的理解是含混的。比如说:"除了黄晓琴之外,其他同学的作业都交了",这句话不精确,除了她,就是在座的其他人。除了她、还"之外",那就反而是她了。从全体同学中除去了她,剩下的是你们,"你们""之外"可不就是她吗?所以"除……之外"是错的。按逻辑说是不是错的?但是中国人不计较,全懂,不认为是病句;"打扫卫生",把卫生都扫掉了,就成了不卫生了，是不是？"健康检查"，健康了，检查什么？检查就检查那些不健康的地方。对这个现象，从前语法学家有语法学的解释；依我看，从哲学观点看，中国人只要理解大概意思，我不追求它的精确，并不认为是错。再稍扩展一点说，这样一个思维习惯，在我们的传统学科，比如中医，还有绘画、书法等艺术中都有很典型的表现。什么叫写意画？就是那意思不精确。透视，没有。这么站着，按西洋画，应该是这个耳朵大，这个耳朵小，结果中国人画得两只耳朵一样大。但是它表达的是一种感情，一种对生活、事物的感受。书法，缺一点少一点没关系。书生写字，像我写字一定一点儿不能少；真正的书法家可不是，意到了就行，书法家经常写错字，求的是整体，不求精确。中医也是，什么阴啊，阳啊，气啊，上火了，什么叫上火了？不精确，但它能治好病，吃个牛黄就好了。

中国人的思维习惯对汉语的影响还只是事情的一个方面，另一个方面，是汉语的特点又反过来促进和强化了中国人的思维习惯，是反作用的问题。比如说，语言迷信，也叫语言崇拜；还有语言禁忌，又叫语言的忌讳、避讳，是各个民族都有的，这是民族心理在语言里的集中体现。现在如果你们到福州、厦门和南方一些小城市，走到小巷子才能看到，北京已经全清除了，一户人家，他的门朝着一条巷子，到前面是人家的后墙，那么他就面对着墙了，他一定在这个墙底下立一块石头，上面写着"泰山石敢当"。什么意思？因为是自己的路被堵住了，意味着这家没路了，那么我就立块石头，上面写"泰山石敢当"，一切的灾难这块石头承担了，我家就没事了。为什么是"泰山石"，而不是别处的石头？因为历代皇帝都到泰山"封禅"，那里的土石草木就有神力了。再比如，从前过年，一定要在四合院的影壁上贴一个红条，叫"抬头见喜"，一开门，抬头见喜了，好像语言到了，喜就到了。最典型的就是现在流行的写个福字倒贴，为什么呢？就是要用这句话，"你的福倒了哎"，"对，福到了"，这不是语言迷信吗？是不是？其实弄错了，从前这个福字只贴在钱柜上，只有这上面贴一个倒福，现在是哪都贴福字，恨不得连厕所也贴个福字，用的地方不对。这很典型的。再一个，在汉族嘴里，"死"这个词很少说，包括我们一般人，我们不说那种尊敬语——去世了，就说"没了""走了""不在了"，当然还有更文点儿的——仙逝、西去、西归、驾鹤。还有一个词，是有关厕所的，是要禁忌的。在古代是"圂"，这很明显，猪圈呀。20世纪60年代我下乡的时候，在穷山沟里，厕所和猪圈还是不分的。（我下乡的）那个地方是咱们中国文化的发源地，它一直保留着。一作人们的厕所，就有一个特点了，里面除了有猪，还有水，于是再加三点水，念"溷"，就代表厕所，所以，中国自古到今，厕所没有专字，没有专词，全是借用的。后来发展了，叫厕，厕就是旁边。你盖了五间大瓦房，腾出一间作厕所，这不大合适吧，因此，在旁边盖一间小房，叫厕，厕所，不过就是旁边之所。原来叫溷，太不好听了，就等于我们说："干吗去？""上猪圈。"上猪圈是喂猪还是干什么？后来都知道是去那儿方便，于是就有联想，一想到猪圈，就有某种不净的行为、动作，于是不叫这个了，"厕"，挺好。但是，叫多了，一说上"厕"（如厕），就又引起联想，于是再改名字，不断地有代替物。近代人叫卫生间，最不卫生的地方叫"卫生"，又叫"洗手间"，这不是"掩耳盗铃"

吗？进去只是洗手吗？最典型的就是台湾："化妆室"。确实它是有镜子让你化妆，可是去的目的不是化妆，她一定是去化妆室做别的，然后她化化妆。

　　语言的迷信和禁忌是一个非常值得研究的领域。我说的研究不是只把材料收集起来，来描绘叙述一下，而是要开掘里面的民族心理和民族心理的演变。现在我要对刚才这些例子进行一点儿分析了。迷信与禁忌多种多样，因为它是历史的沉积，原始人的禁忌和忌讳没有完全消除，慢慢进入氏族社会，氏族社会养成的一些东西，没有完全消除，进入到了奴隶社会，奴隶社会形成的一些东西，又到封建社会，直到今天我们信息时代了，还有远古的遗留，所以它变成多种多样。中国地域广大，这个地方禁忌这个，那个地方禁忌那个，汇集起来也是多种多样。其中最重要的是有关"死"和"生殖与排泄"的，是各民族共存的，最忌讳的。虽然这是各民族共同的，但是在"死亡"和"排泄""生殖"这两个方面，汉语的迷信和禁忌与其他民族不同，这些不同之处也根植于民族哲学心理。首先，"死"与"亡"基本同义。看看古人是怎么理解"死"、怎么理解"亡"的。《说文解字》："死，澌也，人所离也。"清朝的段玉裁注："水部曰：澌，水索也。""索"有一个常用义"尽"，没了，所以"水索也"就是水尽，水没了，因此凡是没有了就称为"澌"，那么人走到尽头了就叫"死"，因为"死"和"澌"这两个字的读音是一样的。"死了"就是"澌了"，为什么"澌"是水尽了？因为一个"其"字，一个"斤"字是"斯"，是劈柴，劈木头，一个圆木头，一斧头劈下去，分成两半，我再一斧头劈下去，分成四半。这个动作叫"斯"。"其"是声，"斤"表示意义范畴，"澌"是什么？是水流，本来是一条河，往下流，上面水停了，最后的一滴水流走，这时候地面出现什么？河底不会是平的，出现了一条小水一条小水，和把木头劈开是一个形象。这时候水并没有尽，他说的不是眼前这些地方，是上源尽了，"水流"尽了意味着将来这点水也没有了。这形象像什么呢？绳索。同学唱卡拉OK或酒喝多了，说嗓子嘶哑了，什么是嘶哑？平常女孩子说话甜润的，是一个声音，嘶哑时好像两个声音同时发，"嘶哑"就是嗓子劈了，"劈"即"嘶也"。凡是一分为二，一分为几的都称为"斯"，不过是嗓子的事加一个"口"字，水的事加一个"水"旁，用于动作的加一个"手"旁（"撕"）。现在说"人"，什么叫"死"？"澌也"，水没了，停了，那不就等于"死"？为什么叫"人所离"呢？涉及哲学观点，中国的原始宗教，其实是没有宗教的宗教，认为人是有魂魄的，魂魄离了，躯壳就死了。是"亡"就是"无"，"亡"和"无"按照训诂学叫对转，就是韵尾丢了，"无"古代读"má"，"亡"读"máng"。为什么"盲"字念"máng"，是古代"亡"的音，"无"和"亡"本来就是一个字，两个形体，也可能是方言，一个有后鼻音，另一个没有。"死"和"亡"是从两个角度说同一事物。一个"死"，着眼于灵魂不死的观念；另一个"亡"，着眼于不再存在于眼前的世界，是从"有"到"无"的变化。这是哲学问题。至于其他的说法，"西归"是受了佛教的影响，"仙逝"是受道教的影响，"驾鹤西归"是佛教加道教。语言最深层的是一个汉民族哲学的观念，伦理的观念，生死的观念。

下面讲另外一个问题。中国人的二分法对语言也产生了影响，《周易》的"阴阳"是二分法的代表。汉民族审美中的对称、平衡，语言中的对仗以及后代诗歌的形式——双数句，都和二分法有关系。汉语的特点是以物质方式，来显示汉民族的二分的思维习惯、哲学理念，由此而产生了诗歌、对联等艺术形式，这些艺术形式又反过来加强了汉语讲究对称、平衡的特点，加强了汉民族二分的观念。所以二分和受二分影响的语言形式、艺术形式、审美观念二者是鸡生蛋、蛋生鸡的关系，互相促进，很难说哪个在前。我刚才忘了点一句，就是语言迷信、语言禁忌，也是这样。本来中国人有一种观念，由它影响在语言中出现的禁忌和迷信，一旦语言中的禁忌和迷信形成了，它就一代传一代，之后又强化了汉民族的"人—鬼"的观念，"死—生"的观念。这很简单。现在的中学生不大懂得什么"人体与魂魄的关系""人所离也"，他也不懂得古代的祭祀。中国古代的祭祖就是躯体和魂魄这个观念的强化，本来是死了，但立一个木牌儿，写着某某之位，于是顶礼膜拜，就是认为人死了，魂魄还在。现在那些十七八岁的小孩儿不懂得这些，但他买手机的时候，一定不要"4"，他要"8"。这种语言的迷信又强化了民族的这种心理。现在说"二分法"也是这个道理。二分法的影响很深入，例如汉语的许多反义词在声音上竟有关联，我举几个例子：

男—女，双声；上—下，在古代对转；前—后，都是舌根音，广义双声；天（颠）—地（底），双声，都是"d"；内—外，叠韵。

这是一种情况。还有一种情况，在汉语的句子中还有相反相成的现象，相反相成的前提是一分为二。

例如,"哈尔滨的姑娘真敢穿"和"哈尔滨的姑娘真敢不穿",字面意思相反,表达的意思是一样的。这是什么原因?第一,句义是由全句表达的,而不是一个个词拼凑起来的。汉民族对两个有关的句子不计较其细微的差别,也就是不精确。总的意义趋向听者是理解的,就可以被接受。"差点迟到","差点没迟到",字面相反,意义相同。第二个原因,前一个例子中,"敢穿"就是指穿得新奇,在今天"奇"就是瘦、透、露;"敢不穿"所指的与此相同,它的总体意义是等值的。"差点迟到"和"差点没迟到"意义不等值,但说者的重点有两个:"没迟到"和"差一点",当他说"差点没迟到"的时候,说者和听者的注意力都在"没迟到"上,因而不会发生误解。第三个原因,两组相反相成的两句没越过语言的模糊性所允许的范围。汉民族把握的是句子的趋向,而不是一个词与词之间的精确关系。

第四个问题:

汉语词的双音节化和哲学

我举三个现象,第一个现象,现代汉语以二字结构为主。这与二分法,与二分法所强化了的汉语的节律有着密切的关系。什么意思呢?歌词、诗都是有节拍的,这个节拍往往是一拍两个字,年岁大的人不爱听流行音乐,它不成节律。为什么不爱听港台腔广播?因为不该停的地方他停,该停的不停。但是有一个模糊性,求的是总体趋向,大体明白了。其实效果不好。有的词不好、不便于处处构成双音节,于是加词头、词尾凑双音节。外国人可以这样,称郭龙生同学:

"嗨,郭。"中国人不行,怎么办?"小郭""老郭",加"老"和"小"。在所有的词头、词尾当中,有两个要特别注意,又是成对的,"儿"和"子",举例说:

老头儿——老头子　桃儿——桃子　小孩儿——小孩子

每组的前者带"儿"的,常常带有喜悦的心情,"子"或是中性的,或是厌恶的心情。"唉,你看这老头儿,八十了还这么精神。""哎呀,我们邻居那个老头子,不让我夜里听音乐。""唉,你看这小孩儿多聪明。""你还是小孩子呢,怎么就学这种东西呢?"在不同的场合,或用"儿",或用"子"。"桃子"是中性的,"桃儿"是喜悦的。另外,它还有区别词义的作用,从前中国经济不好的时候,什么都发"票儿",每个人一个月是多少食用油,那叫"油票儿"。在家里要严格区分"邮票"和"油票儿","拿两张油票儿"那是要打油,"拿两张邮票"那是要发信,决不会混的。"面粉"从前叫"白面",以区别于"黑面""玉米面",一"儿"化坏了——"白面儿",就是现在吸的白粉,绝不能说"咱们上街买包白面儿吧",那就成吸毒的了。再比如说"鱼",带鱼、草鱼、石斑鱼、虹鳟鱼,不能"儿化",一说"鱼儿",小的,小鱼儿,今天吃炸小鱼儿,买两条金鱼儿,一定得"儿化"。"子"常常是颗粒的,不是很小的,但也可以是小的,这都是对称的。有时一儿化就把音节变了,变成一个音节,其实是两个字。"儿"和"子"又是一对,也是二分,互补互足。

　　第二类现象是连类而及,即我说这个话,涉及两个现象,其实我说的是其中一个。比如:过去生活艰苦的时候,说家里面已经没吃没喝了,其实不是说没喝了,到井边打个水就能喝,是说没有粮食,没吃的了。喝就是连带,捎带的。因为单说一个没吃,在汉语里有时站不住,怎样也要凑一个,就成了"没吃没喝"。

第三个类型相反相成,反义词凑到一起,大小、轻重、长短、肥瘦、高矮、尺寸、田地。这些都不是再指原来的意义,而表示一种"度",这两个字所在的那个领域的"度"。买件衣服,大小怎么样,不是真的"大的怎么样""小的怎么样",而是尺寸长短的那个分寸。肥瘦、轻重也是这样。"尺寸"就指多大码,"田地"也不指郊区的土地,是指"你怎么搞的,混到这步田地",指境遇。

第五个问题:

汉语发展演变中的哲学

第一个小问题,共同语的形成是辩证的。共同语是相对强势的语言。由原始的共同语分化出许多方言,方言又随时补充共同语。共同语又随时影响着方言。这样,就在这一个共同语言分化出去之后,除了方言之间相互影响,方言和原来母体之间不断地相互影响,渐渐地在诸多方言中就冒出一个强势语言,这强势语言慢慢就要形成民族的新的共同语。语言,包括共同语,它在周围的影响下,随时随地在发生变化,这符合哲学上所说的"今日之我非昨日之我,明日之我非今日之我"。我十一岁的时候,新中国成立,以前的普通话——国语,跟现在的国语差别很大,什么原因?

就是它自身发展了。怎么形成的国语,形成的普通话?就是在原来许多的方言中慢慢地露出头来,成为强势语言。强势语言和弱势语言的关系不只是互相吸收营养,它们之间还有互相排斥的一面。因为共同语也好,方言也好,都是一个系统,任何系统都具有很大的排他性。我们的身体啊,输血和器官移植时会排异,也无非是这个原因。共同语的规范和发展也是辩证的关系,规范和发展二者相辅相成,规范总是滞后于语言变化,而且时时被语言的发展所突破。这样就形成一个公式,就是:发展—规范—发展—规范,以至无穷。共同语的扩散,按中国话讲叫普及,但如果这个普及不是人为的,而是随它自由扩散的话,就犹如水波,离波心越近的,波纹就越大,越明显;离中心越远,波纹就越细小。用地域的远近来看共同语的扩散就是这样。因此对共同语的普及必须分成等次。现在说起来很轻松,理所当然,但我们认识这个问题经过了一段时间。1958年,曾经搞过推广普通话的运动,山西的万荣成为全国的一个标兵,连从没到过县城的老太太也在学习普通话。这就违背了规律,违背了我刚才所说的规律,违背了哲学。后来怎么样呢?1958年一过,三年困难时期,大家挨饿,等不挨饿了,普通话全没了。现在到万荣去,很少有人会说普通话了。所以说起来简单,认识一个规律是很难的。

  第二个小问题,共同语与政治中心,也就是政治对语言的影响。政治中心的语言之所以力量强大,是由于语言内部的力量呢?还是语言外部的力量?语言内部的力量,就是这种语言好,语言外部的力量就因为它是国王的所在地,皇帝的所在地,首相所在地,中央所在地,议会所在地,就是这个原因。方言的顽强,是语言自身的力量呢?还是语言外部的力量?其实这符合辩证法,一个事物的变化,外因是重要的条件,但最根本的是内因,内因是依据。内因就是民族的心理、民族的哲学观念,以及由此而构建的语言体系。古代称政治中心的语言为"雅言",雅也有"近"的意思,"雅"字在后代的意思是"文雅",首都说的话都是雅的,政治对社会的影响力,造成这样一个普遍的心理;共同的心理加强了政治中心语言的影响力。在中国,为什么北京语音成为标准音,因为北京的语音系统是最简单的。首先,没有入声调,最简单,4个,所以它读出来好听,有些成语就是阴阳上去,"花红柳绿""安贫守道""鞍前马后"。普通话声调的魅力是由于简单,音调铿锵。外部的力量,就是政治对社会的影响力,对语言的影响力,是加强刚才所说的那种民族心理趋向的。因为长期以来。都是中央集权,国都是中央所在地,而且人才荟萃,于是人们以为国都的一切都是最好的。反过来,全国的这种共同心理又加强了政治中心语言的影响力。现在随着经济在社会上的作用越来越大,是不是政治中心的语言的影响力将会减弱呢?我看不会。什么原因呢?因为在任何时代,经济、文化都与政治不可分割。在人类实现大同世界前,政治还是社会生活、国际关系的核心。但是经济的影响力的确在扩大。近些年来,在中国,普通话和广东话,如果追溯到20世纪50年代到60年代,普通话和上海话,在人群当中的较量就是很好的见证。五六十年代,上海的经济最发达,我们在内地搞了很多大项目、大工厂,几乎都是上海派工程技术人员,有的是上海的工厂内迁。上海人死活不愿学普通话。改革开放以后,广东经济最发达,广东话就又成为时髦的。在北京办了广东话训练班。不用着急,这是一时的浮躁心理,将来肯定转过来。现在广东人赚香港人的钱,等他想挣全国人民的钱的时候,就得学普通话,他们现在眼光狭窄。在行政措施上,有一段时间,我也不抓,听之任之。我到香港去发表一个谈话,"香港推广普通话的力度远远超过广东",报纸一登,国内报纸转载,广东人坐不住了。这在当时也是"出口转内销"。现在广东推广普通话的力度已经相当大。现在北方也没人再模仿广东人说话了。这说明两个问题,第一,政治中心的语言,它是一种强势语言;第二,方言的顽强,经济对强化方言的影响不可忽视,这是符合规律的。

第三个小问题,共同语的层次。共同语在我们的法律上叫通用语言,把通用语言分出层次,这是中国的一个发明,具体体现在《中华人民共和国通用语言文字法》当中。首先,普通话是全国通用语言,规范汉字是全国通用的文字;少数民族语言文字是少数民族聚居地区的通用语言文字。按照这个逻辑,方言就是方言地区的通用语言。把通用语言文字分成两级,一级是全国的,另一级是特定地区的。但是,全国通用的和地区通用的不是上位和下位的关系,而是全体和部分的关系,是统一和分散的关系,是集体意志和个人自由的关系。在处理这个问题的时候,国家语委和人民代表大会常务委员会是发挥了自己的智慧的。这个法出来之后,得到全国上下各行各业,学者、普通市民等等的欢迎,没听到任何不同意见。大家一起鼓掌,都认为这个法制定得好,因为它符合中国人的思维习惯,符合中国人把事物一分为二,利用二者之间的种种复杂关系的哲学理念。

第四个小问题，文字与语言的相互影响。文字是为语言而造的。字又是形、音、义的结合体，汉字必须与汉语相适应。一个字就是一个音节，这种情况——字一音节——就是汉字与汉语相适应的表现形式。因此，一字多音节站不住脚，终究要成为"合音字"。"甭"，本来是"不用"，说快了是"甭"，就成了一个音；"不可"说快了就成了"叵"。战国时，秦国将笔称为"不律"，"不律"念快了就是"笔"，在陕西那块儿叫"不律"，到山东孔子叫"笔"，"不律"站不住，最后还是"笔"。语言和文字不是相互影响吗？语言决定了文字，一个音节就是一个字。所以，"黄金万两""招财进宝"只能作为一个图案，贴在商店老板的箱子上，没法念，到现在没产生一个音节代表那个字组。还有道教用的一些字也是如此。反过来，文字有时强化语言，形体引导人们去读这个字。以前我们举的"垃圾"，不再重复，原来是"le suo"。再有，"入场券"，由于它和"卷"形体相近，"卷"比"券"用的频率高，于是人们说"买个入场 juàn"，"证券（juàn）交易所"。再比如说，"癌症"的"癌"这个字本来念"yán"，而且最初没有病字头，就是山岩的"岩"，为什么？这种病的病灶像山岩一样不平，良性的肿瘤是圆乎乎的，边缘清楚，它的形态就像山岩，石头，因此就叫"yán"，但是后来因为和"发炎"的"炎"同音，容易误会，就从古代的音中找到它曾经有"ɑí"这么个音（到现在陕北"崖畔上开花红艳艳"还发"ɑí"的音，于是定为"ɑí"）。那么，读"yán"的时候，就是字形强化了它。

第五个问题，民族语和外来语的关系。语言对待外来语的态度是很辩证的。任何语言都是一个牢固的体系，都和民族心理紧紧相依。虽然随时有别的语言成分进入本语言，但是不合这个体系的规律和不合民族心理的语言成分，终究会被剔除。这些规律和心理深深地潜藏在民族群体的意识里，没有法律规定。因此，语言的使用群体会根据这样一个规律，同时遵循着少数服从多数的原则，逐步淘汰一些语言系统不肯容纳的部分，这是语言排他性的表现之一，也是它自净性的表现。自净性也表现在对自身的一些语言现象的筛除功能上。"葡萄"是外来语，是哪个民族的语言，不可考，古代就有。近来的就是二三十年代的"德律风"，就是电话，曾经流行一时，不叫电话，就叫德律风，"我们家装了一部德律风，号码多少，你有时间给我打个德律风"，满嘴德律风。20年代的时候，把"民主"叫"德莫克来西"，简称德先生，为什么？没找到一个词称呼这种东西。后来从日本发现，日本话里把中国古代的"民主"这一词用来翻译"德莫克来西"，翻译得不错，又从日本话里把这个词移过来了。这个在语言学理论研究里叫做词的旅行，从中国漂到东瀛，东瀛使了以后又回到了娘家，意思已经不一样了。有一个词，"外吾林"，我小时候还说呢，就是小提琴"violin"，"谁家的小姐外吾林拉得好"，我上中学打篮球的时候，"out side"，"in side"，裁判是这么喊的。"士敏土"，水泥，这个又不一样了。"士敏"（cement）加个"土"，中西结合。和这个相近的，"摩托车""T恤衫"，"T"加一个"衫"，"衫"是中国化的。还有一种类型就是干脆搬过来，比如"沙发"。但是你要说"我明天去买两套sofa"，别人觉得你有毛病，一定要说"沙发"。说"我想去喝杯coffee"，人家大概也觉得你是怪人，其实"coffee"在法语和英语中读音不同，英语中读"coffee"，法语中就是"cafe"。这些说明什么？我说的是三类，一类被淘汰，包括"德律风""德莫克来西""外吾林""土敏土"；另一类是中西结合了，像"T恤衫""摩托车""卡车"；再一种原封不动搬过来，但发音方法一定要服从汉语，"咖啡""沙发"，一定是阴平，音节非常清楚，重音在后，coffee的重音在前面，汉语不是。这里还有个规律：与广大人民群众关系密切的词，拒绝的力度更大，人们宁可另造一些新词指称，不愿意用别的民族的词。有些事物，一个东西有多种名字，大多是这些词出现得比较晚，引进得比较晚，可以看出来是外来的。为什么名称多呢？还没来得及统一。现在，我们吃的葡萄只有一个名称，没有别的名称了，那是因为在汉朝已经引进来了，我估计当时也有别的叫法，但后来都淘汰了，剩下一个。剩下的没来得及淘汰，这又跟共同语的推广有关系，由一个物的多种名称可以看出是外来词，不是本民族固有的，民族固有的一定是最后归于一致。有时候是一个事物有几个名称，但总有个公约数。"头"，到山西叫"de nao"，老北京话"脑袋瓜儿"，但大家都明白二者说的是"头"，到一定场合就说"头"，不说"脑袋瓜、脑瓜子"，也不说"de nao"，但有的就称这个，不称别的。比如说"土豆"，"土豆"又叫"洋芋"，因为中国有芋头，形状差不多，从外头来的就叫洋芋。其实按照沙发、咖啡，它应该叫什么呢？我设想能不能给它起个名字叫"坡太头"（potato），坡上长的，挺大，像头。我想一定叫不开。你起名叫"土豆"，他叫"洋芋"，那个人叫"山药蛋"（为什么叫"山药蛋"？山药是长的，到一定时候上面结小籽，附着着，小圆形的，土豆的形状和它完全一样，就叫"山药蛋"）。再举个例子，"白薯"，又叫"红薯"，叫"红苕"，还有好多呢，它就不叫"斯维特坡太头（sweet potato）"。再有，"番茄"，就是番人的茄子，中国的茄子是紫的，他们的茄子是红的。中国有柿子，从西边来的红柿子就是"西红柿"，它也不叫"特马头"。我们用的火柴，起初叫洋火，从西方传来的。过去都是打火镰，就是拿一块火石，拿一块金属敲，火星溅到艾绒上，着了，吸烟。或者用火捻儿，抽水烟。现在用一根小木棍，一划就着了，挺方便，从西方传来的，就叫洋火。北京土话叫"取灯儿"，一点油灯，用它，灯就亮了。所以，叫"取灯"。后来我们叫"火柴"，但是它不用"咖啡"的办法叫"马齿"（match），叫"马齿"也可以吧。你看，一根根小棍儿像不像马齿，它不这么叫。这些东西都是因为与老百姓的日常生活极为密切，老百姓对外来语的拒绝力更大，于是起了新名。这跟文化的情况是一样的。中国语言学家就外来语的问题做了很多很有成效的研究，搜集了很多的材料，如果再从民族心理和哲学理念、民族文化的角度来观察，可能会研究得更深一些。现在研究到什么程度了，就我所知，搜集外来语，编纂外来语词典，然后把外来语分类，从各种角度进行，最后分析外来语进入汉语的总趋势，几种情况，有的全吸收，有的全排除，有的吸收以后与汉语结合，但总的规律要符合汉语的习惯。就语言谈语言，总有局限。从民族文化、民族哲学上去观照，我想就会得出新的更深入的认识。

这就是我讲的题目"汉语、汉字与哲学"。我在一个标题下谈的都是举例性质的。因为这个问题太复杂了，只要有这个理念，然后去仔细地分析，还可以发现很多的问题。我开头就说了，我想给你们引路、探路。没有路，先去走一走。也许这条路上有荆棘，或者走着走到悬崖，走不了了，这条路不通，那么你们今后可以不走这条路；也许是一条路，我仅仅走出一条小路试探，你们给开出大道；还可以有支路。为什么要这样做？一是因为我觉得我们中国的语言学界，就语言研究语言，不管是语用还是语音、语法，不管是本体还是外部语言学，有时联系些社会情况，但没有联系整个民族的文化，这是一个思路的问题。二是你们现在都在定题，给你们开点儿思路。倒不是要你们研究这个问题，而是希望你们以后观察问题的时候，研究翻译学的也好，研究汉语规划的也好，研究汉语教学的也好，都要着眼于民族的心理、民族的哲学、民族的文化。我是想给你们开一个思路。

训诂学与经学、文化[*]

我是很痛心地讲这个课的。训诂学在中国曾经是绝学，改革开放以后我和一批志同道合者曾经为训诂学的振兴努力奋斗了若干年，奋斗到全国有一百来所学校开训诂学课，但还没有一所高校把训诂学开成必修课。后来经济大潮让我们学术界逐渐染上了浮躁病，于是训诂学又开始萎缩，现在开训诂学选修课的，我想不会到两位数字。在国学的振兴需要我们重新阅读和研究先圣、先哲留给我们的遗产的时候，很多大学者也几乎成了"文盲"，这是让人痛心的。从这个角度看来，这个题目并不冷。但是训诂学在一段时间里还会冷下去，因为它无法满足一位教授每年要有两三篇文章的要求，更不能满足在校博士生毕业前要有两三篇文章在核心期刊登出来的规定，因为它是死功夫、硬功夫、慢功夫。现在有些管理办法是违背了科学的规律的，这样就很少有学生肯学这门很冷而实际上应该很热的学问。我没有想到今天有这么多的老师同学以及校外的朋友赶来听课，这让我已经冷却了的心感到了一丝暖意。我尽量把课讲得通俗些，因为它的专

---

[*] 2008年10月9日在北京师范大学汉语文化学院的演讲。

业性是比较强的，讲深了会让在座的许多人失望。我相信，你们会感受到这个课程的内容是有用的，更重要的是，我希望大家听出来我的思路、思维方法，这样无论你们做什么，都可能受到某些启示。启发、启示不一定是正确的，也可能我是错的，错的对你们也有启示。这是我要交代的一点。

我先解释一下今天要讲的题目。首先，在这次课里，我不可能把"训诂学"的内容、方法、技术一一进行讲述，我预设大家基本了解了训诂学。其次，关于"经学"。经学就是六艺之学，《诗》《书》《礼》《易》《春秋》《乐》。《乐经》早已亡逸。据有的学者考证，《礼记》中的《乐记》实际上就是《乐经》的梗概。所以谈六艺实际上就是五类经书，《诗》就是《诗经》；《书》，即《尚书》；《礼》有"三礼"：《周礼》《仪礼》《礼记》；《易》，即《周易》；《春秋》有"三传"：《左传》《公羊传》《谷梁传》。通常大家读的，对于社会伦理、道德、世界观直接影响最大的，"三礼"中是《礼记》。流行了两千多年的，对于文学、艺术、历史是有很大影响的，"三传"中是《左传》。《公羊传》《谷梁传》在政治上、思想上曾经给后人——包括大家熟知的康有为、梁启超、谭嗣同等人很多启发。我说过，我正准备和国内外著名学者合作，把"五经"译为英文，我们选择的是《诗经》《尚书》《礼记》《周易》《左传》。《礼》《春秋》分别选择《礼记》《左传》就是出于上述原因。前些时候我曾向老前辈汤一介先生请教、与美国学者安乐哲（Roger T. Ames）讨论"五经"翻译问题，都是就上述五部书谈的。开头我说了，这是个冷的题目，其实是就国内说的，在国外则是比较热的，这是很奇怪的现象。今天我讲这些话，是因为"五经"之学或"六艺"之学是中华文化的魂，大家阐述中华文化，不管在报刊上看的或者自己写的，最后总要归到文化现象的底层、或曰中华文化的根——中华民族的伦理观、价值观、世界观、审美观。沉到哲学层面的这些东西全在"五经"里。再次，解释"文化"。我至今闹不清楚文化与文明的关系。前几天和安乐哲先生探讨，我也直言不讳地这样说。他说不但你分不清，我也分不清。所以我在这里所说的文化也可以说是文明。二者的大致区分是有的，但是绝对的、像西方分析哲学那样把概念对立起来作精确界定是谁也做不到的，我们不妨广义地来理解文化。

我讲六个问题：

一、问题的提出

二、训诂学与经学

三、训诂学与文化

四、训诂学与诠释学

五、训诂学的工具、范围、目的与目标

六、现状与展望

一　问题的提出

为什么讲这个题目？引发我思考的有两个问题。第一，百年来训诂学一直被称为"经学的附庸"，它在五四之后，特别是近几十年遭到厄运，就与此有直接的关系。这是我当年学习、研究和教授训诂学时的感触。第二，关于"训诂学就是词/语义学"。我曾认可这样的说法并写在文章中，但当时就有些疑惑，而现在算是想得比较清楚了。归结起来，这两个问题其实是训诂学与经学、文化的关系问题，于是归纳成今天的讲题了。

二　训诂学与经学

关于训诂学是经学的附庸，典型的是梁启超在《中国近三百年学术史》中所说的："小学本经学附庸，音韵学又小学附庸。但清儒向这方面用力最勤，久已'蔚然大国'了。"他所说的小学包括训诂学、音韵学和文字学。以梁启超的学识和影响，此言一出即成经典。我们不急着分析其是非，先认真去研读他这番话："小学本经学附庸"，这个"本"很重要，他没说"小学乃经学附庸"或者"小学者，经学附庸也"，这就意味着，在他看来，清代以前的小学是经学附庸。"音韵学又小学附庸"，等而下之。"附庸"是什么意思？就像附属国，主人的奴才。如果经学不存在，小学就不存在；小学不存在，音韵学就不存在了。"但清儒向这方面用力最勤，久已'蔚然大国'了"。"但"的转折很重要，与"本"呼应，那就是到了清代它就不是附庸了，成了独立的学问。这就和梁启超在《中国近三百年学术史》《清代学术概论》以及其他一些文章中的思想是一致的：他认为清代在训诂学上用力最勤，对经学则用力小；清儒才是为科学而科学。梁启超是戊戌时的改良派，后来成为保皇派，他的这种思路就决定了他的思想是西学的附庸。因为在19世纪，西方高唱的是为艺术而艺术，为科学而科学，认为这才是真正的艺术，才是真正的科学。他拿这个来套中国，承认小学是独立的学问，因为小学之为学并不打算用来为经学或文化服务。如果同学们翻一翻清代一些大家的文章，就会发现他们经常为考证出一个字的意义或者版本问题而得意，也为社会所推崇。至于这个字的解决对于理解"五经"、理解中国文化有什么作用，则不管。我说这番话的意思是，我不同意梁启超的意见。做学问有一点很重要：怀疑主义（后面我还会谈到第二点、第三点）。只要有足够的依据，权威的结论可以推翻。不然历史就成为包袱，"大家"就成为障碍，后面的人跑不过去了。

我为什么不同意梁启超的意见？第一，训诂是经学的附庸与事实不符；第二，附庸说的主要目的是使训诂走向纯理论，而不在于扩大关注范围，研究更多的典籍。为什么与事实不符？举例来说，《尔雅》即非专为解经而编。《尔雅》本来是本词典，到宋代被列为经书。有人认为《尔雅》是为解经而作，主要根据之一是《毛传》对字词的解释多与《尔雅》相合，孔颖达在进一步解释《毛传》时就常说"《释诂》文""《释训》文"之类的话，认为《毛传》此训是《尔雅》上的。而我在研究了《尔雅》十九篇之后，认为它不是专为解经而编（也有前人这样说）。实际上它是从战国开始，人们把对于一些词语的解释搜罗来，归类而成的综合性的工具书。我的话在学理上通不通呢？你们看看现在从上小学就开始用的《新华字典》，所收的很多字在《毛选》里都有，或者说，《毛选》里的一般语词在《新华字典》里都有，我们能说《新华字典》是为解《毛选》而作吗？客观上，A与B的重合、互补、相近，不能证明A是为B而编。再如，《史记》的《五帝本纪》和夏、殷、周本纪里引用的《尚书》内容，常常不是原文而是作了翻译的，你不能说它是在解经吧。另外，《战国策》《国语》《楚辞》都有汉人的注，都经过了一番训诂的功夫，而这些书什么时候成为"经"了？训诂学成为独立的工具是在汉代，清代人打的是"汉唐之学"的旗号，经学的附庸怎么又去为大量非经学的典籍服务啊？《韩非子》成书于秦汉之际，里面有一篇《解老》，就是解释《老子》的，也用了训诂的办法。东汉以后有了道教，才奉《老子》为《道德经》，奉《庄子》为《南华经》，那是道家的经典，不是儒家的经典。所以事实证明，被训诂的众多的书都不是儒家经书。

第二个让我起疑心的，是"训诂即词/语义学"之说。表面上似乎此说有道理，但让我们细看一看：

1. 词/语义学只研究词/语，训诂学则否。训诂学也研究句、研究段、研究篇，是对经典文献全面的解释。像词义的扩大、缩小、转移，那是属于词义学的。训诂学研究词要讲清楚这个字、词在"这里"怎么讲，追本溯源，即追求本义或基本义，从基本义怎么演变到这个意义的。更重要的是它解释的是文本，而并不局限于字/词。例如《老子》第一章："道可道，非常道；名可名，非常名。无名，天地之始；有名，万物之母。"（陈鼓应先生断句为：无，名天地之始；有，名万物之母）（晋）王弼注："可道之道、可名之名，指事造形，非其常也，故不可道，不可名也。"他解释了哪个字呢？没有。他是在解释这一章前半段意思的：可以称道的道、可以命名的名，都是按照事物的情况创造的，不是它固有的，永恒的、不可称说那个名，能说出来就不是它自己了。换句话说，王弼指出老子认为他的道的真谛是不可以言传的，只能用心体会。但是为了交流，还得给它起个名字，所以《老子》第二十五章说"强字之曰道"。字，大家知道，人有名有字，有人还有号、别名，等等。本人就名嘉璐字若石，有人以名行，有人以字行，我的太老师黄侃字季刚，世称季刚先生，就是以字行。老子是说你一定要我称呼它的话，那我就给它起个别名叫"道"，"强为之名曰大"，勉强要起个名字就叫"大"，这都是"假名"，假借的。然后王弼解释下半句，前面说了"指事造形"下面接着说："凡有，皆始于无，故未形无名之时则为万物之始；及其有形有名之时，则长之育之，亭（成）之毒（熟）之，为其母也。言道以无形无名始成万物，以始以成而不知其所以，玄之又玄也。""玄之又玄"也是《老子》第一章的话，在南北朝以后发展成了"重玄学"，这里就不展开了。

现在我用训诂学的方法解释"无名，天地之始"这句话。同学们可能都把这个"始"理解为开始，从南北朝到清代包括近代的学者对此也都没有异词。我认为这个"始"不是一般的开始。《尔雅·释诂》第一条："初、哉、首、基、肇、祖、元、胎、俶落、权舆，始也。"《说文》上说："始，女之初也。"《说文》是就形说字的，"始"为什么是女字边一个"台"呢？何谓"女之初"？古人的智慧有时候就是妙啊！胎儿在母腹中最初是不分男女的，到了一定时候才显出第一性征；出生以后，尽管在外形上作为人是完整的，但人之为人的很多功能尚不具备。初为人父母者抱着婴儿，裹得挺严，碰到熟人了，人家就问："哎呀，您的宝宝啊！是男孩啊女孩啊？"因为他看不出孩子的第一性别特征。等到从外表可以判断是男是女时还不是真正的男或女需要第二性征出来以后才行。所谓"女之初也"，就是女孩子第一次来潮的时候，这说明她的第二性别特征具备了，她才真正成为女人，具备了生育的功能。"始"和"胎"在字形上都包含"台",二者其实是相通的,"胎"用"肉"旁表示是肉胎。"天地之始"就可以认为是天地之胎。现在我们从训诂具体实例回过来,看看王弼是不是在搞训诂?他不是走西方词/语义学的路子,而是解释行文中一两个关键词语的意思,更重要的是揭示整章的深意。

2. 词/语义学是纯理论之学,训诂学则否。训诂学是实用之学,受了训诂学的基本训练之后,就可以去看古书了,遇到问题会解决。西方语言学,从历史比较语言学开始,到18世纪后半叶真正成为一门独立的学问,逐步形成了语音学、语法学、词汇学。西方所说的词/语义学是仿照语音学、语法学、词汇学的架构、研究方法、观察角度与工具建立的,同时超越了具体的语言事实、具体的语境。我们看西方语言学大师的著作,无论是索绪尔还是布龙菲尔德,他们在书里概括出了语言的基本规律,但举的例子并不多,也就是说并不研究具体的文本,不顾及具体的语境。

3. 词/语义学研究意义的来源与历史,训诂学则否。语义学研究意义的来源与历史,不是词的个体的意义的来源与历史,而是成批的,是词汇的。比如说语言怎么发生的、名词和概念的关系、概念和客体的关系。训诂学不是这样,它虽然研究词义的引申,但是就词语的个体而说的。像词汇学、语义学要研究词汇的结构,主谓结构、动宾结构、偏正结构、并列结构,等等,研究词根,研究语义场,细致到研究义素。训诂学研究词的本义或者概括义、使用义即语境义,也研究词义的来源,是为了据以研究词语"在此处"的用法,用语言哲学的术语说是研究"在场"。汉字记录汉语的特点是形音义俱备。字词的形、音与义的关系怎样？是同音，还是原来同音而后来语音流变有了差异，还是同音假借，训诂学研究的是这些东西。

4. 词/语义学研究意义的引申规律，就是我刚才说的那种超越文本超越语境的演变规律，训诂学则否。再举一个《老子》中的例子。——附带说明一下为什么今天我老提《老子》。第一，要证明训诂学不是只为"五经"服务的，是为所有的文本服务的；第二，在我准备今天这节课时顺便也为明天举行的"崂山论道"作准备，从中信手拈来这些例子，"一稿两投"。《老子》第六十二章："道者，万物之奥"。朱谦之《校释》：《说文》："奥，宛也，室之西南隅。"《书·尧典》"厥民隩"，司马迁作"燠"，马融曰："隩，煖也。"……是奥有煖义。但亦有藏义，《广雅·释诂》："奥，藏也。"河上注："奥，藏也。"道为万物之藏，无所不容也。我翻了一下我的旧书，当初我在这里打了一个问号，于是追寻几十年前自己的思路，忽有所悟。我认为"奥"既不是煖，也不是藏，而是直接用了"室之西南隅"的意义。古代在黄河中下游的房子都是坐北朝南，为的是挡住凛冽的北风，向南开窗开户吸收阳光。室中朝门处有个灶，灶火给室内照明并供暖。这样，有阳光的时候，房子里面靠北墙处是比较亮的西南角是最暗的。我们看"三礼"就会知道，室内最尊贵的人坐的位置是那个西南角。灶有灶神，门有门神，奥有奥神。奥，是最黑暗的地方，最神秘。我曾经在怒江边访问过少数民族的家庭。他们屋里点着十五度的灯泡，我也只能看清他们迎门坐的地方，那西南隅我还是看不清。"道"是说不清道不明的，但它是最神秘、最高贵的。所谓"万物之奥"就是万物中最尊、最神秘的。我觉得这样解释既简便又明白。我们再来看这一词的意义的演变。本来是西南隅，因为避风，所以有暖的意思；既然深奥，就引申出藏的意思。但训诂学为了解决"道者，万物之奥"的"奥"字的含义，可以顾及它的来龙去脉，但目的并不是去研究该词意义怎么引申。

概括言之：词/语义学偏重于思辨，是为认识词/语义，这是语言学之事。训诂学偏重于实证，是为解释文献，亦即为传承文化，因而属于语文学的范畴。也还可以说语言学是研究语言的，训诂学是研究言语的但我不这样说，因为我不大同意把语言和言语对立起来或隔绝开来的学说。"语言学""语文学"这两个词汇都是从西方引进的，它们在西方是同等重要的学问。虽然近年来语言学因为与翻译、计算机、语言教学关系密切而更加红火，语文学则是为文献服务的，随着对于文献关注的慢慢淡化，除了史学、文献学、哲学、诠释学领域之外就很少有人关注它了，但是至今西方人谈起语文学仍然是肃然起敬的。所以语言学和语文学没有高低贵贱之不同，只有目的、方法的差异。那么我们又应该以怎样的心态对待语言学和语文学呢？进而怎样对待训诂学乃至小学呢？第一，要平视，不要仰视其中哪一个。无须对语言学毕恭毕敬，以自己搞训诂而自惭形秽。第二，语言学与语文学两门学科之间的关系也是平等的，互补互促。

那么为什么会产生这种误解呢？刚才我说了梁启超先生受到了西方学术的影响，也附和了当时提倡的为学术而学术、为艺术而艺术的思潮。这是近代学者的主观原因。此外还有两条客观原因。第一，训诂首先是或者说重点是用于解"经"，这是由"经"的地位所决定的。这造成了误会。最著名的训诂大家都解"五经"，他们之所以有名，是由"五经"的地位决定的。"五经"要是没有地位，解释它的人也就没有地位了。第二，训诂家的宣言。是训诂家自己就把训诂学说成附庸的。比如《四库全书》列了"小学"一类，包括文字、训诂、韵书之属，到哪里去找呢？小学类被附在经学部，这不就是附庸了吗？乾嘉大师戴震（东原）参与其事了呀。始作俑者在隋唐，《隋书·经籍志》已经按照经、史、子、集分别叙述了，《尔雅》一类的书和《论语》一类的书就列在《周易》《尚书》《诗经》《礼经》《春秋》《孝经》之后，但是字书、音书和石经（石经是当时供人们抄经用的，怕版本搞错，刻在石头上"立此存照"，现在还有很多保存在西安碑林），又单列在经书之末。隋朝在东都洛阳藏书，分类按甲、乙、丙、丁，甲、乙、丙、丁与经、史、子、集是否吻合，现在无据可查了，因为战乱都烧了。《新唐书·艺文志》则正式按甲经、乙史、丙子、丁集分列，而小学类列在"甲经"部之末，文字、音韵、训诂都在其中。唐朝人立了规矩，清代本于汉唐，编《四库》就把小学类列在经之末了（《经义考》亦同）。唐朝这样做有其用意啊。经过南北朝，又经过短暂的隋，到李世民时期海内晏清。但是南北朝时期的割据造成第二次百家争鸣、小百家争鸣，各种说法都有。现在必须统一，用什么统一？儒家经典。可是儒家经典乱解释不行啊，得按照官方的解释，所以"五经正义"全是唐代的，全社会、全国考生都来学。另外李世民有少数民族血统，起家于陇东，即今甘肃天水一带。对于他的鲜卑血统大家表面上都隔着层窗户纸不说，嘴上山呼万岁，肚子里则另有看法，混血儿嘛。好，那我皇家就尊经。尊经就带来王统论，要为我服务，我是正统。所以他把经书放在第一位，就是出于这个道理。那训诂呢？为我服务，附在经末。他当然不会想到什么语言学、语文学，而是出于政治上的需要。清朝也是少数民族入主中原，仿效李世民很自然。今天我们就应当拂去历史的尘霾，认识清楚其本来面目。

再有，经学家、训诂学家自己也这么说。这是因为卖什么就吆喝什么。你看哪家专卖店不说自己是世界第一啊？那么注书的人能说我注的这书不好？所以许慎就说："盖文字者，经义之本，王政之始，前人所以示后，后人所以识古，故曰'本立而道生'，知'天下之至啧而不乱'也。"（《说文序》）清代戴震确实是一代巨儒，也说："训诂明，六经乃可明。后儒语言文字未知，而轻凭臆解以诬圣乱经，吾惧焉。"（《六书音均表序》）说得太对了，也道出了二百五十年后的我的心声。今天在座的复旦大学教授汪少华先生就是惩于当前社会上的"轻凭臆解""诬圣乱经"，写了一本书，叫《训诂十四讲》。我给他写了一篇序，我说我要向他学习，现在我没有时间和兴趣对社会上对古书的乱解一一纠正了。少华，可怕的是什么呢？可怕的不是"轻凭臆解"，"轻凭臆解"有时还是主观有意为之，为了求新求奇；而现在很多人是不知道该怎么解他就解了，解错了他还不认为错，这是更可怕的。话说回来，"训诂明六经乃可明"。替换一下，训诂明古代文献乃可明。训诂重要不重要？戴震说的是"经"。这也难怪，清代的训诂就是围绕经的。皮锡瑞说："国朝经师有功于后学者有三事：一曰辑佚书，一曰精校勘，一曰通小学。"（《经学历史》）皮锡瑞是今文学家，但他的话很客观，没有偏袒今文学。"辑佚书"，就是把历代亡逸的书根据其他书籍的引文或海外传本进行辑录。

"精校勘"，历代传抄、传刻有错的，就加以校定。别的不说，阮元——王引之的学生——就曾经校勘过十三经注疏，直至今天阅读十三经仍离不开他的《校勘记》，虽然还有不足，的确有功于后世。"通小学"，很客观。清代许多大儒就不是经师了，是小学师，但自称还是经师，梁启超也是这样。可见"经"的地位所决定了的训诂首先或重点用于"经"和训诂家的宣言，这两条是造成误解的客观原因。

归结起来，训诂学不单是为解经服务的，它所关注的也不是超越文本超越语境的，而是关注古代文献具体文本、具体语境下的字义、词义、章义、篇义。

三　训诂学与文化

前面讲到了训诂学与经学训诂学重点的、首要的服务对象是经学，我所不赞成的说法是训诂学是经学的附庸，它是面对一切传世文献乃至出土文献的，所以我讲第三个问题，训诂学与文化。这里的文化就包括所有的文化现象和文本。

（一）训诂不是经学附庸，是文化的重要组成部分。前半句话我不需要再解释了，这里主要说说后半部分。典籍是文化的筋骨，训诂直指其根，训诂与文化共兴衰，训诂是文化传承的主要工具。我在十多年前的一本书里就提出来，训诂学是文化阐释之学，实际上当时所挑战的也是训诂是经学附庸这样一个既定概念。中华民族有文字记载的文化史，从未中断，为世界所仅有，训诂之功至巨；训诂不仅使后人识字，推求字义、词语乃至篇章之意的方法也在启迪后人，遂使解开传世及出土文献意义之谜较易。这一点，以前我在咱们学院的文化讲座上讲过。现在，咱们一般统称古代有四大文明，有些学者提出世界有九大文明，而英国历史学家汤恩比给世界文明分了二十几种，这是见仁见智。但不管是四大文明还是九大文明还是二十几大文明，唯有中华民族有文字记载的文化史从未中断，入芝兰之室久而不闻其香。我们生活在这样一个伟大民族的文化氛围里常常没有感觉到什么，但这的确是值得五十六个民族的每一个人引以为自豪的。在我和国外的专家、政治家接触的时候，他们几乎异口同辞，都说"我们热爱和敬佩你们优秀的传统文化"。像印度文明，实际上中断了。当时从中东、中西、中亚入侵的异族，几乎占领了印度全境，一直进入到印度尼西亚，所以为什么从巴基斯坦跳过印度和孟加拉，印度尼西亚会是伊斯兰国家。大家知道，我们的佛教是从印度传来的，但是到7世纪，甚至更早一点到6世纪末佛教在印度几乎已经绝迹。现在保存最多佛典的就是中国，几乎古印度佛教所有的经典都翻译成了汉文，这一点也是值得我们骄傲的，现在世界上研究佛教是根据汉语考证，倒回去翻译成梵文。接着在伊斯兰占领印度几百年以后，古婆罗门教出现了一批改革的浪潮，有一个大改革家倡导并恢复了新婆罗门教，这是11世纪的事情，一直流传到现在，这就是我们平常所说的印度教，现在的印度教除了用梵文所写的《奥义书》一类流传了下来之外，其他的都没有了，包括佛教的经典。

　　古埃及的法老文化也中断了。先是罗马人灭亡了法老王朝而后阿拉伯世界的力量侵入了埃及，使当地完全伊斯兰化。所以，我们今天到埃及去，到博物馆看法老的东西，和现在的埃及人是无关的，现在的埃及人是闪米特人如阿拉伯人等外来民族和非洲土著人的混血。

　　还有两河流域的文化。两河流域指的是底格里斯河和幼发拉底河中间的那个平原即现在的伊拉克。我们知道苏米尔文化是经过了一番周折之后而又著名的，就是巴比伦文化，巴比伦文化的、世界七大奇迹之一的空中花园，是见于文字记载的。苏米尔文化直到18世纪末才被西方探险家发现，人们挖出了楔形文字，这才知道原来五千年前那里有个苏米尔文化。

　　世界上其他几大文明都中断了，而中国从未中断的文字记载从公元前十几个世纪起，即便是每个帝王一生中发生的大事都有文字可考。公元前3世纪以后，到公元前7世纪，也就是到唐，每年的事情都可以知道。唐朝以后，我们每个月发生的事情都有明确的记载。到了宋以后，根据正史、野史、笔记以及流传在民间的书法，等等，虽然不能排到每天的事情都知道，但也差不多。这是人类的奇迹。这样一个伟大的文明，那么多的传世文献和出土文献，靠什么读懂它？靠训诂。所以我说，训诂之功至巨，训诂的方法不仅能够让人读懂古书、了解历史、了解古人的精神、灵魂，更重要的是这种思维和学风的训练，所以我的理想就是希望在全中国高校所有的文科系、院所都把文字、音韵、训诂开成必修课。即使学生毕业之后不搞这行，所受到的训练也可以用到很多很多方面。

　　历史已经渐行渐远，而记载历史与文化的文字，其流传则是很清晰的，乃至一点一划是怎么变的，我们都可以基本作出描述来。如果再加上依靠科学的方法，解开传世和出土文献的意义或者"谜"就成为比较容易的事情。可见，训诂学是文化的重要组成部分，是一种非物质文化遗产，但不是文化部所列的非物质文化遗产，它属于学术领域。训诂揭示了语言文字流变的具体情形，而文化的民族性在语言文字演变和对语言文字及其演变的认识中体现得十分明显。讲民族性，这是自20世纪90年代以来吹遍世界各地的一股强劲的风，而且愈演愈盛。这是符合人类文化发展的规律的，是科学的。

民族性具体体现在什么地方？以前我讲文化分三个层次：表层、中层和底层。表层固然体现民族性，文化的底层就是哲学，价值观、世界观、人生观、审美观，差异才带根本性，由此又形成一个差异就是观察事物的方法不同。训诂在这样一个小小的、人们不大注意的领域，揭示了语言文字流变的具体情形，就是昨天所谈到的从基本意义到使用意义，就体现了它的民族性。比如在语义演变过程中的联想和通感，见到一个东西，中国人马上想到的是A，非洲的朋友可能想到的是B，印度人能够想到的是C，这种差异往往就体现了民族性。联想和通感是所有民族都有的，但朝哪去通、联想到什么是民族性的问题。我早年写的一篇文章《论同步引申》，说的是词义引申中的同步现象。为什么会同步引申？靠的就是联想和通感。下面我想举个例子，很简单的例子：

《说文》：夬，分决也。
《周易·夬卦·象》辞：夬，决也。

为什么用"决"解释"夬"？其实"决"是后起字，《说文》："决，下流也。"不是"作风下流"的"下流"。读古书，特别是大家的东西，一定要小心，要一个字一个字地弄懂,"下""流"我们都懂,也知道这个"下流"是往下流。但是我们要弄清为什么是"下流",这就要回到或曰恢复一下许慎思考时的语境当中,所有人工建成的堤坝或者是天然的挡在河道上的障碍物,一旦决口,水从来不是平流,而总是向下流。大家小时候都玩过泥玩过水吧,在院子的下水道那里挡一块石头,把水位逼高了然后突然拿起来,"哗……"水特别快地流下来了。可见许慎的义界是很准确很高明的。再看《说文》:

玦,玉佩也。

玉佩有多种,玦是什么样的呢?许慎为什么不说详细一点呢?又是语境问题。在汉代,儒学独尊,秉承"五经"思想生活来维系社会,因此从周代流传的佩戴玉的风俗不仅没有终止,反而更考究了,这从汉墓中的出土文物可以得到证明。什么叫璧、什么叫瑗、什么叫玦,汉代人都知道。就像北京的小孩都知道"冰糖葫芦",给北京人编词典就不用收这个词或不必解释,越解释越糊涂。许慎不说"玦"的样子,我们就可以借助联想和通感来探寻"夬"是分决也,可见端一盆水"哗"往下一倒,那不叫"夬"。原来有阻碍物,水流冲破障碍物、从裂(分)口处汹涌而出才叫"夬"。因此从"夬"的字都有分开的意思在里头,玦就是玉环,有意做出一个缺口,这和大坝溃决是一样的。

缺,器破也。

瓦罐出现缺口了，就是"缺"。同学们，"缺点"是什么？是指本来一个完整的事物（包括人），缺了一个"口"，不完整了。许慎为什么不说是"器夬也"或"器裂也"？因为瓦罐是陶土做的，裂了口就不能用了，用"破"突出其后果。再看：

> 趹，马行貌。

这个字，与"夬"的原意有什么关系？在汉代文献里，我没有看到用这个字。我想许慎老先生也不太清楚传下来的这个"马行貌"到底是什么样子，有书证配合的话就成为准确的。除了上面提到的几个从"夬"的字，还有一个"駃"字可以参考。《说文》："駃，駃騠，马父骡子也"。即公马和母驴生的骡子。这种骡子据说"生七日而超其母"可见非常健壮，一步跨得很远，其名可能就反映这样一种状态。还有一种可能——我并没有去考证——北方同学知道，骡马会尥蹶子，那么"趹""蹶"有语言关系的话，实际上就是一种拒绝、一种抗拒、一种"分"。不管怎样，从"分决也"到"玉佩也"到"器破也"到"马行貌"，都有联想或通感的关系，靠着不同事物之间某种形态的相似，看见这个就想到那个，于是语言就流转了。其实就是同一个词，用在了不同的地方，为了加以区分，就分别加了义符以后才被认定为不同的词。

又如《老子》第三十四章：

> 大道氾，其可左右。万物恃之以生而不辞，是成功不〔名〕有。爱养万物不为主，可名于〔为〕大。

"爱养"或本作"衣被""依养"。清末俞樾说："盖'衣'字古音与'隐'同，故《白虎通·衣裳篇》曰：'衣者隐也。'而'爱'古音亦与'隐'同，故《诗·烝民》篇《毛传》训'爱'为'隐'……""衣"字古音与"隐"实际上是一声之转，不是"同"。在俞樾看来，"爱""衣""隐"是一个词，那么"爱养"是什么意思呢？让万物依靠自己，养育万物。我总觉得别扭。《诗经·大雅·烝民》："人亦有言，德輶如毛，民鲜克举之。维仲山甫举之，爱莫助之；衮职有阙，维仲山甫补之。""爱莫助之"什么意思？爱他而不帮助他吗？《毛传》："爱，隐也。"隐讳而不能帮助他（仲山甫）？别扭。《郑笺》："爱，惜也。仲山甫能独举此德而行之，惜乎莫能助之者。多仲山甫之德归功言耳。"可惜啊没有人帮助他。我也觉得牵强，不能不进一步思考。幸好，我们可以看《诗经·邶风·静女》：

　　静女其姝，俟我于城隅。爱而不见，搔首踟蹰。

《毛传》"小序"："刺时也。卫君无道，夫人无德。"其实这是一首爱情诗。《郑笺》："志往，谓踟蹰行；正谓爱之而不往见。"踟蹰就是犹豫徘徊的样子，郑玄注中的"爱"就是今天的"爱"。孔颖达依此而疏："心既爱之而不得见，故搔其首而踟蹰然。"心里非常爱她，可是见不着，很着急，抓耳挠腮，来回踱步。我认为还得按《说文》的解释："爱，行貌。"怎么个"行"呢？注意，对于一个字，认识不清楚它的意义，就把与它同族的字、它的近亲找来。如果你想见某个人却见不到，不要紧，到他家去，看看他的哥哥、弟弟、爸爸、妈妈，那么他的相貌、为人你大体可以推想出来，一样的。"爱"的后起字：

  曖。《广韵》："曖，日不明也。"《离骚》："时曖曖其将罢兮。"《楚辞·远游》："昔曖曃其矇莽兮。"洪兴祖注："暗也。"《晋书·杜预传》："臣心了不敢以曖昧之见自取后累。"

  靉。《玉篇》有"靉氣"，见《海赋》，李善："不审之貌。"又有"靉靆"，"不明貌。"陆游诗曾用之。

我们今天有"曖昧"，古代有"曖""曖曖""曖曃""靉""靉靆"，全都有模模糊糊不清楚的意思。自然的，"爱"也会有这个意思，《静女》"爱而不见"就是模模糊糊，似乎看到了又似乎没看到，人影一闪又不见了。不是热爱，也不是隐。《烝民》"爱莫助之"就是用另外一种人来反衬仲山甫，那种人模棱两可、含含糊糊、说的话又圆滑，没有谁能帮助他，因为态度不明朗。这样解释，我觉得文从字顺。那么《老子》"爱养"怎么解释？就是说大道对万物的爱、对万物的养育是不清晰的，"百姓日居而不知也"。实际上，在人类物质社会之上，有一个普遍规律在，谁都逃不过这个规律去。那个规律是不明朗、不清晰的，为什么不用"隐"呢？因为智者、哲人是能够看清的，对于普通人才是模模糊糊的。"爱养"，就不是"明养"。这样探索"爱"的意思就解开了《诗经》、《老子》上的疑惑。我所用的方法就是沿着古人联想与通感的思路进行分析。这一点，是中华民族的特点。启功老为我们书写的校训"学为人师,行为世范"的"范",本是模子,是做盆呀罐呀的,弄一块泥巴,用范构其形,就成了盆、罐。我们的行为应该成为社会的"范",推进社会、改造社会,这就是"规范"。从做瓦罐到做社会的表率,走的也是类推的路子,是联想的结果。

(二)典籍为文化之筋骨,训诂直指文化之根。"五经"为传统文化之魂,这里不讲经学,就不再展开。为什么说训诂直指文化之根呢?我们看《老子》第三十三章:[①]

> 知人者智,自知者明。(知人者智而已矣,未若自知者超智之上也)胜人者有力,自胜者强。(胜人者有力而已矣,未若自胜者无物以损其力,用其智于人,未若用其智于己也。用其力于人,未若用其力于己也。明用于己,则物无避焉,力用于己,则物无改焉)知足者富。(知足自不失,故富也)强行者有志。(勤能行之,其志必获,故曰强行者有志矣)不失其所者久。(以明自察,量力而行,不失其所,必获久长矣)死而不亡者寿。(虽死而以为生之道不亡,乃得全其寿。身没而道犹存,况身存而道不卒乎)

死了不就是亡了吗?怎么叫"死而不亡者寿"?在老子看来,并非躯体存在的时间长就叫寿。通观《老子》全书,他是重视养生长寿的,但并没有绝对化。人活得长当然好,可是活得没意义,就不如死。王弼怎么解的呢?即使死了,他活着的时候用以维系他生

---

① 括号内的内容是王弼注。

活的那个道不亡，"乃得全其寿"。肉体没有了而道还存在，何况身体还没死而道不终止，那更是寿了。因为王弼的道家思想并不纯粹，他把"亡"说成"道"之亡，有一定的道理，但是不合适。朱谦之先生《老子校释》说：室町旧钞本、中都四子本"亡"均作"妄"。《意林》卷一、《群书治要》卷三十引道德经"死而不妄者寿"，并引河上公注，知河上所见古本亦作"妄"。

河上公的注："目不妄视，耳不妄听，口不妄言，则无怨恶于天下，故长寿。"我认为，河上公的注是对的，"不失其所者久"，"久""寿"是相通的。应该"不失其所"，来回跳槽不好，这是在世生活的时候。如果他死了，他生前所做所说的经过实践的检验都是正的、真的、实在的，那么他虽死了却等于没死，他是长寿的。正像臧克家悼念鲁迅：

  有的人死了，他还活着。
  有的人活着，他已经死了。

臧克家先生是否受到了《老子》的启发？这就是老子的寿夭之观。这里我要说的是，王弼的注、河上公的注，虽然都在串讲中解释了字词，但都不仅仅是解释字词，而是直指《老子》的要义，直指文化之根。

（三）训诂与文化共兴衰。清人常说汉唐之学，我们也常说汉唐盛世。所谓"汉唐"，均为盛世，也是训诂发达的时代。此后宋之"疑古"、讲究"义理"，是反思、批判的时代，坚持了训诂要为义理服务的方向。至清，国力尚可，特殊的历史环境既使训诂空前发达，也使之逐渐脱离了初始功能。

王朝强盛，训诂就发达。因为盛世要靠训诂解读经书和其他历代文献，取其精华以作为凝聚全社会之利器。人心凝聚了、安定了，自然生产发达，人民生活就富裕了。宋朝一开国就是一个不强大的王朝，同时，文化的规律是，当达到鼎盛的时候，就要下滑，就需要异质文化的刺激，吸收了新的东西才能再次达到高峰。宋代承五代之动乱，它就要反思：此前治乱在文化上的原因是什么？学者们对以前的学术进行了批判，批判是批判，但方向没有变，仍然坚持了训诂要为义理服务的方向。说宋人不讲训诂，那是冤枉，是我们上了嘉庆以后一些学者的当。特别是朱熹，非常重训诂，而且造诣很高。明代我就不说了，那是一个开始封闭、文化停滞的时代，虽然在有些文化品种上是发达的，但总体上是不行的——文化是否发达，关键看是否创造了新思想。到了清代，我为什么说国力尚可呢？我是从来不说康乾盛世的。明朝再不好，它的GDP占到了全世界的40%，到了乾隆时期只占了33%。所以只能说国力尚可。还有一点我也想说，人们常说我们国家积贫积弱、落后挨打以至于成了半殖民地，这话应该加以分析。其实1840年的时候，我们还不是积贫积弱，当时的GDP占到了世界的26%，美国现在是占25%的。那怎么就让人家给打败了？腐败！文化上没有前进，没有工业化。想想看，每年赔几万万两银子啊！不仅仅是银锭，粮食、茶叶、瓷器、丝织品什么都往外拉啊！庚子赔款，是一年的国民总产值。几次就把我们掏空了。圆明园，自从建成之日起就注定会让人烧掉，它是人类历史上最好最伟大的花园，德国使者在那里朝见以后，回去向德皇一说，德皇就打主意了，后来就命令能搬走的就搬，搬不走就烧，一定让它在地球上消失。我们要客观地评价清朝的历史，那是一个少数民族统治多数民族的时代，清王室一直所担心的，就是汉族人的造反，于是扛起汉文化的旗使汉族中的士人屈服，科举，给你官做，但绝对不能反抗统治者。据清人笔记，有汉族士人，在梅雨天晒书，一阵风来，书页全乱了，读书人酸啊，没事就写诗："清风不识字，何故乱翻书？"统治者一看有一个"清"字，这不是骂我们吗？杀！灭九族。读书人怎么办呢？一个字一个字去考证，不涉及经义、义理，也就远离了政治于是就有了乾嘉之学，训诂逐步脱离了它的初始功能，不再直指文化之根。

皮锡瑞说："论宋、元、明三朝之经学，元不及宋，明又不及元。""故经学至明为极衰时代"（《经学历史》）。明王朝在衰落，表面上百足之虫，死而不僵，实际上里面全烂掉了。皮锡瑞是清末的人，他要歌颂"国朝"，要说圣朝复兴的确会做文章。他又说："宋儒学有根柢，故虽拨弃古义，犹能自成一家。若元人则株守宋儒之书，而于注疏所得甚浅。……是元不及宋也。明人又株守元人之书，于宋儒亦少研究。……是明又不及元也。"往下他不再说了。19世纪，国门被打开，国力衰败至极，包括经学在内的传统文化整体受到质疑、批判，训诂也同样受到极大摧残。到1959年我毕业时，训诂学还被称为"抱残守缺"，讲训诂学的前辈都是"遗老遗少""封建余孽"……几乎都成了老牌的运动员。到"文化大革命"结束的时候，全国一千多所大学、几百多所设中文系的高校，没有一所讲训诂学。在座的同学和老师都是幸运的，因为时至今日，我可以在这里大谈训诂学。复兴中华文化，振兴训诂学难就难在没后继之人哪！

培养人的人也快没了！但是我又有信心，现在国力增强，社会价值体系急需建立；新时期文化价值不可能脱离传统土壤，所以传统文化受到关注，训诂必将逐渐再次受到重视。但是，"由衰复盛，非一朝可至；由近复古，非一蹴能几"（皮锡瑞）。所以我在人民大学儒学院开院典礼上说："中华文化的复兴，期以百年可也。"真正复兴需要几代人的努力。

（四）训诂为文化传承须臾不可离的重要工具。其实我从昨天到今天所讲的全部内容，无不是围绕着这一点的，都是这个道理。所以这里只列一个标题，就不展开讲了。不管你是否搞汉语言文字之学，只要你们记住文化传承须臾不可离训诂，我就满意了。

四　训诂学与诠释学

（一）二者同异。诠释学是西方学科（该词首次出现于1654年），原本属于语文学，是研究对文献进行解释的规则的学科，类似于我们的训诂学。诠释学最初是为解释《圣经》的，说它是《圣经》的附庸，一点也不冤枉，20世纪，逐渐演变成了一种哲学理论，所以我们如果搜索西方诠释学文献，一般不是在语言文字学范围，而在哲学范围之内。诠释学大师狄尔泰说："阐释就在于对残留于著作中的人类此在的解释。这种艺术是语文学的基础，而关于这一艺术的科学就是诠释学。""此在"是一个哲学术语，也可以说是此时此地或某时某地的存在，狄尔泰的意思是"阐释"这种活动就是对残留于文献中的人类的存在进行解释，不是解释一字一句，而是解释一字一句背后的人，以人为本。

概而言之，诠释学就是语文学和哲学的混血儿。较之于训诂学，多了几分历史的、哲学的思考，这正是训诂学所缺乏的。传统的诠释学主张文献只能有一种真正的意义，而哲学的诠释学，认为同一文献允许有不同的解释。因为传统的诠释学是《圣经》学的附庸，对于"神启"的东西是不许说三道四的，不许有不同意见，这是中世纪的产物。1654年时文艺复兴正在酝酿，思想已经开始解放，对于同一部经典，可以有不同看法，这就打破了和教会教皇的一元解释不同，就可能被绑在柱子上烧死的"绝对权威"。所以提出对于同一部经典可以有不同看法，那是一种巨大的革命。从这一点上说，在中国，学术上的民主比西方早得多。郑笺可以与《毛传》不同；有《毛诗》还可以有《鲁诗》《韩诗》；解释《礼记》，都可以有"大戴礼"、"小戴礼"。中国学术上的民主可以说是战国百家争鸣的传统。

传统诠释学认为应该给文献做出唯一的、绝对的"正确"解释忽略了语境的无限性、不可复原性和语义的不可解性，也没有注意解释者的主观性，因此它是违背规律的。语境既然是无限的，大家就有想象、恢复当时语境的可能，可以见仁见智，对"爱而不见"可以有几种理解。另外，语义不可能做到处处都解释得很清晰，权威的解释也带有猜测性。哲学的诠释学主张对文献进行解释里面有解释者的创造，这是一种不由自主的思维和行为。一首浅近通俗的诗，你给一个外国学生讲的时候，诗的语境你要尽可能复原它，但你不可能完全复原；再加上语义的不可解性，诗有言外之意，你表达不了全部，其中还有主观的领会，你的和别人的可能就不一样。有一次我和在座的一位聊，说读诗要用心领会。幼儿园的娃娃都会读"床前明月光，疑是地上霜。举头望明月，低头思故乡。"写的什么季节？秋季。因为屋子外面有霜，他才把屋里地上的月光和霜联系起来，而当他"疑是地上霜"的时候，已经知道不是霜了，这个联想是季节带给他的，我想当他热得赤着膊扇着扇子的时候是不会联想到霜的。李白是站着、坐着，还是躺在床上的？他在屋子什么地方？我觉得是站在窗边。古代的窗子很小，在窗边举头可以望见明月，往里走两步就只能举头望屋顶了。干吗举头望明月。低头思故乡啊？月是故乡明。每个月都有圆月，干吗非在秋天想啊？中秋一过，绵绵秋雨就要下来了，寒风阵阵，天哪！这一年又要过去了。妻儿如何啊？父母怎样啊？思念！这是一。天冷了，围个小火炉，烧着米酒读着书，老婆在一边缝着衣服，这是最惬意的。可是我还漂流在外呢！古代的读书人最怕听到洗衣女在河边用棒槌洗衣服的声音，砧声让他联想很多很多。所以秋天最容易思乡。尽管我这样简要地解释了，但李白当时全部的心境，仍然不得而知。如果有相似的环境，有相似的文化涵养，有对父母、对爱人、对所有亲人的强烈思念，我相信有人在吟咏这首诗时是要流泪的，这一切都是训诂学要解决的，训诂学就是要沟通古今，经过了训诂学的熏陶和训练，就会养成这种不由自主的思维习惯。

　　哲学诠释学把前人的见解、权威见解和传统解释作为诠释的必要条件，强调要先理解作者的思想，然后用来解释难懂的地方，从思想上、心理上、时间上"设身处地"地体验作者的原意。哲学诠释学其实就是不自觉地向传统训诂学靠拢，可惜其泰斗——过去和当今的——不懂汉语的训诂学，否则他们是可以从东方汲取智慧的。有位著名诠释学家说，在阅读古书的时候，应该把古书看成有生命的，我们就是在延续它的生命。这个"生命"的含义是活生生的人类历史的记录，是鲜活的，即使它是纯写景的，它也包含着没有出现的人，实际是人的问题。苏轼的诗"横看成岭侧成峰，远近高低各不同。不识庐山真面目，只缘身在此山中。"大家都很熟悉，写得好啊！没写人吧？但他是在写一个人的感慨，就是苏轼自己。我看这首诗的前两句平平，所有山区都是"横看成岭侧成峰，远近高低各不同。"除非孤零零一个山头。这首诗好在后两句，这是禅诗。你的本性被尘世间的各种欲望遮蔽了，不认识自己了，也认识不了事情的真相了，原因就在于身处凡尘滚滚的山中。诗里隐含了几个人呢？是 1+N。"不识庐山真面目，只缘身在此山中"是指所有到庐山的人，也可以说是所有的世人，那个"1"是位头脑清醒的人，就是苏轼。他说出来"不识庐山真面目，只缘身在此山中"，就已经明白真面目了。我们读这首诗就要想到这里面有一群活生生的生命。同时还看到一个参透了人生和宇宙的诗人，只有他能够写出这首诗来。读到这个份上，才算是读懂了。这就是哲学的诠释学的长处，也是我们传统训诂学的长处。哲学诠释学和传统训诂学的差异在哪儿？

诠释学的大师之一伽达默尔说：

> 任何传承物在每一新的时代都面临新的问题和具有新的意义，因此我们必须重新理解，重新加以解释。传承物始终是通过不断更新的意义表现自己，这种意义就是对新问题的新回答，而新问题之所以产生，是因为在历史的过程中新的视

域融合形成，而我们的解释从属于这一视域融合。

他的意思是每一代人对于前人的解释都是创造性的，都有新的内容，因为有人的主观性在，有新的语言环境，有新的观察事物的方法和水平。诠释学的核心问题是语义。当代诠释学家利科尔说：

> 解释是思想的工作，它在于于明显的意义里解读隐蔽的意义，在于展开暗含在文字意义中的意义层次。

概括地说就是，诠释学公开地、鲜明地提出"假注以述义"的宗旨，而训诂学则秉承孔夫子"述而不作"的精神，标榜的是只着眼于文献文本的书面。待到后世，尤其是"正义"之学，"疏不破注"已登峰造极。及至清代更达其巅。实则每一代注家无不利用作注阐述己见，即使唐代孔颖达等人，也并非老老实实地做十足的转述家。换言之，哲学诠释学和传统训诂学骨子里是相通的，虽然"宣言"有异，一个偏重于哲理，另一个偏重于历史叙事。现在的我们则应主动地、自觉地沟通二者。

（二）训诂学吸收诠释学的营养。诠释学的一些主张应该为训诂学所借鉴。第一是注释的多元化，同一部典籍应该允许有多种不同的解释。第二是超越原典作者。今天我们解释《诗经》《尚书》，实际上应该超越它。传统的文艺理论有"形象大于思维""思维大于形象"的提法。形象是作家塑造的，越是塑造得鲜活，它所蕴含的意义就越是能够超越作者最初的设想，即"形象大于思维"。"思维大于形象"是说读者在读这本书、看这部电影的时候，对于书中形象的联想、评判又超越了书中、屏幕上的形象。我想，也可以用这个道理说明超越原典的意思"静女其姝，俟我于城隅。爱而不见，搔首踟蹰"。本来就是一首情歌，表现了现实的情景，传唱了。而后人从中还读到了现代所缺乏的古朴纯真，这就超越了原典作者和编者（孔子）。同时，要体验原语境、思想、感情、言外之意。这个时候除了形象思维，还应该适当地思辨，特别是涉及伦理、道德、价值这些东西的时候，要有思辨。这种思辨不是空想，不是西方思维的纯逻辑推理，而是根据大量的材料和自己的感受进行的综合分析。第三要分开来看待前人的见解、权威的见解、传统的解释，前人的见解即张三李四怎么看的，权威的见解有两个要素，第一是合理的、被认可的。合理的不一定是被认可的，被认可的不一定是合理的。比如说"望洋兴叹"的"望洋"是一个联绵词，因为在《庄子》里是以"望"字开头，于是汉语里就有了"望楼兴叹""望球兴叹""望票兴叹"，什么意思中国人全明白，被认可了。但是它不合理。第二是政权的力量。这两个要素常常是结合的。朱熹的《四书集注》被元、明、清定为科考课本，就是权威的。权威性解释也不一定始终是合理的，但政权力量在后，难以挑战传统的解释，就是人云亦云、代代相传的解释，传统解释不一定是权威的解释。

五 训诂学的工具、范围、目的与目标

这里的工具一词也是借自哲学术语，不是刀叉、计算机、投影仪，指的是进行这个工作的一些辅助手

段和方法，包括文字、语言以及历史、文学、艺术、哲学（主要是汲取方法论，认识论）、人类学（含民族学）……的方法论、认识论。

它的范围就是一切传统文化文本。

它的目的是给出足以启迪当世与后世人们的解释（不限于语言文字）。

它的目标是什么？不是为了复古，古是复不了的。所以目标应该是理解当世，创造未来。要理解当世就要了解古代，了解古代文化的底层、文本蕴含的精神，这是文化中最稳定、起决定性作用的。在这个基础上创造未来。狄尔泰说过："人是诠释学的动物"。的确，年轻的爸爸妈妈天天都在给宝宝的诠释，我们人与人之间谈话也是在诠释。"人依赖对过去遗产的诠释和过去遗留给他的公共世界的诠释来理解他自己"。用老子的话说，自知者明啊。狄尔泰还说："精神总是以愈来愈高的阶段重新发现自身。"我们今天对中华民族精神的认识，已经超过了宋明理学家和汉唐古文学家，因为知识不一样了，科学不一样了，眼光不一样了，我们是拿四大文明、九大文明、二十几大文明来对照的，知道并且正视自身的缺陷了，发现别的文明里有我们没有的，我们就要学，这些都属于诠释学的内容，所以我说搞训诂的，应该了解西方诠释学的状况、观点和前沿动态。我这里不是系统讲授训诂学的具体知识，大家学习训诂学应该去听陈绂老师、朱小健老师的课，但是学训诂学就要了解它的范围、目的和最终的目标。训诂学不仅仅给你知识，也教给你方法，给你境界。

六　现状与展望

我就简单讲了。训诂学的现状，第一，名物训诂与义理训诂分解了。我在汪少华教授的著作《训诂十四讲》写的序里说，名物的考据重要不重要？重要。应该有一批专家终身从事这个领域的研究。但是，如果搞训诂学的人全部搞这个，不顾义理，就背离了训诂学的传统。也应该有一批人兼顾名物和义理，以名物训诂为基础，再去探讨义理训诂。即使我们不做，也要有一批史学家、哲学家，掌握了训诂，再去研究义理。

第二，训诂与经学远离。按说搞训诂学，就应该读经，即使不能读完"十三经"，也应该通读其中几部和其他经的若干篇章，而且要动手解释，要实践。解经不仅仅是一字一句的问题，更重要的是在于经典的思想和灵魂，现在距离这一起码条件还很远。

第三，训诂与文化脱节。这点也不用多说。请看当前古代题材的电视剧，起居坐卧、举手投足、说话，难得不出错。实在不忍心看下去。搞文化的人，在大学读新闻系、中文系、历史系的时候没有学过训诂，没认真读过古书，因此主要仅凭误解了的古书去演义和想象。这样下去，我们这个时代恐怕难有可以留给子孙的东西了。

第四，希望所在：培养复合人才。即受过训诂学的训练，能独立运用科学的方法解读典籍的史学家，民俗学家、文学家、哲学家等等；而专门从事训诂研究的人也兼通其他学科。我为什么主张各个大学都应该开设训诂学呢？就是要培养复合型人才。训诂学不仅仅是知识，更重要的是工具和方法。

第五，摆脱西方思维方法和学科分类。西方思维方法是二元对立的，我们是一分为二、合二为一的，只有一分为二没有合二为一就只有两端，没有中间，没有过渡，只有对立、斗争、分裂，没有妥协、存异、和谐。《老子》说："道生一，一生二，二生三，三生万物。"一生二就是二分，是由混沌的"一"中生成的"二"，二再生三，客观事物的那个"二"是少数，有"三"才有万物，才是多数。用在学术上，就是不要把学科分得太细，细了可能专，但你就不博了，路子就窄了，而且做不到兼收并蓄，到一定程度就深入不下去了。另外，我们的学科目录，几乎全是学的西方。西方没有文化学，我们也没有，现在国学热乎乎的，很多学生要考国学，不行，谁授予你学位啊！我们为什么不能设国学门呢？清华大学研究院，陈寅恪、梁启超他们做导师的时候，就有个国学门，国学是一个门类。可是看看西方国家，没有！看看苏联，也没有。于是我们也没有。这种情况能不能改变呢？

展望未来，要恢复弘扬训诂的汉唐传统；"五经"仍然是训诂重点但绝不能限于经书；要有宏观的视野胸怀；改革人才培养的模式；去掉殖民地心态和自卑。后两点我说明一下，应该采用讨论式，不要以为讨论式教学是西方的专利，我们古代的书院从来都是讨论式的，有案可稽。你看看《朱子语类》，朱熹经常和学生讨论问题。书院定期或不定期，由教授讲自己的见解，但对学生们的见解并不评定是非。古代很多大学问家、重臣，就出自书院。培养模式要多样，大课是必要的，同学们讨论也是必要的，同学老师一块儿聊天，喝点儿啤酒是必要的。所谓去掉殖民地心态和自卑，首先是堂堂正正地宣称训诂学是语文学，是极有用的工具课，认为训诂学没有理论，应该"现代化"，搞这论那论，大可不必。这个问题不解决，训诂学振兴不了，传统文化的研究繁荣不了，持久不了。外国的东西，一定得汲取，有一点好处就拿来。但是思考、研究的方法，一定要走我们自己的路子，因为我们面对的是中国的语言、中国的语境、中国古代的语境。有了这样宏观的视野和胸怀，才能去掉殖民地心态和自卑。

结　　语

但是，"甚矣，吾衰矣！久矣，吾不复梦见周公！"昨天晚上，我老伴还在提醒我，今天中午，我出门穿衣服的时候，家里小阿姨说"我们得告诉爷爷，再过八个月，他就七十二了。"那么怎么办？"后生可畏，焉知来者之不如今也？"希望在于你们，在于你们的学生。历史的规律决定了，文化的规律决定了，中国的文化，一定会昌明，一定会传播到全世界，而在传播当中，第一关、钥匙，就在我们手中，这就是训诂学，是在今天的视野下我们发展的训诂学，而不是乾嘉的克隆，也不是汉唐的再生，我们应该高于前人，为现实服务，为未来服务。

尼山论坛碑

2010年9月秒，中美英法德意奥日韩诸国儒学及基督教学之俊彦欢聚于尼山之麓，共论"和而不同与世界和谐"。此全球化中不同文明对话于中国之始也，且将以为定制。论题何来？文明本即多元，接、尊、赏、习，乃人类进步之所须；今也，精神、社会、环境危机四布，浮躁、欺诈、仇恨遍地，人类危乎殆哉！智者匙不思以解之者。何以论于此地？是乃儒圣孔子诞生之所，国人心中之圣地。孔子所倡"和而不同"，"己所不欲，勿施于人"，"仁者爱人"，孝弟为仁之本，修—齐—治—平诸论，久为国魂，乃中华屡经坎坷而愈进之由也，自当献于世界；而他国文明之精华亦应为我所取。如是，则世界之和平有望矣。盛会何以定于此时？为孔子2561年诞辰耳，斯举适足为献于孔门贤哲之奠仪。

携手传承儒学　共促和平繁荣※

尊敬的孔垂长先生，尊敬的各位嘉宾，女士们，先生们：

非常荣幸，在孔德成先生逝世五周年之际，能够和两岸以及多国的朋友一起纪念并追思孔德成先生。我想，在海峡两岸，甚至在世界范围内，亿万公众和学者越来越重视儒家思想的时刻，纪念孔德成先生有着不同寻常的意义。在今天的纪念会后，我们就要举行"儒学的理论与应用"国际研讨会，这实际是对孔德成先生最好的纪念。

在今天这样一个具有特殊意义的场合，人们不禁想到，在人类苦苦思索生命的价值、寻觅未来之路的时刻，地球上幸运地出现了几位伟人。中华儿女则认为，"天不生仲尼，万古如长夜"。从那个时候起，两千五百多年来，孔子的思想就成为了中华民族的指路明灯。中华大地，屡经板荡，迂回曲折，衰而复起，沧海桑田，而孔氏家族也如中华民族一样奇迹般地绵延不断，一脉相传。这不仅是一个伟大家族的幸事，而且是中华文化生命力无比强韧的

※ 2013年10月27日在孔德成先生逝世五周年纪念会上的致辞。标题为编者所加。

象征。

我未能于孔德成先生健在之日拜谒聆教,实为至憾之事。就我浅陋所知,孔先生一生,承继孔门遗风,终身以弘扬儒学为己任。他不但任教于多家学府,长达半个世纪,直至去世前半年;而且,他的为人处事、接人待物,他的端庄肃静、平和敦厚、淡泊简朴,他的"风雨一杯酒,江山万里心"的胸怀,都是在履践着先祖对社会的教诲。他身上的一个突出品格,是非常值得我们步趋于后的,这就是他一生所研究和教授的就是他所信仰的。这一点,在把"学"与"问"只当作工具,甚至只当作获取名利的利器的风气甚盛的今天,尤为可贵。也许这是孔德成先生对我们的最重要的启示。

孔德成先生为之献身的儒学,是中华民族生生不息的思想和伦理的源泉,历经两千五百多年,一直支撑着民族发展壮大、战胜无数艰难险阻、维系几十个民族的团结,而儒学也在种种磨砺中不断创造、丰富、完善,因而越来越系统、精致而深沉,以至于今日依然生机勃勃,仍然是中华民族继续创造辉煌的巨大资源和动力。这在世界文化史、思想史上是极其罕见的现象。从这个角度可以说,儒学不应该仅仅属于中华民族,而是具有无可争议的世界意义。

我们高兴地看到,海峡两岸都越来越重视儒学在社会传播和教育系统中的地位和作用,都在不断关注儒学在促进、维护和推进海峡两岸和谐关系中的伟大力量,都看到了儒学在中华文化走向世界过程中的重要性;我相信,只要我们真诚地加强交流合作,联合更多的各国学人,坚持不懈地研究与传播,古老而永远年轻的儒学在中华民族和世界的共存共赢中一定会发挥越来越大的作用。我们这样做，其实也就是在继承和弘扬孔德成先生的遗志。

谢谢各位！

汲取儒学精髓　突出"仁"的理念[※]

非常高兴时隔一个月又来到台北进行文化学术交流，而且参加的是意义非凡的就"儒学的理论与应用"进行研讨的会议，这使我更为兴奋。

儒学，是中华民族生生不息的思想和伦理的源泉，历经两千五百多年，一直支撑着民族战胜艰难险阻、发展壮大，维系着民族的团结，而其自身也在种种磨难中不断丰富、完善，因而越来越精致而深沉，以至于今日依然生机勃勃，仍然是中华民族继续创造辉煌的巨大资源和动力。这种现象在世界文化史、思想史上是极其罕见的。从这个角度可以说，儒学不应该仅仅属于中华民族，而是具有无可争议的世界意义。

儒学，已经沉淀在两岸人民的血液里，成为一般不会被察觉的文化基因。我们的行为举止，历史上的璀璨和不足、高峰与低谷、坎坷与挫折，几乎无不和儒学有着内在的关联。

现在，我们身处风云变幻、纷乱嘈杂、迷茫失据的时代，尤其需要回顾孔夫子的教诲，重温历代贤哲的精辟诠释和发明，以作为探索民族和人类未来的立

[※] 2013年10月28日在台北"孔德成先生逝世五周年纪念会暨儒学的理论与应用国际学术研讨会"开幕式上的致辞。标题为编者所加。

足根基。儒学，犹如生长万物的原野，中华民族的子子孙孙则像吸吮大地营养的草木。离开了儒学，我们将魂归何处？路在何方？生存尚且无依，遑论繁衍、建设、发展？

儒学博大精深，如何汲取其精髓，使之永续地存活于亿万人心之中，是历史摆在中华学人面前的现实课题，也是世界儒学乃至更广阔领域中学者的共同责任。由此之故，今天在这里举办国际学术研讨会之重要就不待详言了。

我个人以为，在从学理与应用角度思考儒学时，突出孔子"仁"的理念是极为必要的，无论是就经学而言，还是就理学来看，都是如此。这不仅是因为当下太需要仁者之心了，而且儒家所提出的其他种种伦理和形上观念，莫不是围绕着"仁"而生成、而展开的。虽说孟子提出四端之说，实际上，"仁"又是这四端的核心，"义""礼""智"，莫不以"仁"为基础，为发动的根源；宋明哲人高明地提出了"理""性"和"心"以为形上的本体，犹如佛、道两家的"真如"和"道"或"太一"，但"仁"始终处于人世层面的中心和基础的位置。我们高兴地看到，海峡两岸都越来越重视儒学在社会传播和教育系统中的地位和作用，都在不断关注儒学在促进、维护和推进海峡两岸和谐关系中的伟大力量，在中华文化走向世界过程中的重要性；我相信，只要我们真诚地加强交流合作，联合更多的各国学人，坚持不懈地研究与传播，古老而永远年轻的儒学在中华民族和世界的共存共赢中一定会发挥越来越大的作用。

祝愿研讨会圆满成功。

近乎善，则合乎道[※]

——中国文化院网站"院长寄语"

在人类四大古代文明中，古埃及、古印度、古巴比伦的文明都已没落、消失或中断，唯中华文明岿然挺立，不断发展，历久弥新，以完整形态延续至今。中华文明的生命力何在？中华文明在当代世界文明的多元发展中，又有哪些独特的价值？而为了实现民族复兴的伟大"中国梦"，我们又该如何弘扬中华文明的光荣传统？这一切，当然是中国文化院义不容辞的探索使命，也是对未来世界应尽的义务。所以，我们把"弘扬华夏文化，和谐世界文明"作为自己的事业的座右铭。

中华文明博大精深，仰之弥高，钻之弥深；世界文明彼此兼容，任重道远。而在当前多元利益相互牵制的国际格局下，坚持走和平发展之路，就更需要整个人类在文明层面相互理解与融合。这虽远非我们这个年轻的机构所能胜任，但"感时思报国，拔剑起蒿莱"，我们唯有勇挑重担，"由力而起，由善而达"，"强魂固本"，为把世界的机遇转变为中国的机遇，又

[※] 本文为中国文化院网站寄语。

把中国的机遇转变为世界的机遇而奉上我们微薄的贡献之力。

中国文化院，既以"国"字冠名，又以"院"制为体，自然不是一个普通的文化机构。它，不是少数人的会所，不能只在小圈子里专注身边的小文化，而要在全球化的大背景中，在两岸四地和海外华人、华侨的大圈子里，关心大文化，关心百姓生活中的文化，实现"天合、地合、人合、己合"的文化大包容。

宇宙的法则可以说就是吸引力法则。在时代呼唤公共外交、文明对话的大势下，我们中国文化院就是要打造这样一个公共的文化外交平台、一个不断创造更多吸引力与影响力的民间平台。为此，我们要广泛融汇海内外文化资源、积极开展区域、国际甚至全球文化外交，让世界不同文明在我们这个平台上得到展示与交流。

"近乎善，则合乎道"。我们相信，只要人类用伟大的文化力量走和平发展的共同道路，则留给历史的将一定是更加灿烂的新的文明。

是为寄语，更为寄望。

开掘审视华夏文化，携手和谐世界文明[※]

各位专家、各位同行、朋友们：

我只能在千里之外，借助于现代传输工具对各位表示抱歉。中国文化院这次在香港举办有关中华文化的国际论坛，我因种种原因不能到会。这对于我个人而言是极大的遗憾；对于在酷暑期间，牺牲了宝贵的休息时间，不远千里万里前来的专家学者而言，则是十分不敬，我应该表示深深的歉意。

当今世界，用佛家的话说，是一个"五浊娑婆"的世界。大家来到这里，抱着一个共同的目标，就是如何开掘、研究中华文化，让它能在当下发挥应有的作用。实际上这是一个拯救世界、拯救人类的思想大汇集。中华文化，人所共知，是源远流长的有着世界上独一无二的无尽宝藏的一种文化。中华民族经历过无数苦难，我们的先圣先哲从中领悟到许多宝贵的哲理，形成了优良的、绵延不绝的文化传统。他们好像早就预料到20世纪、21世纪人类所面临的危机，他们的箴言给了我们很多教导。我想，今日我们学人的责任就是回过头审视自己的传统，把其中很多具有普世

[※] 2013年8月27日首届中华国学论坛的视像致辞。标题为编者所加。

价值，至少是对中华民族的繁衍、生存和发展有着巨大凝聚力和推动作用的内涵开掘出来，站在今天的高度重新去审视和阐释。人类的思想史、学术史都是如此形成的。我想，各位学者都是抱着这个宗旨来的。

中华文化当中的优秀成分如何解决当下种种社会的问题和人的心灵问题是我们面临的困境。我想各位都有自己的高见。由此我还想到，我们可以自认为在中华文化当中有很多的普世价值。是否有普世价值？这需要世界来承认。在承认之前需要了解，需要思考。因此，我们学人目前一个重要任务就是研究中华文化能给今天和未来的世界贡献哪些东西。

中国文化院以"弘扬华夏文化，和谐世界文明"为宗旨，我们要团结两岸四地的学人共同为这十二字的宗旨而努力。在当今世界，中国作为新兴大国，在经济和和平问题上承担着前所未有的责任，我想在这背后更根本的是我们对世界文明走向的责任。我们中国文化院想把这样的论坛在适当的时机、适当的地点，继续办下去。到那个时候，我希望能附骥于大家的聚会，从大家的思想里获得我需要的营养，与大家携手前进。

再次向各位致以深深的歉意。

祝大会圆满成功！

请历史记住他们[※]

让我们永远记住以下这些日子：

1964年10月16日，我国第一颗原子弹爆炸成功；

1966年10月27日，我国第一颗装有核弹头的地地导弹飞行爆炸成功；

1967年6月17日，我国第一颗氢弹空爆试验成功；

1970年4月24日，我国第一颗人造卫星发射成功；

……

让我们永远记住以下23个名字：

于　敏　王大珩　王淦昌　王希季　邓稼先
朱光亚　孙家栋　任新民　吴自良　陈芳允　陈能宽
杨嘉墀　周光召　赵九章　姚桐斌　钱学森　钱三强
钱　骥　郭永怀　屠守锷　黄纬禄　程开甲　彭桓武

1999年9月18日，中共中央、国务院、中央军委表彰为研制"两弹一星"做出突出贡献的科技专家大会在北京隆重举行。至此，这批甘于奉献的英雄和他们的辉煌业绩在30多年后得以公之于世。

※ 2011年7月在"两弹一星"功勋奖章获得者巨幅肖像油画展前言。

众所周知,"两弹一星"的研制成功,是新中国社会主义建设伟大成就的重要标志,充分显示了中华民族的创造能力,打破了超级大国的核讹诈和核垄断,奠定了我国在国际事务中的重要地位。

常言道,前人栽树后人乘凉,吃水不忘挖井人。试想,如果在那国民经济相当困难的时代,中央不作出独立自主地发展两弹一星的英明决策,如果没有23位功臣甘于奉献、艰苦奋斗,协同无间、勇于攀登的伟大精神,如果缺少了他们身边无数奋不顾身、公而忘私的干部、战士、技术人员,我们的祖国今天将面临怎样的国际环境?几十年来中华儿女能够专心致志地从事建设吗?我们的改革开放能够这样顺利、快速进行吗?我们的母亲和儿童们能够时时露出甜美的笑容吗……

研制"两弹一星"群体,是共和国的功臣,是我国科技工作者的杰出代表。他们在千里戈壁上的默默拼搏,和百年来为了祖国独立而抛头颅洒热血的无数革命前辈一样,是优秀传统文化和时代精神的完美结合,是矗立在中华大地上的历史丰碑。此次展览既是对那段光荣和梦想的特殊记忆,又是对"两弹一星"功勋群体的至高褒奖,更是对"两弹一星"精神的无上礼赞。

请看:核物理学家王淦昌眼镜片后的淡定从容,我们仿佛又听到了在组织上要他隐姓埋名长期从事核武器秘密研究时的那句朴素的回答——"我愿以身许国";邓稼先那双手半合的姿势,是他在表示原子弹和氢弹能量差别时最典型的动作;郭永怀,这位空气动力学家,牺牲于直升机坠毁事故中,遗体烧毁,但紧抱在怀中的绝密资料公文包却完好无损,在他那平静的目光中蕴含着党和国家利益高于生命的崇高境界……

这组画技高超的油画为我们再现了这个英雄群体的光辉形象，让我们凝望这些画像，能够想象出画中的英雄为国奋斗的情景和丰富的内心。此时，我们也应该向创作这组油画的著名画家们致敬！他们的名字也不能忘记：汪诚一、郑毓敏、胡申得、施绍辰。创作这批作品时，他们最大的71岁，最小的也62岁了，他们是"两弹一星"功臣的同龄人，他们对"两弹一星"功臣的尊敬和激情，融化在那一笔笔的油彩中。现在，胡申得、施绍辰两位先生已经作古，这一展览也是对他们的深切怀念。

巨画无声，于无声处听惊雷。
大爱无言，于无言中写辉煌。
光荣与梦想薪火相传。

如今，浩瀚太空已经留下中国人的足迹，嫦娥奔月的神话正在变成现实，"两弹一星"功勋群体的事业后继有人。

一个国家、一个民族是要有一种精神的，这种精神曾经并将继续使我们克服万难，走向一个又一个胜利。相信观众在欣赏这批肖像精品、与英雄进行心灵对话时，会得到精神的熏陶和升华。在伟大精神的滋养下，中华民族一定能不忘忧患，克服万难，实现中华民族的伟大复兴。

让我们记住他们，想着他们！让我们的子孙记住他们，想着他们！